Eberhard & Eike Hamer (Hrsg.)

Wie kann der Mittelstand die Globalisierung bestehen?

Mittelstandsinstitut Niedersachsen

30419 Hannover, Augustinerweg 20
Tel./Fax: 05 11/79 13 03

Eberhard & Eike Hamer (Hrsg.)

Wie kann der *Mittelstand* die *Globalisierung* bestehen?

mit Beiträgen von:

William Engdahl – Richard Fuchs
Rainer Gebhardt – Eberhard Hamer
Eike Hamer – Walter Hirt
Gerhoch Reisegger – Reinhard Uhle-Wettler

© 2005 by Aton Verlag Verwaltungsgesellschaft mbH & Co. KG
Max-Planck-Straße 25, 59423 Unna
Telefon 0 23 03 / 8 67 45, Telefax 0 23 03 / 8 13 33
www.aton-verlag.de

Alle Rechte vorbehalten

Lektorat: Gabriele von Schmude

Satz/Druck: Druck-Center Kamen GmbH,
Hemsack 14, 59174 Kamen
Telefon 0 23 07 / 78 64, Telefax 0 23 07 / 7 15 97

Titelentwurf: Projekt Design,
Max-Planck-Straße 25, 59423 Unna

Printed in Germany
ISBN 3-9809478-1-5

Inhaltsverzeichnis

Warum dieses Thema?

Nachdem das Thema „Globalisierung" 10 Jahre lang von Wissenschaft, Publizistik und Konzernen als großer unumkehrbarer Entwicklungsfortschritt gefeiert worden ist, gibt es inzwischen aus dem Mittelstand, aus der Ökobewegung und aus den Menschenrechtsvertretern ebenso entschiedenen Widerstand. Der Kampf um die Globalisierung symbolisiert sich in den beiden jährlichen Weltwirtschaftsgipfeln

- in Davos, wo sich die Bosse der Weltkonzerne, der Weltmächte und ihrer Anhänger jährlich im angeblichen „Weltwirtschaftsgipfel" versammeln, um die Globalisierungsfortschritte zu feiern, oder
- in zum Teil gleichzeitig stattfindenden „Weltgegengipfeln", auf denen sich tausende prominenter Globalisierungsgegner versammeln und die Globalisierungsfolgen kritisch diskutieren.

Von den beiden Lagern hat eines – die Globalisierungsvertreter – die politische und wirtschaftliche Macht hinter sich, das andere Lager – die Globalisierungsgegner – vorwiegend ideelle und humanitäre Argumente. Die Auseinandersetzung über die Fragen des Nutzens oder Schadens der Globalisierung für die Weltbevölkerung hat inzwischen eine Stufe erreicht, in welcher es z.B. für Globalisierungsgegner leider nicht mehr nur um die Richtigkeit der Auffassungen geht, sondern auf der sie von den Globalisierern mit politischer und wirtschaftlicher Macht, ja sogar bereits mit Kriminalisierung bekämpft werden.

„Die Globalisierungsgegner sind wie der internationale Terrorismus zu einem Weltproblem und gleichzeitig zu einem Faktor der internationalen Politik geworden, auf den man nicht mehr mit polizeilichen Maßnahmen allein reagieren kann". Immer wenn zu solchen Totschlagsparolen gegriffen wird, um fehlende Argumente zu ersetzen, hat der Streit ein Stadium erreicht, in dem es dringend notwendig ist, ihn zu versachlichen, die machtpolitischen oder idealistischen Argumente an den Fakten zu orientieren, Nutzen und Schaden aus den Interessen wieder auf die Menschen zurückzubeziehen. In diesem Sinne hat auch Kanzler Schröder auf dem Kirchentag in Hannover mit Recht die aus der Kontrolle geratene Globalisierung kritisiert und internationale Korrekturen verlangt.

Der Globalisierungsstreit hat auch in Deutschland politische Dimensionen: Während die finanziell und machtpolitisch den Konzernen nahestehenden bürgerlichen Parteien die Globalisierung eifrig verteidigen, wird die Globalisierung bei den von den Gewerkschaften und ihren Organisationen unterstützten sozialistischen Parteien überwiegend kritisiert, – neuerdings unter dem Schlagwort „Kapitalismuskritik".

In diesem Kampf zwischen Konzern- und Gewerkschaftsinteressen hat der Mittelstand seine eigene Position noch nicht gefunden, hat auch die Mittelstandsforschung das Thema viel zu lange vernachlässigt.

Es wurde deshalb Zeit, daß neutrale Experten zwischen beiden Globalisierungslagern die Fragen des Nutzens oder Schadens der Globalisierung für unsere bürgerliche Mittelschicht untersuchten, für welche persönliche Freiheit und wirtschaftliche Entscheidungsfreiheit überlebensnotwendig sind und ohne deren Selbstverantwortung, Entscheidungsfreiheit sowie Rechts- und Chancengleichheit die dezentralen Systeme von Demokratie und Marktwirtschaft nicht denkbar wären.

Die Fragen der Globalisierung gehen also an den Nerv unserer politischen, wirtschaftlichen und gesellschaftlichen Ordnung. Aus diesen Gründen hat das Mittelstandsinstitut Niedersachsen mit Unterstützung der Deutschen Mittelstandsstiftung die vorliegende Untersuchung erarbeitet.

Deutsche Mittelstandsstiftung e.V. Prof. Dr. Eberhard Hamer Präsident	Mittelstandsinstitut Niedersachsen Dipl.Kfm. Eike Hamer Vorstand

Eberhard und Eike Hamer

Globalisierung – theoretisch scheinbar nützlich, unter falschen Prämissen aber schädlich

1. Was ist Globalisierung?

Globalisierung wird neutral als „Weltdimension" verstanden und gilt in Literatur und Medien überwiegend als ein erwünschter oder sogar unaufhaltsamer „Prozeß des Fortschritts" zur Überwindung angeblich veralteter, die Menschen trennender Strukturen.

Die praktische Wirtschaft und die Wirtschaftswissenschaft haben dabei eine Vorreiterrolle gespielt. Sie sehen sogar ein neues globales „Weltwirtschaftszeitalter" im Sinne einer Fortentwicklung der traditionellen Wirtschaftsstrukturen

> von der Hauswirtschaft
> über die Stadtwirtschaft
> zur Regionalwirtschaft,
> zur nationalen Volkswirtschaft,
> zu supranationalen Wirtschaftsräumen
> und endlich zur Weltwirtschaft.

Die Globalisierung wird darüber hinaus nicht nur als ökonomische, sondern ebenso als technologische, politische, gesellschaftliche, kulturelle und militärische Weltentwicklung verstanden.

Erst die neuen technischen Entwicklungen der Luftfahrt, der Telekommunikation oder der neuen Medien (z.B. Internet) haben die Welt zusammengerückt, wie sie heute ist. Man kann innerhalb eines Tages um die Erde fliegen, kann in Minuten mit Menschen in der ganzen Welt kommunizieren, kann Massendaten inzwischen so mühelos und kostengünstig transportieren, daß z.B. die Lufthansa weltweit ihre Daten nach Indien übermitteln und dort abrechnen lassen kann. Die moderne Telekommunikation hat die Fenster aller Völker weit geöffnet, so daß sie sich untereinander besuchen, von überall in der Welt miteinander sprechen, miteinander schriftlich kommunizieren, miteinander diskutieren, forschen oder Geschäfte machen können. Nie zuvor gab es die technologischen Voraussetzungen wie heute, daß alle Menschen in der Welt an allen Informationen teilhaben, alle Ereignisse in der Welt fast zeitgleich miterleben, sich selbst in Stunden in andere Kontinente bewegen oder auch am gleichen Tage bei Unglücksfällen helfen können. Die neuen Technologien haben die Welt geöffnet, miteinander verknüpft, zueinander gebracht und entscheidend zur Weltdimension in allen anderen Bereichen beigetragen.

Dadurch hat die Globalisierung auch in gesellschaftspolitischer Hinsicht eine Freiheitsentwicklung fortgesetzt:

- Mit Martin Luther und der Reformation verloren Kirche und Papst ihren Alleinvermittlungsanspruch zu Gott, wurde der Mensch vor Gott selbst verantwortlich, von der theologischen Vormundschaft und Knechtschaft befreit.
- Diese Selbstverantwortung wurde mit Kant (1724 bis 1804) auch philosophisch begründet. Der Mensch blieb nicht mehr moralischer Befehlsempfänger, sondern wurde ethisch eigenständig, selbstverantwortlich.
  „Handle so, daß die Maxime deines Handelns Grundlage für ein allgemeines Gesetz werden können" (Kant's „Kategorischer Imperativ").
- Auf die theologische und philosophische Freiheit folgte der Anspruch auf politische Freiheit wie in der amerikanischen Unabhängigkeitserklärung und der französischen Revolution des 18. Jahrhunderts. Waren bis dahin die Grenzen des Landes, des Denkens, des Handelns durch die herrschenden Fürstenfamilien bestimmt und diese sogar berechtigt, über Glaubensfragen ihrer Untertanen zu bestimmen (cuius regio, eius religio), wurde im Gefolge der Aufklärung und der Forderung nach politischer Selbstverantwortung aller Bürger immer weniger ein Fürst als Verhaltensmaßstab akzeptiert, sondern trat „das Volk" im Sinne der Summe freier Bürger an die führende Stelle. Dieses Volk verlangte Selbstbestimmung, nationale Souveränität und den „Nationalstaat" des 19. Jahrhunderts.
- Die Idee der Nationalstaaten wurde dann im 20. Jahrhundert durch übernationale Ideologien zurückgedrängt.

  – Der *Liberalismus* forderte Freiheit von Grenzen, von nationalen Bindungen, Beschränkungen oder nationalen Werten und wollte weltweite Freiheit für das Kapital, für den Handel, für die Wanderung der Menschen, für Freiheit von nationalen bürokratischen, religiösen, rassischen, geschlechtsspezifischen oder sogar moralischen Einschränkungen.

- Die zweite große Idee des 20. Jahrhunderts war der *Sozialismus* in allen seinen Schattierungen vom Kommunismus über den Nationalsozialismus bis zum demokratischen Sozialismus, welcher grenzüberschreitend den internationalen Sozialismus im Sinne von Vereinigung des Proletariats, der „Arbeiter und Bauern" gegen die Herrschaft des Kapitals forderte. Gemeinsam führten alle sozialistischen Varianten erst zu nationaler Sozialherrschaft von Sozialfunktionären über Sozialuntertanen – in Form von Diktaturen wie nationaler Sozialismus oder Kommunismus – oder aber auch in gemäßigter Form zum demokratischen Sozialismus der Gewerkschaften und Sozialfunktionäre. Die Ausbreitung des Sozialismus sollte über internationale Organisationen wie die faschistischen Achsenmächte, im kommunistischen Komintern oder in der „Sozialistischen Internationale" die ganze Welt mit den sozialistischen Systemen beglücken, strebte also übernationale Geltung und Vorherrschaft an.

- Der Kampf zwischen den beiden Ideologien Liberalismus und Sozialismus wurde international durch den Untergang der beiden radikalen sozialistischen Systeme Nationalsozialismus und Kommunismus militärisch und wirtschaftlich entschieden und führte zur Vorherrschaft der liberaldemokratischen Idee einer supranationalen, gemeinsamen „einen Welt". Entsprechend wurden auf Betreiben der Vormacht der „einen Welt", der USA, eine Fülle von internationalen Organisationen geschaffen, die zum Teil unter dem Dach der UNO, zum Teil aber auch in Direktführung der USA (Nato) global für die ganze Welt gelten oder in der ganzen Welt arbeiten sollten. Zum Teil waren diese Organisationen für spezielle Funktionen global zuständig, wie z.B. die WTO (World Trade Organisation), das GATT (General Agreement for Traffic and Terms), IMF (Internationaler Währungsfonds), Weltbank, ILO (International Labour Organisation) u.a.; zum anderen wurden aber auch Nationalstaaten zu supranationalen Staatengebilden zusammengefaßt, wie z.B. in der Europäischen Union, die sich erst als

Wirtschaftszusammenschluß verstand, aber immer stärker auch in die Richtung eines eigenen Staatsgebildes mit sogar eigener Verfassung gedrängt wurde.

Am Ende des 20. Jahrhunderts standen wir deshalb gesellschaftlich ebenso wie wirtschaftlich und politisch an der „Schwelle zur Globalisierung". Die weltweite Vernetzung des Denkens, der Zivilisationen, der Kulturen, der technologischen Entwicklung, der Kommunikation, der Wirtschaft und der Politik haben so vielfältige praktische Weltdimensionen geschaffen, daß dadurch regionale, nationale oder eigenkulturelle, aber auch religiöse Dimensionen überrollt werden. Auf den jährlichen Globalisierungsfeiern in Davos wird die Weltdimension als entscheidender menschlicher Entwicklungsfortschritt im Sinne von Freiheit, Demokratie und Wohlstand bejubelt. Aus den vielen Nationen sollte mit Hilfe vieler internationaler supranationaler Organisationen schließlich die „eine Welt" werden, welche globale Weltfreiheit, Weltdemokratie und Weltregierung unter Führung der US-Hochfinanz und der US-Administration zum Zwecke steigenden Weltwohlstandes verheißt.

Untersucht man die einzelnen Bereiche des menschlichen und gesellschaftlichen Lebens in ihrem Verhältnis zur Globalisierung, so wird der angebliche Zwang zur Globalisierung unterschiedlich begründet, wirkt sich die Globalisierung aber in der Praxis auch je nach Bereich unterschiedlich aus:

1. Politische Globalisierung
Man kann darüber streiten, ob Haupttreiber der Globalisierung die Wirtschaft oder die Politik gewesen sind. Unterstellt man, daß die Politik im wesentlichen Erfüllungsgehilfe der wirtschaftlichen Mächte ist, würden letztere die Ursache und erstere die Wirkung sein. Da aber die Globalisierungsbedingungen im wesentlichen politisch geschaffen werden mußten, um globale wirtschaftliche Interessen durchzusetzen, ist insofern die Politik der die Bedingungen schaffende Globalisierungsrahmen.

„Die Debatte um die Globalisierung wird geprägt vom Gefühl der Unausweichlichkeit. Auch für die Mehrheit der deutschen Politiker erscheint Globalisierung als schicksalhafte Erscheinung, ein Strom, in dem man mitschwimmt oder untergeht, wenn man gegen ihn anschwimmt". Wer immer die Globalisierung politisch bestreitet oder auch nur hinterfragt, gilt als „political incorrect", steht inzwischen gegen die herrschende politische und publizistische Meinung.

Der Deutsche Bundestag hat eine eigene Enquete-Kommission eingesetzt, welche drei Jahre lang (1999 bis 2002) über die Herausforderungen und Antworten der Globalisierung nachgedacht und 620 Seiten[5] im wesentlichen mit der Beschreibung von vordergründigen sektoralen, im übrigen unstreitigen Tatbeständen gefüllt, die grundsätzliche und dahinterstehende Problematik aber sorgfältig ausgespart hat. Sie sieht in der Globalisierung Vorteile für alle:

- „Globalisierung führt zu mehr individueller Freiheit. Die Globalisierung bietet jedem die Möglichkeit, seine individuellen Ziele und Wünsche besser zu verwirklichen, als das ohne die internationale Arbeitsteilung und das Zusammenwachsen der Märkte der Fall wäre. Das geht über den materiellen Wohlstand hinaus, Freiheit und Entscheidungsvielfalt nehmen ebenso zu.
- Globalisierung schafft Wissen. Freier Handel gibt den Menschen die Möglichkeit, von anderen zu lernen. Durch den Austausch von Waren und Dienstleistungen, insbesondere aber durch unternehmerische Auslandsaktivitäten bei Direktinvestitionen, werden Wissen und Technologie in alle Richtungen transferiert. Da Wissen und Bildung die Grundlage schlechthin für eine weitere Entwicklung sind, kommt diesem Globalisierungseffekt eine besondere Bedeutung für die Wohlfahrtsentwicklung aller, insbesondere unterentwickelter, Volkswirtschaften zu.
- Globalisierung schafft Arbeitsplätze, auch mit wachsender Qualität. Die Arbeitnehmer jener Branchen, die an der Globalisierung teilnehmen, profitieren davon. Da die dem Wettbewerb ausgesetzten Branchen produktiver arbeiten als geschützte, erlauben die höheren Produktivitäten auch entsprechend hohe Löhne – und dies zu in der Regel auch sonst besseren Arbeitsbedingungen.
- Aber auch die Verbraucher profitieren von der Globalisierung, und zwar gleich doppelt: Zum einen führen die globalen Produktionsmöglichkeiten und der globale Wettbewerb zu niedrigeren Preisen. Zum anderen ermöglicht Handel überhaupt erst den Konsum von Gütern, die bei geringer Öffnung nur in einem begrenzten Maße den Konsumenten zur Verfügung stehen. Die Öffnung führt also zu einer deutlich ausgeweiteten Produktvielfalt für die Verbraucher".

Für den politischen Bereich wird heute die Supranationalität in der Literatur überwiegend als eine übergeordnete Ebene zur Verwirklichung der traditionellen Staatsaufgaben und Staatswerte verstanden, weil viele Staaten in der Welt diese Aufgaben und Werte offenbar nicht mehr ausreichend erfüllen.

Globalisierung soll also politisch nach Meinung der Befürworter der Globalisierung vor allem die obersten vier Staatsziele international garantieren:

- *Frieden* soll nicht nur zwischen den Bürgern einer Stadt, eines Landes oder mehrerer Länder, sondern nach herrschender richtiger Ansicht auch in der Welt generell herrschen. Insofern ist die Globalisierung dieses Staatsziels theoretisch richtig.
- Schwieriger ist es schon mit dem zweiten Staatsziel, der *Ordnung*. Es ist leichter, im kleineren Rahmen Ordnung zu sichern, als im größeren. Theoretisch lassen sich aber auch die Aktivitäten von Staaten oder Staatengruppen regulieren, um eine Weltordnung damit zumindest anzustreben, wenn auch vielleicht nicht zu erreichen. Auch das zweite Staatsziel – die Ordnung – zu globalisieren, ist deshalb prinzipiell richtig.
- Das dritte staatliche Prinzip der *Menschenrechte* aller Bürger, welches sich z.B. in der Demokratie als Staatsform repräsentiert, ist ebenfalls nicht auf Einzelstaaten oder Staatenverbindungen begrenzt; würde es weltweit durchgesetzt, wäre dies für all diejenigen Menschen ein Vorteil, denen die Menschenrechte bisher noch bestritten, begrenzt oder vorenthalten werden.
- Mit Frieden und materieller Ordnung soll auch die *Wohlfahrt* durch die Politik gefördert werden. Auch dieses Staatsziel ist nicht national oder supranational begrenzt; es global zu fordern und zu verwirklichen, ist ebenso theoretisch richtig.

Die internationale Durchsetzung dieser nicht nur national, sondern auch global richtigen Staatsziele bzw. Staatswerte vollzieht sich aber nicht automatisch oder durch Überredung, sondern bedarf einer von den Globalisierungsidealisten übersehenen Kategorie: der Macht.

Insofern ist Politik immer mit der Kategorie Macht verbunden, ganz gleich, ob für das Erreichen, Ausüben oder Sichern bestimmter Staatsziele oder im Sinne der Durchsetzung bestimmter Interessen, bestimmter Länder oder Wirtschaftsgruppen. Die Politik muß also dafür sorgen, daß

- der möglichst freie Handel von Waren und Dienstleistungen durch entsprechende internationale Abkommen abgesichert,
- die Liberalisierung der Märkte unter Schaffung einer effizienten Wettbewerbskontrolle vorangetrieben und parallel dazu möglichst viele Länder in die Weltwirtschaft integriert,
- die ärmeren Länder nach internationalem Vorbild demokratisch regiert und mit mehr rechtsstaatlich funktionierenden Institutionen ausgestattet und so für Auslandsinvestitionen attraktiv gemacht (ein internationales Investitionsabkommen wäre im Interesse der Investoren wie dieser Länder selbst),
- die bisher erreichten Liberalisierungsfortschritte auf den internationalen Finanzmärkten abgesichert,
- der Aufbau und die Transparenz von internationalen Organisationen, auch unter Hinzuziehung der „Zivilgesellschaft", gefördert,
- die zunehmende weltweite Verankerung von „Good Governance" erreicht werden.

Alle diese Ziele müssen aber durchsetzbar werden. Das werden sie nur, wenn eine starke politische, finanzielle und militärische Macht dahinter steht.

Das Problem der Macht war auch lange das Problem der globalen Organisationen.

Eigentlich sollten die Aufgaben von Frieden, Ordnung, Menschenrechten und Wohlfahrt global durch die Gründung der Vereinten Nationen (UNO 1945) gesichert werden. Die UNO hatte aber von Anfang an keine Machtmittel, diese Ziele durchzusetzen, sondern sie war auf Kompromiß und auf Vergabe von politischen Aufgaben bei der Durchführung von Zielverletzungen angewiesen. Während der Zeit des „kalten Krieges" haben sich die beiden Machtblöcke des Westens und des Ostens gegenseitig weitgehend blockiert, konnte es also zu Durchsetzungsmaßnahmen der UNO zur Sicherung von Frieden, Menschenrechten oder Wohlfahrt nicht kommen. Erst der wirtschaftliche und damit politische Zusammenbruch des Ostblocks schwächte diesen auch militärisch und machtpolitisch so stark, daß seitdem die USA Vormacht der Welt geworden sind, die nicht nur der UNO, sondern auch der wachsenden Zahl ihrer Vasallenstaaten überall in der Welt ihren Willen mit „sanftem Zureden", mit „überzeugenden Zahlungen", mit der Äußerung von „Wünschen", Drohung oder gar mit militärischer Gewalt (Balkan, Irak) aufzwingen können.

Seitdem wird Globalisierung in der Welt politisch unterschiedlich verstanden:

• Ein Teil der vor allem europäischen Literatur begrüßt die Globalisierung der Staatsziele ideell und glaubt sie vor allem in der UNO und den Weltorganisationen gesichert, sieht die USA nur als Helfer oder Auftragnehmer der UNO bei der Durchsetzung der globalen Ziele, z.B. Frieden, Sicherheit, Ordnung oder Menschenrechte.

• In den USA selbst hat sich der Globalisierungsbegriff mit dem Anspruch der US-Administration verbunden, die Welt nach eigenem Gutdünken zu beherrschen, die globalen Staatsziele den eigenen Interessen unterzuordnen und die USA als „Missionar der Freiheits- und Menschenrechtsziele für die Welt" zu sehen.

Zum Konflikt zwischen beiden Meinungen kam es z.B. im Irak-Krieg, den die UNO nicht billigte, den die USA aber dennoch gegen den Willen der UNO und der Welt eigennützig durchgeführt haben. Als angebliches Ziel dieser globalen Machtentfaltung wurde dabei der „Kampf gegen den Terrorismus" propagiert, wobei Terrorismus alles ist, was den amerikanischen Weltherrschaftsbestrebungen politisch, wirtschaftlich oder militärisch im Wege steht. Die US-Elite ist aber von der Berechtigung ihres eigennützigen „Kampfes gegen den Terrorismus" so überzeugt, daß sie die selbstverständliche Gefolgschaft ihrer Satelliten für diesen Kampf mit einfordert und kein Verständnis dafür hat, wenn sich Kulturländer wie Frankreich und Deutschland einem Angriffskrieg zur Vernichtung der von den USA bezeichneten angeblichen Terroristen nicht anzuschließen bereit sind.

Globalisierung ist im politischen Verständnis deshalb immer mehr zur Bildung der „einen Welt" unter politischer Führung der globalen Vormacht USA geworden. Ganz selbstverständlich werden deshalb auch die amerikanische Lebensart, die amerikanische Zivilisation, die amerikanische Hollywood-Kultur, das Welt-Monopolstreben der amerikanischen Konzerne und die Weltgeltung der amerikanischen Währung von den US-Eliten als selbstverständliche Ausprägungen der theoretisch richtigen Globalisierung verstanden – ebenso wie die Fürsten des 18. Jahrhunderts sich zum „ersten Diener ihres Staates" erklärten, nachdem sie vorher klargestellt hatten, „l'etat ce moi!" – Der Staat bin ich!

Infolge des dominierenden politischen Einflusses der USA in allen internationalen Gremien, Organisationen und Veranstaltungen sind zwar die oben bereits genannten vier politischen Staatsziele formal gleich geblieben, sie gelten aber nicht mehr gleich für alle. Die Führungsmacht bestimmt heute, was Frieden oder Friedensgefahr, was Ordnung oder Terrorimus, was Wohlfahrt für die Bevölkerung oder für die US-Hochfinanz ist oder welchen Grad der Selbstbestimmung die Satelliten im Demokratiespiel noch haben dürfen.

Die an sich richtige Internationalisierung der Macht zur Sicherung der anerkannten Staatsaufgaben in der Welt ist folglich mit dem Entstehen einer Supermacht zu einer politischen Machtzentralisierung von den Satelliten und neutralen Staaten zur Weltvormacht geworden. Politisch hat also die Globalisierung eine Zentralisierung der politischen Macht nicht etwa auf eine neutrale globale Organisation, wie etwa die UNO, sondern auf die „einzige Weltmacht", die USA, (Brzezinski) bewirkt.

Damit hat sich politisch die theoretisch eigentlich neutrale Globalisierungsidee zum politischen Monopolanspruch pervertiert – wie dies immer im Laufe der Geschichte gewesen ist, wenn aus richtigen Ideen politische Machtgebilde entstanden.

Dies läßt sich beispielhaft am *Demokratieziel* erläutern:
Demokratie ist die Staatsform des mündigen Bürgers, der selbst mitbestimmen soll und will, wie Frieden, Ordnung, Wohlfahrt und Sicherheit im Staate geregelt werden sollen. Unstreitig ist die Demokratie zwar ein Gutwettersystem, aber doch die politische Ordnung, welche der Menschenwürde und dem selbstverantwortlichen Menschen am meisten gerecht wird. Die Theorie geht deshalb davon aus, daß auf allen staatlichen Ebenen die Bürger selbst direkt oder indirekt darüber entscheiden sollen, wie ihre Ordnung geregelt wird.

Schon die Nationalstaaten haben die direkte Demokratie zur indirekten Parteiendemokratie umgemünzt, so daß nicht mehr die Bürger entscheiden, sondern nur noch gewählte Vertreter. Diese aber haben in einer Parteiendemokratie auch nichts mehr zu sagen. Praktisch entscheidet die Parteiführung, was gespielt wird. Der einzelne Abgeordnete hat sich im wesentlichen dem Parteiwillen unterzuordnen, wenn er seinen Wahlkreis oder Listenplatz bei der nächsten Wahl wiederhaben möchte. Abweichler werden gnadenlos abgestraft. Nicht die Meinung der Abgeordneten, sondern die der Parteiführung zählt.

Weiterhin ist im modernen Parlamentarismus die Demokratie auch dadurch umfunktioniert worden, daß das Parlament nicht mehr dazu da ist, die Regierung zu kontrollieren; vielmehr wählt eine Parlamentsmehrheit eine Regierung, der sie dann im Parlament den Rücken frei und die Treue hält. Die Opposition hat praktisch keine Möglichkeiten, Fehlverhalten der Regierung zu korrigieren, weil die Mehrheit alles abblocken kann. Das Parlament ist also zum Notariat herabgesunken, welches die Beschlüsse der von der Mehrheit gestellten Regierung nur noch abzusegnen statt zu kontrollieren oder gar abzuändern hat.

Dazu haben die supranationalen Organisationen wie z.B. die EU einen zusätzlichen Demokratieverlust gebracht. In die europäische Regierung z.B. kommen nicht mehr gewählte Vertreter, sondern von Regierungen entsandte Politkommissare, welche nicht mehr dem Volk, nicht einmal mehr dem Parlament verantwortlich sind und nicht einmal bei nachgewiesener Korruption gegen ihren Willen entfernt werden können. Eine politische Kontrolle findet gegen die EU-Politkommissare nicht mehr statt, obwohl diese Politkommissare bzw. Kommission inzwischen die Mehrheit und wichtigsten Politikbereiche der angehörigen Staaten und ihrer Bürger bestimmen. Die Demokratie ist insofern abgeschafft, als inzwischen 80% aller Regelungen nicht mehr von halbwegs demokratischen Nationalregierungen, sondern von dem undemokratischen EU-Politbüro gefällt werden. Die Machtverlagerung aus den Nationalstaaten in die Supranationalität hat also einen dramatischen Demokratieverlust für die Bürger und für die Regelung ihrer Bedingungen mit sich gebracht.

Daß dennoch kein Bedauern über den Demokratieverlust der europäischen Länder zu hören ist, hängt damit zusammen, daß es herrschende politische Meinung ist, „Europabürger" statt Hannoveraner oder Deutscher sein zu müssen. Der Verlust der nationalen Identität, nationaler Gebräuche, nationaler Produkte oder nationalen Volkstums wird von der herrschenden europäischen Politclique als „vorteilhafte Nivellierung" angesehen. Es gibt nach EU-Auffassung keine Deutschen oder Franzosen oder Engländer mehr, sondern nur noch – wie die EU-Verfassung festschreibt – den „Europabürger". Dieses Bürgerrecht wird wie im alten Rom auch immer mehr Menschen in der Welt zusätzlich verliehen. Europa soll nach dem Willen seiner politischen Elite über das geografische Europa weit hinauswachsen in die Türkei, nach Israel, in die Ukraine und nach Nordafrika.

In einer Demokratie könnte dies nur mit dem Willen der Bevölkerungsmehrheit geschehen. In dem nicht demokratischen europäischen Politbüro der Kommissare dagegen kann z.B. über die Einführung des Euro, über die Aufnahme von Rumänien oder von der Türkei auch entschieden werden, gegen den Willen von 80% der Bevölkerung. Treu dem Ausspruch von Kohl: „Wo kommen wir hin, wenn die Bevölkerung über so wichtige Dinge selbst entscheiden soll?" Unser aller Traum der fünfziger Jahre von einem demokratischen Europa demokratischer Vaterländer hat sich also durch Zentralisierung politisch in ein nicht mehr demokratisch kontrolliertes, oligarchisches Rätesystem fehlentwickelt.

Die gleiche Entwicklung von ursprünglich richtigen und demokratisch strukturierten Organisationen hin zu demokratiefremden und sogar -feindlichen Oligarchien läßt sich auch in anderen supranationalen und internationalen Organisationen feststellen, vom IMF über die Weltbank, die WTO, die Atombehörde bis hin zur UNO. Offenbar hat jede Zentralisierung den Hang zur Entdemokratisierung und zur Oligarchie.

An dieser Entwicklung zeigt sich eigentlich nur, daß politischer Idealismus und gute politische Absichten überall dort und immer dann politisch scheitern, wenn der Faktor der politischen Macht nicht mit ihnen verbunden ist oder sogar gegen sie steht. So mußte auch die UNO erkennen, daß sie gegenüber der „einzigen Weltmacht" USA machtlos ist, daß sie ohne politische Machtmittel sogar einen Krieg der „einzigen Weltmacht" nicht verhindern kann, daß alle guten Wünsche und Absichten für Freiheit, Demokratie und Menschenwürde in der Welt ohne politische Macht hilflos bleiben.

So richtig also die politische Globalisierung zur Durchsetzung der ideellen Freiheitsziele in der Welt wäre – in der Praxis ist die Globalisierung an der Bildung einer Weltvormacht gescheitert, die nach eigenem Gutdünken und mit Herrschaftsanspruch nicht nur über ihre „eurasischen Vasallen" (Brzezinski), sondern auch über die neutralen Staaten herrscht und der Freiheit keinen politischen Fortschritt gebracht hat, sondern einen Rückschritt aus Demokratie in das hierarchische System einer wirtschaftlichen und politischen Oligarchie.

2. Wirtschaftliche Globalisierung

Stärkste Kraft und Vorreiter der Globalisierung waren die global players, die internationalen Großkonzerne der Weltwirtschaft. Auch sie setzten für ihre Globalisierung scheinbar richtige ökonomische Theorien ein.

• *Marktwirtschaftliche Arbeitsteilung*

Seit dem Zusammenbruch der sozialistischen Verwaltungswirtschaften ist unstreitig, daß Marktwirtschaft mit Arbeitsteilung und Güteraustausch das überlegene Wohlfahrtssystem ist. Schon Adam Smith (1723–90) hat nachgewiesen, daß es einen höheren Wohlstand für alle gibt, wenn jeder sich auf die Produktion von Einzelgütern konzentriert, die er am besten und billigsten herstellen kann und dafür von anderen Güter tauscht, welche diese wiederum am besten und billigsten herstellen. Marktwirtschaftliche Arbeitsteilung ist also prinzipiell ein Produktivitätsfortschritt für alle.

David Ricardo hat die Theorie der individuellen Arbeitsteilung auf Volkswirtschaften erweitert und in seinem „Gesetz der comperativen Kosten" nachgewiesen, daß auch internationale Arbeitsteilung ein Produktivitätsfortschritt für alle sein kann. Wenn jedes Land sich auf die Waren konzentriert, die es am besten und billigsten produzieren kann, und mit anderen Ländern im internationalen Handel dafür von ihnen die wiederum von diesen am billigsten produzierten Güter austauscht, hat jedes Land einen comperativen Wohlstandsvorteil davon.

Damit war der theoretische Vorteil des internationalen und Welthandels für alle Völker und alle Menschen begründet. Mehr Freiheit des internationalen Handels bringt also theoretisch einen Produktivitäts- und Wohlfahrtsfortschritt für alle Beteiligten. In dieser richtigen theoretischen Erkenntnis liegt letztlich der Grund für die internationale Handelsorganisation (GATT), welche die Handelshemmnisse beseitigen und die Liberalisierung des Handels vorantreiben soll, um den erwarteten Wohlstandsvorteil aus mehr internationalem Außenhandel zu fördern. In diesem Sinne schwärmt der Enquete-Ausschuß: „Werden die Grenzen durchlässig, können Unternehmen natürliche, wirtschaftliche und politisch bedingte Standortvorteile besser nutzen und ihre Geschäfte dort tätigen, wo ihnen dies am günstigsten erscheint (Standortwettbewerb). Dies gilt für den Absatz, aber auch für Forschung und Entwicklung sowie die Produktion. Die Unternehmen werden in die Lage versetzt, Technologien anzuwenden, die sonst nicht vorhanden wären bzw. erst hätten entwickelt werden müssen. Eine Vergrößerung der Märkte ermöglicht ihnen Größen- (economies of scale) und Verbundeffekte (economies of scope) zu nutzen. Die Kosten der Beschaffung und Bereitstellung von Gütern und Dienstleistungen sinken, da die Fixkosten auf größere Stückzahlen umgelegt werden können. Die Gewinne aus der verbesserten Effizienz stehen für weitere Investitionen zur Verfügung oder werden in Form niedrigerer Preise an die Verbraucher und als Dividenden an die Aktionäre weitergegeben[10]".

Der entscheidende Weg zu den komperativen Kostenvorteilen für alle Länder durch internationalen Handel liegt in der Handelsfreiheit. Deshalb verfolgt das GATT (General Agreement for Traffic and Terms) vor allem die Liberalisierung des Handels.

Freiheit des Handels kann aber auch zur Freiheit der Monopolmacht mißbraucht werden. Sobald sich nämlich im nationalen oder internationalen Handel Monopole bilden, wird nicht mehr beiderseitiger Vorteil des internationalen Handels gewährleistet, sondern kann das Monopol durch seine Marktmacht eine einseitig zu seinen Gunsten gestaltete „Monopolrente" erzielen, sich also auf Kosten der übrigen Partner ungerechtfertigt bereichern. Die marktwirtschaftliche Arbeitsteilung und der komperative Kostenvorteil des internationalen Handels gelten also nicht zwangsläufig, sondern nur bei Chancengleichheit und falls nicht durch Marktmacht die Freiheit mißbraucht wird.

Es gibt nämlich bisher keine internationale Macht oder Organisation, welche globale Monopolbildungen verhindern könnte. Folglich hat die an sich richtige Liberalisierung des internationalen Handels die Bildung globaler Monopole nicht gehindert, sondern geradezu gefördert. Wo immer ein Weltmonopol entsteht, kann dieses Monopol die internationale Freiheit zum eigenen Preisdiktat und damit zur Ausbeutung aller anderen Wirtschaftsteilnehmer ummünzen. Dies hat die Opec mit dem Ölpreis vorexerziert und zeigen wichtige, inzwischen global monopolisierte Teilmärkte bei Rohstoffen, Nahrungsmitteln, Saatgut, Energie u.a.[11].

Globalisierung des Außenhandels ist also nur so lange und nur dort ein allseitiger Vorteil, wo nicht Monopole entstanden sind. Wo dieses geschehen ist, war die Liberalisierung schädlich, hätte Kontrolle und · Zerschlagung der Monopole durch eine übergeordnete Wirtschaftsmacht erfolgen müssen – konnte aber nicht erfolgen, weil die Monopolisten die für die Freiheit des Außenhandels zuständige Organisation GATT beherrschen.

Wo immer Weltmonopole entstanden sind, wurde die Globalisierung ein globaler Schaden statt ein Nutzen für die übrigen Wirtschaftsteilnehmer und die Verbraucher der Welt. Globalisierung ist also nur so lange und soweit theoretisch richtig, als nicht Weltmonopole die Freiheit mißbrauchen und zur Unfreiheit der übrigen Marktteilnehmer umfunktionieren können. Genau diese Fehlentwicklung ist weltweit in wichtigen Märkten durch Weltmonopole bzw. -oligopole passiert.

- *Wettbewerb*
  Eine zweite ökonomische Globalisierungsbegründung stützt sich auf die Wettbewerbstheorie. Wettbewerb ist nämlich nicht nur die Basis jeder marktwirtschaftlichen Ordnung, sondern auch das leistungsgerechteste, effektivste und verbraucherfreundlichste Selbstregulierungssystem, welches wir für alle Wirtschaftsordnungen kennen.

Im Wettbewerb lenkt der Preis theoretisch Produktion und Nachfrage optimal:

- Boden, Kapital und Arbeit werden im Wettbewerb automatisch in die beste Investition gelenkt, denn diese kann die höchsten Renditen für solche knappen Ressourcen erwirtschaften.
- Die Investitionen wiederum wandern über den Preis zum besten Produzenten, denn bei diesem stiften sie den höchsten Nutzen und können deshalb von ihm am höchsten bezahlt werden.
- Der Preis sorgt weiterhin dafür, daß der Egoismus jedes Unternehmers, maximalen Gewinn zu erzielen, nur dadurch möglich ist, daß das Unternehmen die Konsumenten besser und billiger beliefert als die Konkurrenz.
- Ebenso optimiert der Konsument seine Nachfrage nach dem Preis-Leistungs-Verhältnis des Angebots. Er kauft die Güter in der Menge und Qualität, die ihm optimal erscheinen.

Der Preiswettbewerb lenkt also theoretisch Produktion und Nachfrage nach der Nutzenoptimierung für beide Marktseiten – des Anbieters und des Nachfragers.

Diese Nutzenmehrungsfunktion des Wettbewerbs nimmt zu mit mehr Wettbewerb. Wenn also Produktion und Nachfrager nicht nur in regionalem oder nationalem, sondern sogar im internationalen Weltwettbewerb stehen, bekommt der Konsument theoretisch das preisgünstigste Angebot aus der ganzen Welt und der Produzent die kostengünstigsten Ressourcen der Welt, liegt also ein theoretischer Nutzenvorteil in der Globalisierung für alle globalen Marktteilnehmer.

Der Wettbewerb hat aber schon nach der Theorie nur dann allseitige Wohlstandswirkungen, wenn die Chancengleichheit aller Wettbewerber garantiert ist. Ebenso wie wirkliche Demokratie Rechtsgleichheit voraussetzt, setzt auch die Wettbewerbstheorie Chancengleichheit voraus. Diese Chancengleichheit ist aber global für die Wettbewerber nicht gewährleistet. Vielmehr sind die Rahmenbedingungen für die Wirtschaftsteilnehmer immer noch national höchst unterschiedlich, so daß für den globalen Wettbewerb eigentlich keine faire, chancengleiche Basis besteht.

• Chancenungleichheit gibt es z.B. durch die unterschiedlichen Steuersysteme in den verschiedenen Ländern. Deshalb ziehen sich die internationalen Konzerne aus den Hochsteuerländern durch Gründung von Holdinggesellschaften in Steueroasen zurück, wie z.B. die Ölindustrie auf die Bahamas, so daß sie sich von nationalen Steuern ausnehmen. Wer dagegen weiter z.B. als mittelständisches Unternehmen nationalen Steuern oder sogar Höchststeuern wie in Deutschland unterliegt, kann gegen die in Steueroasen sitzenden steuerfreien Konkurrenten nicht mehr bestehen, muß aufgeben. Der Wettbewerbs- und Chancenvorteil von Steuerfreiheit der global players ist zugleich Chancen- und Wettbewerbsnachteil der nationalen Konkurrenten.

• Ebenso gibt es unterschiedliche Sozialbedingungen und Soziallasten mit Differenzen bis zu 500%. Wo nationale Politik und Gewerkschaften die Löhne und vor allem die Lohnnebenkosten fünfmal so hoch halten wie im benachbarten Ausland, kann im Höchstlohnland nicht international wettbewerbsfähig produziert werden, wird deshalb automatisch eine Produktionsverlagerung in die Billiglohnländer stattfinden.

Dies galt schon bei der Osterweiterung der EU. Die deutschen Löhne und Lohnnebenkosten liegen sechs- bis zehnfach so hoch wie die Kosten bei einigen östlichen Beitrittsländern. Das Mittelstandsinstitut Niedersachsen hat deshalb rechtzeitig gewarnt, daß dies zu Hunderttausenden von Betriebsschließungen mittelständischer Unternehmer in den ehemaligen Grenzgebieten Deutschlands führen müsse, weil die aus dem Osten eindringende Konkurrenz mit dem Vorteil der Billiglöhne den Hochlohnproduzenten keine Chance mehr lasse. Das Politbüro in Brüssel konterte diese Marktverfälschung durch Chancenungleichheit mit der Bemerkung, daß sich dies in den nächsten Jahrzehnten ausgleichen würde. Daß dabei aber zunächst mehr als hunderttausend Betriebe in den östlichen deutschen Bundesländern an der Chancenungleichheit gleichen Wettbewerbs zugrunde gehen, störte die Funktionäre nicht.

Die Globalisierungswirkung bei unterschiedlichen Sozialkosten in der Welt spüren alle Hochlohnländer durch Abwanderung ihrer Produktion in Billiglohnländer. Weil aber auch Dienstleistung letztlich immer aus der Produktion bezahlt werden muß, wird der Trend des Verlustes nationaler Produktion auch die Dienstleistungsauswanderung nach sich ziehen und deshalb nicht mehr umkehrbar sein. Verlierer dabei sind die noch „reichen" Länder mit hohen Löhnen, hohem Einkommen und deshalb hohem Wohlstand. Es gibt keine Wassersäulen im Teich, wenn man den Schutzeimer weggezogen hat. Die Globalisierung schleift also Wohlstandsinseln ab und führt bei den reichen Ländern zur Verarmung, bei den Armen allerdings zu einer wirtschaftlich positiven Entwicklung.

Jedenfalls ist Globalisierung bei ungleichen Rahmenbedingungen kein genereller Wettbewerbsvorteil für alle; sie zwingt zur Nivellierung, zur Abwanderung der Wirtschaft, zu niedrigeren Löhnen, zu niedrigerem Einkommen und zur Verarmung in den Hochlohnländern.

• *Deregulierung und Bürokratieabbau*
Wirtschaft findet überall in der Welt auch in Gesetzes- und Bürokratierahmendaten statt. Die Freiheit der Unternehmen, zu produ-

zieren, zu handeln oder überhaupt tätig zu werden, ist deshalb sehr unterschiedlich in der Welt geregelt und bürokratisch geordnet.

Je geringer die gesetzlichen Hcmmnisse sind, desto höher ist die unternehmerische Freiheit.

Nach 1945 waren alle Nazi-Gesetze in Deutschland abgeschafft, hatten deshalb die Existenzgründer ungeheure Freiheiten, sich neu zu entwickeln und damit das „Wirtschaftswunder" zu bringen. Inzwischen haben deutsche Unternehmen 90.000 Vorschriften zu beachten und gibt es nahezu für jeden betrieblichen Vorgang in Deutschland exakte Regulierungen, die von Armeen von Steuer-, Gewerbe-, Ordnungs- oder Sozialkontrolleuren zelebriert werden. Steht ein in diesem Regulierungsnetz nahezu unbeweglich gewordenes Unternehmen im internationalen Wettbewerb anderen Konkurrenten gegenüber, welche nur die Hälfte oder kaum gesetzliche Beschränkungen haben, werden ganze Wirtschaftsbereiche wie die Kerntechnologie, die Biotechnologie o.a. so beschränkt oder verboten, daß sie im eigenen Lande nicht mehr stattfinden können, die entsprechenden Produktionen also verlagert werden müssen.

Immerhin ist die Grundforderung der Mittelstandsökonomie nach einer Lebensdauerbegrenzung aller Gesetze und Verordnungen (Sunset Legislation) in einzelnen Bundesländern wie z.B. Hessen inzwischen beschlossen und nimmt der Druck auch international auf die Regierungen zu, ihren ständig steigenden Gesetzesberg durch Lebenszeitbegrenzung der Gesetze wieder abschmelzen zu lassen, weil die übermäßige Regulierungsdichte in den einzelnen Ländern zur Gefahr, zum Fluch, zur Ursache von Wirtschaftsabwanderung und Wohlstandsverlust geworden ist. Der Globalisierungsdruck zur Deregulierung ist also theoretisch richtig.

Eigentlich hätten die nationalen Regierungen eine solche Deregulierung schon unter dem Druck der internationalen Konkurrenz selbst aufgreifen müssen, um sich mit geringeren Regulierungsdichten günstigere Wettbewerbsbedingungen international zu schaffen. Dies ist aber in verharrschten, von Gewerkschaften und 600 Lobbyistenverbänden sowie von sozialverwöhnten Wählern beherrschten Gefälligkeitsdemokratien nicht mehr durchsetzbar. Insofern erhofft man von der Globalisierung eine starke Deregulierungshilfe, weil sie den internationalen Wettbewerb verschärft und damit auch gegen den Willen nationaler Korporationsfeudalismen Deregulierung erzwingt.

Zusätzlich sind auch die bürokratischen Belastungen und Zwänge international höchst unterschiedlich. In Deutschland hat jeder Betrieb durchschnittlich tausend Stunden kostenlose Hilfsdienste für die öffentlichen Behörden zu leisten[13], in anderen Ländern nur einen Bruchteil davon. Und was in Deutschland an Orgien an Umweltstandards, Bauauflagen, Gefahrenschutz oder Sozialregulierungen eingeführt ist, besteht in den meisten anderen Ländern nicht oder nur gering. Wer also in überbürokratisierten Ländern produzieren und mit Konkurrenten aus bürokratiefreien Ländern konkurrieren muß, hat im globalen Wettbewerb entscheidende Nachteile, wird sich mit seinen höheren Kosten nicht durchsetzen können, kann zum Teil überhaupt die Produktion nicht machen, die andere frei durchführen können.

Während also Deregulierung und Entbürokratisierung eigentlich dem globalen Wettbewerb hätten vorausgehen müssen, um für die freien Marktteilnehmer gleiche Startchancen zu gewährleisten, wird dieses an sich richtige theoretische Argument zunehmend von den global players und den von ihnen beherrschten internationalen Organisationen mißbraucht, um Schutzvorschriften für nationale mittelständische Bereiche oder Firmen zu sprengen und diese Bereiche oder Firmen der internationalen Monopolisierung zu öffnen.

Ein Beispiel hierfür ist der Kampf der Euro-Wettbewerbsfunktionäre gegen die 18%ige Landesbeteiligung des Landes Niedersachsen am Volkswagenwerk. Sie ist entscheidendes Hindernis für die seit langem geplante feindliche Übernahme des Volkswagenwerkes durch General Motors. Erst wenn diese Staatsbeteiligung „liberalisiert" wird, kann die Eingliederung des Volkswagenwerkes nach bewährter „Heuschreckenmethode" erfolgreich sein.

Ein zweites Beispiel für falsche Liberalisierung ist der europäische Zuckermarkt. Das Rohrzuckerkartell hat solche Überkapazitäten in Brasilien geschaffen, daß der Rohrzucker bereits zu Treibstoff verarbeitet werden muß. Durch Abholzung der Regenwälder und Billiglöhne kann Rohrzucker fast halb so billig auf den Weltmarkt geworfen werden wie der europäische Rübenzucker. Die von der

Rohrzuckerlobby über die von ihnen ebenfalls bestimmten internationalen Handelsorganisationen GATT und WTO betriebene „Liberalisierung des Weltzuckermarktes" ist also nur vordergründig theoretisch richtig, dient aber letztlich nur der Ausschaltung der europäischen Konkurrenz zum Zwecke der globalen Monopolisierung. Sind die europäische Zuckerproduktion und Zuckerfabriken einmal beseitigt, wird ein Wiederentstehen dieser Konkurrenz nicht mehr möglich und andererseits das Weltzuckermonopol nicht mehr gehindert, seine Preise mit Monopolrenten festzusetzen.

Deregulierung und Entbürokratisierung sind also nur richtig, soweit sie mehr dezentrale Freiheit in mittelständischen Märkten schaffen. Sie sind schädlich, sobald sie als Monopolisierungsinstrumente zur Beherrschung der Märkte eingesetzt werden. Auch hieran zeigt sich, daß scheinbar richtige Theorien durch globalen Machtmißbrauch zur globalen Gefahr werden können.

• *Privatisierung*
Zu den Vorteilen der Globalisierung wird von einem Teil der Theorie auch der Zwang zur Privatisierung von bisher noch in staatlichen Händen liegenden Produktionen, Aufgaben oder Dienstleistungen genannt. Dabei ist generell richtig, daß die Privatisierung eine Rationalisierung dieser Leistungsbereiche regelmäßig dann ist, wenn die Bereiche in Wettbewerb überführt werden, wenn sie also von Profiunternehmern statt von öffentlichen Amateurunternehmern rentabler und produktiver organisiert sind[14].

Unter den Gesichtspunkten der Globalisierung sind aber nur Privatisierungen relevant, die für global players interessant sein könnten. Dabei ist theoretisch wieder richtig, daß global players mit Spezial-Know-how in bestimmten Bereichen bisher öffentliche Einrichtungen sanieren, rentabler führen und sogar zu Gewinnen bringen können.

Das Beispiel der Versorgungsunternehmen zeigt aber, daß eine Privatisierung aus globalem Zwang heraus auch zur tödlichen Gefahr für eine nationale Volkswirtschaft und für die Bevölkerung werden kann, wenn die bisher dezentralen öffentlichen Einheiten von einem global player zusammengekauft werden und er damit einen ganzen nationalen Versorgungsmarkt zur Monopolpreisbildung in die Hand bekommt. Beispiel hierfür sind die Bereiche Wasser,

Energie oder Medien. So werden z.B. zur Zeit in Deutschland die Kommunen wegen ihrer Finanznot von den Banken, Medien und Globalmonopolen dazu gedrängt, ihre Wasserwerke, Energiewerke und Leitungsnetze zu privatisieren. Sobald dann die bisher öffentlichen Institutionen in private Aktiengesellschaften überführt worden sind, werden sie zu jedem Preis von Oligopolisten wie „eON" aufgekauft und zu nationalen Monopolen zusammengefaßt. Dabei sind die Methoden nicht zimperlich, wie das Beispiel Primacom zeigt, deren Glasfaserleitungsnetze über ein von ungetreuem Vorstand aufgenommenes, 30% Zinsen kostendes Darlehen in die Hand des internationalen Monopolisten gespielt worden ist.

Schon bei der Wiedervereinigung in Deutschland hat sich gezeigt, daß die Privatisierung ehemals staatlicher Unternehmen und Bereiche überall dort falsch war, wo private Konzerne diese Betriebe entweder zur Marktbereinigung aus dem Verkehr gezogen und vernichtet haben oder sie in Großkonzernen zur Monopolbildung zusammenfaßten. Die an sich theoretisch richtige Privatisierung ist also nach der Wiedervereinigung in tausenden Fällen schädlich gewesen.

Sind die jetzt privatisierten Wasserwerke, Energiewerke, Telefongesellschaften u.a. erst einmal private Aktiengesellschaften und sind sie von dem internationalen Monopolkapital aufgekauft, dann können die Bürger nicht mehr verhindern, daß diese Gesellschaften nachfolgend mit Monopolpreisen Sondergewinne von den Verbrauchern abschöpfen, unter denen – wie beim Ölkartell – die ganze Wirtschaft leiden kann.

• *Globale Weltwirtschaftskrise*
Alle wirtschaftstheoretischen Argumente für die Globalisierung gehen bisher davon aus, daß die Globalisierung Wohlfahrtsvorteile habe. Sie setzen dabei wie selbstverständlich weltwirtschaftliches Wachstum voraus.
Was aber in Wachstumszeiten theoretisch vorteilhaft sein kann, wird allerdings in der Krise oft falsch. Eine Untersuchung über die Fragen der Auswirkungen einer neuen Weltwirtschaftskrise[17] hat nachgewiesen, daß eine global vernetzte Weltwirtschaft auch global im Dominoeffekt zusammenbrechen kann, wenn wesentliche Teilnehmer dieser Weltwirtschaft zusammenbrechen. Schon die Vernetzung der global players (Banken, Versicherungen, Großkon-

zerne) überall in der Welt läßt die Folgen eines Zusammenbruchs eines global players auch bei Schuldnern und Gläubigern in vielen Teilen der Welt aufbrechen. Der Zusammenbruch eines global players wird dann wie ein Gewitter in der Krise zum Sturzbach, der die ganze Weltwirtschaft mit in die Krise reißen kann. Diese Gefahr wurde bisher immer geleugnet, wird aber im Angesicht der aus der Weltinflation wohl kommenden Krise immer drohender.[18]

Nur Länder, die wenig globalisiert sind, wie China oder Rußland, die sich also weitgehend noch abgeschottet haben, werden von der kommenden Weltwirtschaftskrise weniger betroffen werden, können ihren nationalen Markt mit Schließung der Grenzen vor schädlichen Globalisierungsfolgen schützen. Alle anderen globalisierten Märkte und Volkswirtschaften werden auch den weltweiten Absturz mitmachen, werden mit in die Krise gerissen, müssen die Maßlosigkeit und den Machtmißbrauch der global players mitbüßen.

3. Gesellschaftliche Globalisierung
Die Globalisierung hat auch eine gesellschaftliche Dimension.

Im Sinne des Liberalismus kann man Globalisierung als einen Zuwachs an Freiheit für alle Menschen auffassen, an Freiheit, sich in der ganzen Welt zu bewegen, mit der ganzen Welt zu kommunizieren und letztlich auch, sich aus Ländern zu verabschieden, in denen die Lebensbedingungen schlechter als in anderen sind. Mehr als 10.000 Unternehmer verlassen jährlich Deutschland, weil es sich für sie hier nicht mehr zu arbeiten lohnt. Dafür kommen die mehr als 100.000 Armen aus der Welt zu uns, die sich von unserem Sozialsystem ein gesichertes Leben erwarten. Freiheit für die Menschen bedeutet in diesem Sinne, daß für immer mehr Menschen global nicht nur ihr Land, sondern die Welt zur Verfügung steht, daß sie überall in der Welt die Bedingungen für ihre Zwecke optimieren können.

Wo eben ein sehr üppiges und offenes Sozialsystem herrscht, wird dies so lange eine Sogwirkung auf die Armen der Welt ausüben, bis sich die Sozialbedingungen auf den internationalen Durchschnitt abgesenkt und nivelliert haben. Und wo umgekehrt die Lebensbedingungen ungünstiger sind, wird ebenso lange ein Bevölkerungsstrom in die Länder mit günstigeren Lebensbedingungen einsetzen. Durch die globale Freiheit ist die große globale Völkerwanderung entstanden.

Neben der Personenfreiheit für alle Menschen forderte schon die französische Revolution Gleichheit für alle Menschen. Beides hängt zusammen. In diesem Sinne hat die EU-Verfassung den „EU-Bürger" geschaffen, um die Rechtsgleichheit aller Menschen in der EU zu dokumentieren. Im gleichen Sinne hat die UNO auch die Gleichheit der Menschen immer wieder programmiert und hat Resolutionen gegen Ungleichheit von Menschen verfaßt.

Mit dieser Gleichheitsforderung begründen die Globalisierungsliberalisten ihren Kampf gegen jede Form von Nationalismus in der Welt. Nationalismus wird generell als freiheitsfeindlich, ungleich und deshalb schlecht gebrandmarkt. Wo immer sich nationale Strömungen – nicht nur in Deutschland – zeigen, werden sie als für die Globalisierung schädliche Entwicklungen politisch und sogar militärisch bekämpft. Der „Weltbürger" hat keine eigene Nation, sondern die Welt als Rahmen zu haben. Er hat sich den übrigen Weltbürgern anzugleichen und auch im Falle von Völkerwanderungen die Pflicht zur Anpassung an die Immigranten und deren gesellschaftliche Forderungen. „Multi-Kulti" ist gesellschaftliche Globalisierung. Aus der angeblichen Gleichheit der Menschen folgern die Globalisierer nicht nur die Gleichwertigkeit aller Menschen der Welt, aller Geschlechter, aller Rassen, aller Veranlagungen und aller Ausprägungen, sondern auch die notwendige Verschmelzung zu einem einheitlichen Menschentyp, zu einer einheitlichen „Welt-Gesellschaft". Die „Multi-Kulti-Entwicklung" ist also angebliche Überwindung nationaler Identität, die gewollte Fortentwicklung zum Weltbürger, zur Welt-Gesellschaft.

Dieser idealistischen Idee von der Globalisierungsgesellschaft stehen Kritiker gegenüber, welche die Globalisierung eher als gesellschaftliches Risiko auffassen.

• Schon Goethe und Herder haben darauf hingewiesen, daß die einzelnen Völker schätzenswerte kulturelle Identitäten haben, daß die Vielfalt dieser Identitäten eine ungeheure Chance zum gegenseitigen Austausch und zur Bereicherung des kulturellen Lebens bedeute. Sie haben deshalb die nationalen Identitäten gepflegt, beschrieben, betont.

Der Trugschluß der Globalisierer in ihrem Kampf gegen jede Form des nationalen Selbstverständnisses liegt darin, daß sie glauben, nationale Differenzierung würde die Friedfertigkeit des Zusammenlebens stören. Dies muß nicht sein. Welche Konflikte die Multi-Kulti-Gesellschaft in sich trägt, wird die nächste Krise explosiv zeigen.

Es ist auch für die Menschen selbst und für die soziale Bindung untereinander von Wert, ob sie einen nationalen Zusammenhalt haben. Welchen Wert dieser Zusammenhang darstellt, wird üblicherweise deutlich, wenn sich Menschen gleicher Nationalität im Ausland treffen.

• Aufgabe jeder nationalen Identität zugunsten einer nivellierten „Weltgesellschaft" entzieht jedenfalls auch einigen Grundfesten des Sozialstaates die Rechtfertigung: Aus welchen Gründen sollten die Westdeutschen z.B. jahrzehntelange Leistungen an ihre ostdeutschen Mitbürger tragen, wenn nicht aus dem Gesichtspunkt nationaler Solidarität? Und aus welchen Gründen sollte die große öffentliche Umverteilung zwischen Leistungsträgern und Leistungsnehmern eines Volkes sich rechtfertigen, wenn nicht aus einer „Volkssolidarität" der Bürger untereinander? Zwischen Weltbürgern gibt es keine Solidarität, keine Rechtfertigung für Umverteilung, für hohe Abgaben, welche man Wohlhabenderen und Fleißigeren für andere abfordern kann.

Nachdem auch andere Solidaritätsgrundlagen wie z.B. die christliche Nächstenliebe nicht mehr generell gelten und der Sozialismus als Solidaranspruch ebenfalls untergegangen ist, bleibt eigentlich für die Rechtfertigung nationaler Sozialsysteme nur noch der Solidaranspruch aus Volk und Nation. Die Ausweitung dieses Solidaranspruchs auf alle Zuwanderer, welche an einem nationalen Sozialsystem teilnehmen wollen, bedeutet bereits eine Teilglobalisierung der Solidarität, welche sie letztlich entweder durch die zunehmende Menge der Zuwanderer oder durch die mangelnde Leistungskraft der Leistungsträger sprengt.

Man kann es auch als kulturellen Verlust betrachten, wenn die globale Nivellierung heute zunehmend die Völker in ihrem Verhalten, in ihrer Kleidung, in ihrem Baustil und in ihrem Denken uniformiert. Großstädte überall in der Welt sehen gleich brutal aus. Betrachtet man dagegen die heimeligen mittelalterlichen Städte, so wird der Verlust von Bau-, Lebens- und Gesellschaftsqualität deutlich.

Das fängt schon mit der Sprache an. Globalisierer wollen die Einheitssprache – natürlich amerikanisch. Es gibt aber Sprachen mit viel höherer Wort- und Satzkultur, Sprachen von Dichtern und Denkern oder Klangsprachen, die zur Zeit global verlieren und mit denen ebenfalls ein Stück menschlicher Kultur verlorengehen würde.

Die Nivellierung im gesellschaftlichen und kulturellen Leben ist nicht zufällig, sondern von den Globalisierern systematisch geplant. Brzesinski schreibt mit Recht, daß „Hollywood und Coca Cola mehr zur globalen Weltmachtposition der USA beigetragen haben, als das amerikanische Militär"[21].

Fazit:
1. Globalisierung wird von den global players und der ihnen zuzuordnenden liberalen Theorie als neue Freiheitskategorie gesehen, als weltweite Freiheit des Kapitals, des Personenverkehrs, des Handels und aus den Zwängen der Nationalstaaten.
   Tatsächlich aber wurden die Freiheiten zu neuen Herrschaftssystemen der Netzwerke über die Nationen, der „einzigen Weltmacht" über die Netzwerke und der Hochfinanz über die politische Weltmacht mißbraucht.

2. Nach herrschender Meinung dient die Globalisierung vor allem der Ausbreitung von Demokratie, um die Menschen in der Welt von Feudalsystemen und Diktaturen zu befreien.
   Tatsächlich aber geht es gar nicht um Demokratie, sondern um die zentralen Weltmacht- und Wirtschaftsinteressen, welche je nach ihrem Zweck Diktaturen unterstützen (Saddam, Saudis) oder wieder bekämpfen, Wahlen manipulieren (Ukraine) und die demokratischen Rechte in der ganzen Welt durch Weisungsabhängigkeiten zu ersetzen versuchen.

3. Theoretisch richtig ist, dass freier Handel zu einer Wohlstandsmehrung in der Welt führen könnte.
   Die herrschenden Finanzmächte haben aber die geforderte Liberalisierung des Handels zur Weltmonopolisierung von immer mehr Marktsegmenten, Rohstoffen und Wirtschaftsbereichen mißbraucht, mit denen sie die Weltbevölkerung je nach Preisbildung zu Sondermonopolabgaben für sich zwingen können. Bisher gibt es auch keine politische Macht, welche diese für alle schädlichen

Weltmonopole behindern, zerschlagen oder zum Schadensersatz verpflichten könnte.

4. Theoretisch soll die Globalisierung auch den Wettbewerb in der Welt verstärken und damit für die Verbraucher die Preise senken und das Angebot verbessern.

Tatsächlich haben wir aber weltweit wachsende Wettbewerbsbeschränkungen durch Weltmonopole und ist für einen fairen Wettbewerb auch die Chancengleichheit in der Welt nicht gewährleistet, deshalb ist der Wettbewerb ungerecht (z.B. durch unterschiedliche Steuerbelastungen und Soziallasten in den einzelnen Ländern, unterschiedliche Arbeitskosten, unterschiedliche Bürokratiezwänge und Regulierungsdichten). Ohne Harmonisierung der Rahmenbedingungen ist Wettbewerbsausdehnung immer für die mehrbelasteten Unternehmen schädlich. Ausdehnung des Wettbewerbs ist also nur insoweit chancengleich und fair, wie die Rahmenbedingungen vorher harmonisiert sind.

5. Auch die Privatisierung von staatlichen Unternehmen und Aufgaben ist theoretisch generell richtig, weil Vollblutunternehmer in den privaten Unternehmen bis zu 50% höhere Rentabilität erzielen als öffentliche Amateurunternehmer. Privatisierung ist also regelmäßig eine Rationalisierung.

Privatisierung kann allerdings auch zur tödlichen Falle werden, wenn – wie im Energie- oder Wassermarkt – die Herauslösung von Unternehmen und Kapazitäten aus dem öffentlichen Sektor nur dazu dient, diese mit wertlosen Dollars aufzukaufen, zu Monopolen zu verbinden und dann die Verbraucher mit Monopolpreisen „zu besteuern". Das von den global players vorgegebene Privatisierungsziel dient also zumeist privatwirtschaftlicher Monopolbildung bis zur Weltmonopolbildung und ist deshalb statt Nutzen die größte Marktgefahr überhaupt.

6. Die von der Globalisierung geforderte Freizügigkeit der Menschen will den „Weltbürger" statt den Bürger einer Nation und die „Multi-Kulti-Gesellschaft" statt nationaler Identität schaffen.

Unter diesem Vorwand findet zur Zeit die größte kulturelle Nivellierung, Uniformierung, Vermassung in wirtschaftlicher und kultureller Hinsicht statt. Die eigenen Kulturen der Völker werden durch Hollywood-Unkultur abgeschliffen, und die Wohlstandsinseln der Welt werden durch Masseneinwanderung der Armen sowie durch Auswanderung der Reichen nivelliert. Freizügigkeit ist also für die reichen Industrieländer nicht nur Aufgabe ihres Wohlfahrtsvorsprungs, sondern auch ihrer kulturellen Identität. Dies liegt nicht in unserem Interesse, sondern nur im Interesse der globalen Netzwerke.

Gerhoch Reisegger

Erst die moderne Technik ermöglichte die Globalisierung.

Neue Technologien machen Globalisierung erst möglich.

Wenn – wie im Titel behauptet – die moderne Technik erst die Globalisierung ermöglichte – müssen wir zunächst erklären, was wir mit Globalisierung meinen bzw. in welchen Bereichen wir sie – und wie – wahrnehmen. Erst dann wird klar, welche Techniken und in welcher Weise die jeweiligen Teilbereiche des umfassenden Phänomens Globalisierung betroffen sind, d.h. Globalisierung ermöglicht wurde und wird.

Bei dieser Betrachtungsweise wird auch deutlich, daß es sich um einen Vorgang handelt, bei dem nicht bloß vereinzelte und isolierte Lebensbereiche betroffen sind, sondern daß es sich hier um ein strategisches Gesamtkonzept handelt, das integral sämtliche Aspekte der gesellschaftlichen (und persönlichen) Existenz umfaßt. Die nachfolgende tabellarische Übersicht sagt uns, wo und in welcher Weise wir von Globalisierung sprechen und durch welche Schlüsselelemente bzw. -prozesse sie charakterisiert ist.

Kategorie	*Schlüsselelemente/-prozesse*
Globalisierung als politische (Ver-) Einigung der Welt	Staatenbezogene Analyse von Integration von Welt-Gesellschaften in ein globales politisches und ökonomisches System unter der Führung einer Zentralmacht
Globalisierung der Technologie und verbundener F&E* und des Know-hows (* Forschung und Entwicklung)	Technologie ist der Hauptschrittmacher: Der Aufstieg der Informations- und Kommunikationstechnik ermöglicht das Anwachsen von globalen Netzwerken innerhalb der Unternehmen und zwischen verschiedenen Firmen. Globalisierung als Prozeß der Universalität eines „Toyotismus"/schlanker Produktion (lean production)

Globalisierung der Reglementierungsfähigkeiten und -möglichkeiten sowie der Parlamente.	Abbau der Rolle nationaler Regierungen und Versuche der Konzeption von (globalen) Steuerung, Regeln und Institutionen für eine Steuerung der Welt
Globalisierung der Wahrnehmung und des Bewußtseins	Soziokulturelle Prozesse um ein Konzept der „Einen Erde", Bewegung der „Globalisten", Weltbürgertum
Globalisierung der Finanzen und des Eigentums am Kapital	Integration der Geschäftsaktivitäten im Weltmaßstab, Errichtung von integrierten überseeischen Operationen (inkl. F&E und der Finanzierung), globale Beschaffung der Komponenten, strategische Allianzen
Globale Beherrschung der Industrien	Schaffung von „virtual enterprises" – Auflösung der räumlichen, zeitlichen und institutionellen Einheit des Unternehmens
Globale Beherrschung der Dienstleistungsbereiche	WTO – offene Grenzen für globalen „Arbeitsmarkt" einerseits, Transportabilität der Dienstleistung mittels I&K-Techniken
Globale Beherrschung der Medien	Information ist quasi eine andere Modalität des Kapitals; die globale Beherrschung des Kapitals mündet daher in einer der Medien.
Globalisierung der Lebensstile und des Verbraucherverhaltens, Globalisierung der Kultur	Transfer und Übernahmen von vorherrschenden Moden und Lebensstilen, Vereinheitlichung der Verbrauchergewohnheiten, die Rolle der Medien, die Umformung der „Kultur" in „Kultur-Angebot" (cultural food), Kultur-Produkten. Die GATT-Regeln gelten auch für den Kultur-Austausch!
Hochtechnologie im Bereich der militärischen Sicherheit	Ausdehnung des Krieges in die 3. Dimension: a. Weltraum b. unter dem Meer mittels moderner I&K-Techniken Totale Gefechtsfeldplanung und -steuerung mittels Elektronik

Globalisierung als politische (Ver-)Einigung der Welt

Hiermit ist das Oberziel im allgemeinen umschrieben. Obwohl die meisten Menschen mit Globalisierung vor allem die wirtschaftlichen Auswirkungen verbinden, sind diese letztlich ein nachgeordneter Bereich des Gesellschaftlichen (auch wenn man das heute kaum mehr merkt). Primär geht es um Macht, imperiale Vorherrschaft.

Globalisierung der Technologie und verbundener F&E und des Know-hows

Die Technik erscheint hier in einer Doppelrolle: Einerseits ist sie die eigentliche Ermöglicherin dessen, was wir mit Globalisierung bezeichnen, andererseits ist sie selbst globaler Ausbreitung und Entwicklung unterworfen, die zu unerhörter Konzentration und Beschleunigung führte.

Die Schlüssel-Technik für unser Thema ist die Micro-Elektronik, insbesondere in den beiden Bereichen der

Computer und Telekommunikation

Als der Autor an der TU Wien studierte, hatte diese noch keinen Computer. Der erste Arbeitsplatz war dann beim damals größten Computerhersteller – IBM. Die Computer waren sehr große Anlagen, die fast ein kleines Kraftwerk zur Energieversorgung, Klimaanlagen zur Kühlung und erhebliche Flächen benötigten. Dabei war die Leistung, mit heutigen Maßstäben gemessen, eher bescheiden. Die Miniaturisierung, bei der die Chips immer kleiner wurden, erlaubte sowohl die Schalt- als auch die Laufzeiten der Signale in den Nano-Bereich und darunter zu bringen sowie auch die Kosten für die anfangs sündteuren Rechner dramatisch zu senken. Somit konnten PC's vom Preis her – bis in die Haushalte – in wenigen Jahren ihren Siegeszug antreten. Sie sind heute allgegenwärtig und eine der wesentlichsten Voraussetzungen, daß die (industrialisierte) Welt vernetzbar wurde. Die mit dieser technischen Verbesserung verbundene Leistungssteigerung – etwa alle 1 bis 2 Jahre Verdopplung der Leistung bei annähernd gleichem Preis – erlaubte auch jene Funktionalität per Software zu schaffen, die diese komplizierten Geräte für den Laien doch relativ einfach nutzbar machten, und solche Eigenschaften „einzubauen", die im professionellen Bereich unumgänglich sind: Stabilität, Sicherheit, Zuverlässigkeit und eine geradezu unvorstellbare Fülle an komplexen Funktionen, mit denen diese Geräte einfach vernetzbar gemacht wurden.

„Plug & Play" – zusammenstecken und spielerisch nutzen ist das Schlagwort.

Der komplementäre und nicht unmittelbar sichtbare andere Teil sind die – auf derselben Technologie beruhenden – Kommunikationstechniken. Die meisten kennen heute das Internet und gehen spielerisch damit um. Je spielerischer es erscheint, umso komplexer ist das Innenleben. Lange bevor das Internet allgemein bekannt und angewendet wurde, haben die großen Konzerne, Banken, Versicherungen usw. ihre eigenen, geschlossenen Netzwerke aufgebaut.

Die weniger sichtbaren, aber umso wirksameren globalen Info- und Kommunikations-Netzwerke wachsen rapid. Beispiele bzw. Acronyme dafür sind:

TYMNET:	größter Produzent von „value added network services" (VAN)
SWIFT:	weltweites Interbank-Finanz-Telekommunikationsnetz
SITA:	größtes geschlossenes Netz, das über 300 Luftlinien bedient
RETAIN:	IBM´s privates internes Netz
SABRE:	Airline Reservation System (andere dieser Art sind AMADEUS, GALILEO usw.)

Hinter den technischen Möglichkeiten steht vor allem auch eine unerhörte, zielgerichtete Organisationskraft, die dieses Netz erst zum machtvollen Vehikel der Globalisierung macht.

Die wichtigste Konsequenz aus diesen neuen Techniken für die Unternehmen ganz allgemein ist deren Auflösung in sogenannte „virtual enterprises". Das klassische Unternehmen war räumlich, zeitlich und institutionell ein integriertes Gebilde. Mit Hilfe der I&K-Techniken war es erstmals möglich es vollkommen zu entflechten, mit weitreichenden Konsequenzen, auf die wir noch zu sprechen kommen.

Kommunikation, Navigation, GPS, ...

Für die Vernetzung der Welt ist das eindrucksvollste Beispiel: das Telefonnetz. Es ist die größte Informations-Maschine überhaupt. Es gibt kaum eine Gegend, in die man nicht – im Selbstwählverkehr – hintelefoniern könnte (obwohl eine Gleichverteilung und -verbreitung längst nicht der Fall ist). 500 Mio. Afrikaner besitzen weniger Telefone als etwa Tokyo Anschlüsse hat.

Obwohl dieses weltweite und schon ein Jahrhundert existierende System nach wie vor auf Drahtleitungen basiert, sind doch wesentliche Innovationen dazugekommen, die für die Globalisierung von Bedeutung sind.

Zunächst hat man die Bandbreite der Übertragungskanäle, d.h. die Zahl der gleichzeitig über eine Leitung übertragenen „Gespräche", wesentlich erhöht. Für die Leitungen werden heute Glasfaserkabel und Lasertechniken verwendet, und wo es zu teuer ist, fixe Leitungen zu verlegen, nutzt man Satelliten-Kommunikation. Die Zahl der kommerziellen, stationären Satelliten ist gewaltig, und man kann heute von jedem Punkt der Erde aus mit einem entsprechenden Satelliten-Telefon telefonieren.

Auf einer ähnlichen technischen Basis, mittels Satelliten, ist es möglich eine präzise Ortsbestimmung vorzunehmen. Grundlage dafür ist die jeweils genaue Kenntnis der Lage der Satelliten. Ein Sender/Empfänger auf der Erde empfängt die Signale mehrerer Satelliten und kann aus der Laufzeit der Signale (die sich mit Lichtgeschwindigkeit ausbreiten) den Standort berechnen. Mit der großen Leistungsfähigkeit der Geräte können bei Ortsveränderung natürlich auch Geschwindigkeit, Richtung usw. berechnet werden. Die Navigationssysteme für PKWs – heute um unter 500,- Euro erhältlich – vergleichen diese Ortskoordinaten mit eingespeicherten Karten und sind somit in der Lage – mit Sprachausgabe – einen Fahrer zu seinem Ziel zu leiten.

Was hier im zivilen und persönlichen Bereich eine angenehme Erleichterung ist, wenn man ortsunkundig an sein Ziel kommen will, hat natürlich auch seine Anwendung im militärischen Bereich, auf die wir noch getrennt eingehen werden.

Medien: Fernsehen, Radio, Nachrichten-Dienste, ...

Die Medien seien die „vierte Gewalt" – heißt es. Tatsächlich sind sie eher die erste. Kein Mensch kann sich gegen sie zur Wehr setzen, und sie sind, anders als die klassischen Gewalten des Staates – Legislative, Exekutive und Jurisdiktion – praktisch durch keinerlei Gesetze in ihrer Wirkung und Arbeitsweise beschränkt oder einer Gewaltenteilung unterworfen. Genaugenommen sind die Medien eine andere Modalität des Kapitals. – „Wer a Geld hat, kann a Musi zahl'n", oder auf Hochdeutsch: Ums Geld dreht sich die Welt.

Die modernen I&K-Techniken haben auch hier die Nachrichten-Übermittlung, -speicherung und -verknüpfung in einer ungeahnten Weise verbessert. Wer diese Mittel beherrscht, herrscht über das, was als „Öffentliche Meinung" gilt. Eben aus dem Grund spricht man ja auch von veröffentlichter Meinung. De facto sind es weltweit nur an den Fingern einer Hand abzählbare Nachrichtenagenturen, die bestimmen, was überhaupt verbreitet wird.

Der erst vor wenigen Jahren gegründete Sender CNN führte im ersten Irak-Krieg vor, was Medien können: 24 Stunden Kriegsbericht-erstattung in Echtzeit. Die obigen Techniken machten es möglich.

Die Reichweite der Sender, die Suggestion der Fernsehbilder – „virtual reality" und Hollywood – kombinieren jene beiden Ingredienzien, mit denen die Massen in ihren Ansichten gleichgeschaltet, die Geschmäcker uniformiert und das Verhalten konditioniert werden. Damit wird jener entscheidende Bereich, die

Globalisierung der Lebensstile, des Verbraucherverhaltens und der Kultur erreicht.

Yehezkel DROR, Mitglied des Club of Rome und Professor an der hebräischen Universität in Jerusalem, schrieb in seinem beachtenswerten Buch (Ist die Erde noch regierbar?), u. a. über die „Notwendigkeit" die Massen mit Symbolen zu führen. Da er der Ansicht ist, daß die Demokratie zu schwerfällig ist, die „Weltprobleme" in den dafür nötigen Fristen zu lösen, ist sein Anliegen die „Regierbarkeit" sicherzustellen. Obwohl er darüber in den üblichen Vokabeln – den „Ewigen Wahrworten" von Freiheit, Toleranz, Menschenwürde etc. redet, auch von der Demokratie –, ist in Wahrheit von der Weltdiktatur die Rede. Den nur ein paar Hundert zählenden wirklichen Entscheidern über die globalen Fragen stehen Massen in Milliardenzahl gegenüber. Ihre Manipulation gelingt nur mit den die Welt umspannenden, gleichgeschalteten Medien. Daß dies möglich wurde, liegt an den erwähnten technischen Mitteln.

Radio ist eine relativ alte Erfindung, Fernsehen kam Mitte des vorigen Jahrhunderts auf. Die umfassende Verbreitung einerseits und die Reichweite andererseits ist aber jüngeren Datums. Sie ist der Miniaturisierung der Elektronik geschuldet, womit die preiswerte Massenproduktion und die Übertragung über Satelliten erst möglich wurde.

Die „Notwendigkeit" dieser konditionierten (= uniformierten) Verhaltensweisen ergibt sich einerseits psychologisch, um die Globalisierung – als zentralistische „Weltregierung" – weitgehend widerstandslos durchsetzen und ökonomisch, um die Massenproduktion in globalisierten Märkten absetzen zu können. Besonders hier wird deutlich, wie die verschiedenen Bereiche einer einzigen „Grand Strategy" unterworfen sind, was die Globalisierung letztlich so bedrohlich macht.

Globale Beherrschung der Industrien

Der Spruch: „Die Großen fressen die Kleinen!" ist allgemein bekannt. Als Sedativum für die noch nicht Gefressenen erfanden dann clevere Werbemanager als Trost: „Die Schnellen fressen die Langsamen". Das eine schließt aber das andere nicht aus. Das Problem ist jedoch, daß heute meist die entscheidende Eintrittsbarriere in Märkte die Kapitalintensität der Produktion selbst oder auch der Organisation und Logistik darstellt.

Die oben erwähnten Techniken erlauben etwa komplexe Datenerfassung jedes einzelnen Fertigungsschrittes – und damit eine „scharfe Kalkulation" der Stückkosten, eine Notwendigkeit, die bei Massenprodukten selbstverständlich, die aber in Klein- und Mittelbetrieben nicht immer in ähnlicher Weise lösbar ist. Sie fallen aus dem Markt; oft nicht einmal wegen mangelnder Qualität, sondern oft schon deshalb, weil sie die Norm-Anforderungen der großen Konzerne bezüglich des Berichtswesens und der Dokumentation nicht ausreichend erfüllen können.

Ebenfalls mittels obiger Techniken wurde ein neues Logistikkonzept realisierbar; just-in-time. Da man über jeden Produktionsschritt Kenntnis hat, man weiß, was wann benötigt wird, haben die großen Hersteller damit begonnen, die eigenen Lager zu verringern oder ganz abzubauen und die fristgemäße Anlieferung zur Bedingung eines Abnahmevertrages gemacht. Die Lagerhaltung – faktisch auf den anliefernden LKW´s – wurde dem Lieferanten aufgehalst. Wer nicht mit kann, ist draußen. Wer die Liefertermine nicht einhält – auf überlasteten Autobahnen und in Ballungsräumen – bezahlt horrende Vertragsstrafen und verliert den Folgeauftrag, wenn er nicht ohnedies bankrott macht.

Auch hier ist die Tendenz: de facto Abhängigkeit von Konzernen – selbst wenn der Lieferant noch quasi selbständig bilanziert. Die Tendenz zur Konzentration ist klar, weil nur eine gewisse Größe die Leistungsfähigkeit sichern kann. Kleine und mittlere Unternehmen sind dazu in der Regel nicht in der Lage.

Die eigentliche und entscheidende Veränderung in der Industrie kam aber durch die nunmehr möglich gewordene Neukonstruktion der Konzernstrukturen.

Was die Globalisierung in der Industrie eigentlich bedeutet, sei kurz skizziert: Es ist nicht die Präsenz auf ein paar Auslandsmärkten oder die Auslagerung einer Fertigungsstätte in ein Billiglohnland oder was man bisher unter einem „multinationalen Unternehmen" verstand.

Es handelt sich um die völlige Neukonzeption der Unternehmen als gleichsam „virtuelle" bzw. „Meta"-Konzerne, die in allen Bereichen zu einer fundamentalen Entflechtung (und Ent-Ortung) ihrer Ressourcen von den Bindungen an eine nationalstaatliche Wirtschaft führt. Dies betrifft Design, Entwicklung, F+E, die Rohstoff- und Materialbeschaffung, die Teile-Produktion und Assemblierung, die Distribution in „globalen" Märkten, die Nutzung bis hin zum Recycling; – *jede* Phase der industriellen Prozesse ist betroffen. Es betrifft aber auch die Zuordnung von Arbeitskräften und vor allem die vielfältigen Finanztransaktionen.

Die Strukturen entziehen sich jeder wirklichen Kontrolle *und* Einflußmöglichkeit einer nationalen Volkswirtschaft.

Daß dies keine plakativen Übertreibungen sind, kann man ermessen, wenn man z.B. die Struktur der Konzerne wie IBM, AT&T, Sony etc. ansieht. Sie sind weltweit verflochtene Organisationen, die differenzierte Strategien für die verschiedenen Weltgegenden exekutieren. Die globalen Konzerne wurden auch die Träger der schon erwähnten globalen „Welt-Kultur". Das drückt sich weniger wie in der gesponserten[22] TV-Übertragung des Neujahrskonzertes der Wiener Philharmoniker aus, als in der Uniformierung des Konsums oder Modebewußtseins, in den Eß- und Trinkgewohnheiten (Coca-Cola, McDonalds) usw. Sie schaffen globale Normen und Standards, denn sie besitzen und nutzen die unerhört verbesserte Verbindungsfähigkeit weltweiter Computer-Netze einer vernetzten Welt.

Die wesentlichen strategischen Allianzen[23] zwischen den „key players" – etwa der Autoindustrie[24] – gehen über alle Bereiche[25] und schließen *alle* Konzerne mit ein.

Echelon

Die bisher beschriebenen Folgen der technischen Entwicklung waren noch gewissermaßen legale Anwendungen des technischen Fortschritts[26]. Heute werden diese Möglichkeiten allerdings auch in krimineller Weise und im allergrößten Stil angewandt. Daß dies vom einzelnen Bürger und inzwischen auch von den machtlosen Staaten geduldet werden muß, liegt an den – ebenfalls mit Hilfe der modernen Technik geschaffenen militärischen Machtmitteln der „einzigen Supermacht" – Recht ist zum Faustrecht verkommen.

Die flächendeckende Überwachung von E-Mail im Internet war bislang nur ein Gerücht. Am 6. Januar 1998 berichtete jedoch eine Studie des Europäischen Parlaments von einem entsprechenden Abhörsystem der NSA, einem US-Geheimdienst. Robert STEELE, ehemaliger Hakker im Dienste der CIA, schätzt, daß rund ‚*40 Prozent des gesamten Aufklärungsmaterials, das zum Präsidenten gelangt, aus offenen Quellen stammt'*. Die restlichen 60 Prozent werden aus verdeckten Quellen ermittelt.

Über ein hierarchisches, mit zahlreichen Sicherheitsbarrieren ausgestattetes Überwachungssystem wird seit rund 20 Jahren Kommunikation weltweit abgehört und ausgewertet. Anfang der 80-er Jahre wurde ein verteiltes Netz von 52 Supercomputern (Platform) eingerichtet, um Nachrichten zu entschlüsseln und zu verarbeiten. Zeitgleich wurden die Computer der UKUSA-Stationen miteinander verbunden und in die ‚Platform', integriert. Codename: ECHELON.

Ob Telefonate, E-Mails, Faxe oder Telex, ECHELON hört den gesamten über Satelliten geleiteten Kommunikationsverkehr ab. Konzipiert und koordiniert wurde das ECHELON-System von der NSA; realisiert wurde es zusammen mit den anderen UKUSA-Vertragsstaaten. Involviert in ECHELON sind das Government Communications Headquarters (GCHQ) in Großbritannien, das *Communications Security Establishment* (CSE) in Kanada, das *Defence Signals Directorate* (DSD) in Australien und das *Government Communications Security Bureau* in Neuseeland.

Im wesentlichen besteht das Abhörsystem aus drei Komponenten, um möglichst den kompletten Kommunikationsverkehr zu erfassen: Zum einen dient es der Überwachung von internationalen Telekommunikations-Satelliten (Intelsats), die von den Telefongesellschaften in den meisten Ländern benutzt werden. Weiterhin belauscht es regionale Kommunikationssatelliten, die nicht von Intelsat getragen werden, sowie Kabel und Mikrowellen-Türme[27].

Vor ein paar Jahren wurde u.a. bekannt, daß das Airbus-Konsortium einen praktisch sicheren Großauftrag an den US-Konkurrenten Boeing verlor, als dieser – in Kenntnis des Konkurrenzangebotes – dieses unterbot. Die Informationen darüber stammten von den mit Echelon belauschten, illegal erlangten Firmengeheimnissen.

Globalisierung der Finanzen und des Eigentums am Kapital

Das täglich jederzeit disponible „fiat money", das mittels Computer-programmen weltweit über die BIZ und Weltbörsen herumgeschoben, angelegt und abgezogen wird, beträgt 4,7 Bio.(!) $; das weltweite Gesamtvolumen von anlagefähigem Kapital hat eine unvorstellbare Grö-ßenordnung. Es gibt kein Unternehmen, das nicht jederzeit „gekauft" werden könnte. (Was wäre der Börsenwert von Fiat oder Siemens?)

Die Kapitalbewegungen finden in drei wesentlichen Feldern statt:

– Geld und Finanzströme, die mit dem Handel von Produkten und Dienstleistungen verknüpft sind (Export/Import, Ausgaben für den Fremdenverkehr)
– Ausländische Direktinvestitionen, die heute nicht allein den Finanzbereich betreffen, sondern auch in Form von Technologie- und Know How-Transfer (Fachleute), in Maschinenausrüstungen usw. bestehen können
– Portfolio-Investitionen und andere Finanztransaktionen (spekulati-ve Anlagen und Angriffe auf nationale Währungen).

Die bedeutendsten sind die „spekulativen Anlagen" in Derivaten, die natürlich nicht das Geringste mit der realen Wirtschaft zu tun haben. Man bezeichnet diesen Komplex als *„financial market"*, ein Euphemis-mus, der suggeriert, daß es hier um Marktgeschehen ginge. Tatsächlich sind es Casino-Wetten in unvorstellbarem Ausmaß. W. BUFFET bezeichnete diese Derivate-Geschäfte als *„financial WMDs"* – finan-zielle Massenvernichtungswaffen.

Die Globalisierung der Finanzströme (eine der „vier Freiheiten") sind der eigentliche Motor und die Nervenbahn der Globalisierung. Ihre notwendige und sie erst ermöglichende Voraussetzung war die Beherrschung der Informatik und Telematik.

Globale Beherrschung der Dienstleistungsbereiche

Wenn man sich ansieht, wie sich das BIP zusammensetzt, stellt man fest, daß in den Industrienationen – etwa den USA – der Anteil der Pro-duktion bereits weniger als ein Drittel ausmacht. Der Rest sind über-wiegend Dienstleistungen. Ein großer Teil ist Organisation und Koordi-nation oder die Erzeugung geistiger Werke – z.B. Software für Anwendungen.

Die großen Luftfahrtgesellschaften haben ihre Buchungszentralen in Billiglohnländer, wie Indien, verlagert und buchen hier nicht anders als wenn dies in Frankfurt geschähe. Call-Center oder Telefon-Marketing Firmen machen es in eben derselben Weise.

Was hier allein technische Voraussetzung ist, ist die weltweite Vernetzung von Computern und PC´s, dem alles entscheidenden Arbeits- und Produktivitätsmittel. Seit auch feste Leitungen für die Vernetzung keine zwingende Notwendigkeit mehr sind, ist nicht einmal die Infrastruktur eines (Entwicklungs-)Landes ein Hindernis für derartige Konzepte.

Dem allen liegt eine ganz allgemeine Eigenschaft zugrunde: jener Teil der modernen Technik, die Informatik und Telematik, welche all das bisher Gesagte überhaupt ermöglichten.

Telearbeit – eine neue Form der Arbeit

Die klassische Vorstellung vom Unternehmen ist die eines integrierten Gebildes, das räumlich, zeitlich und rechtlich (Gesellschafts- und Arbeitsrecht) eine Einheit bildet. In der Regel war das Unternehmen, die „Firma", eine konkrete Adresse, eine Arbeits- und Produktionsstätte, in welchen die Beschäftigten täglich zur Arbeit kamen. Heute, als Kennzeichen der Globalisierung, finden wir *„virtual enterprises"* vor, in denen die bis dato nur konzentriert organisierbaren, arbeitsteiligen Herstellungsprozesse sowohl örtlich als auch zeitlich aufgelöst wurden. Wenn in der Vergangenheit die Größe eines Konzerns auch keine Grenzen zu kennen schien, so führte die mit der Größe einhergehende Komplexität zur Nicht-Steuerbarkeit und zu einem Verlust des Überblicks, d.h. man stieß an Grenzen. Man kann es sich ja leicht veranschaulichen, wie alleine die Zahl der Kommunikationsbeziehungen geometrisch zunimmt, je mehr Beteiligte – jeder mit jedem – eine potentielle Verbindung haben. Bei zwei: 1, bei drei: 3, bei vier: 6, bei fünf: 10. bei sechs: 23. usw. Die Anzahl nimmt explosionsartig zu, und man kommt schnell zur Einsicht, daß ab einer bestimmten Größe eine Kommunikation gar nicht mehr möglich ist.

Die aus diesen Schwierigkeiten resultierenden Strategien hießen dann *„down-sizing"* (also Verkleinern) oder man schuf weitgehend selbständig operierende Einheiten – „Profit-Center" – und zahlreiche andere – leichter überblickbare – Strukturen (Outsourcing).

Durch die unerhörte Verbreitung der modernen Informations- und Kommunikations-Technik, insbesondere des PCs und leistungsfähiger

Netze, konnten diese auch sehr preiswert verfügbaren Organisations-mittel bis in den häuslichen Bereich mittels *„plug-and-play"*-Verfahren[28] vordringen. Die tatsächliche Auflösung des bisher integrierten Gebildes „Unternehmen" wurde möglich.

Ob es ein Modell gibt, das uns erlaubt, Bedingungen zu finden, die die immer weiter um sich greifende Auflösung klassischer Unternehmen in *„virtual enterprises"* noch akzeptabel erscheinen läßt, ist mehr als fraglich, erst recht die dann ja nötige Implementierung solcher (Rahmen-) Bedingungen.

Eike Hamer

Monopolisierung in der Globalisierung

Monopolisierung ist kein Selbstzweck, sondern dient der Aushebelung konkurrierender Kräfte und bietet dem Monopolisten eine Vorzugsstellung, aus welcher heraus er der Konkurrenz wettbewerbswidrig überlegen ist. Diese beherrschende Stellung dient der Macht- und Einkommensmaximierung des Monopolisten auf Kosten aller anderen Beteiligten. Dies gilt für die Wirtschaft und auch für die Politik.

Mit der Globalisierung geschieht dieser Konzentrationsprozeß über die Landesgrenzen hinaus, stößt in seiner Dimension in neue globale Größenordnungen und verschließt zunehmend Fluchtmöglichkeiten der anderen Marktteilnehmer, vor den Sonderbelastungen der Monopolpolitik zu fliehen.

Auch politisch bedeutet die Globalisierung eine neue Größenordnung, einhergehend mit dem Machtverlust jedes einzelnen Wählers nationaler Politiker und Regierungen und führt letztendlich zu einer Veränderung unserer Staatsform von der Demokratie zu einer oligopolistischen – genau plutokratischen (Herrschaft des Geldes) – Staatsordnung. Einzelne nationale Regierungen können immer weniger über sich selbst bestimmen, weil diversen supranationalen Organisationen weitgehende Gestaltungskompetenz übertragen worden ist. Demokratisch legitimierte Regierungen dürfen nur noch über Umsetzungsmodalitäten der supranationalen Vorgaben entscheiden. Eine demokratische Mitbestimmung und politischer Wettbewerb finden immer weniger statt.

Monopolisierungstendenzen vollziehen sich vor allem wirtschaftlich. Moderne Telekommunikationstechniken lösen Entfernungsprobleme, schafften zeitgleiche Präsenz weltweit und ermöglichen es dadurch, in eine neue, räumlich globale Dimension vorzustoßen. Erst mit diesen neuen Möglichkeiten konnten Monopolisierungen in neuer Dimension umgesetzt werden, indem:

- Kapitalverflechtungen geschickt durch Treuhandverhältnisse, Fondsgesellschaften oder Banken verschleiert wurden und die

Konzerngebilde damit nicht offiziell publik werden, aber gleichgeschaltet agieren,
- Einzelsegmente eigentumsmäßig zusammengehörender Konzerne
  scheinbar miteinander konkurrieren, aber in entscheidenden Fragen konzertiert agieren,
- hauptsächlich strategisch entscheidende Kernbereiche monopolisiert werden konnten, die zwar von der Marktkapitalisierung her
  vergleichsweise klein sind, jedoch durch ihre Schlüsselfunktion
  gigantische Machtentfaltung ermöglichen.

Im Zuge der Globalisierung dominieren statt nationaler Monopole
internationale Monopole einzelner Nationen, Märkte und globale Organisationen. Das wohl mächtigste Geflecht der Welt stellt ein Konglomerat dar, welches man „One World Konglomerat" nennen könnte und das
sich unter anderem auf folgende Bereiche stützt:
- Rohstoffe,
- Medien/Informationssektor,
- Finanzsektor.

Mit Hilfe dieser zum Teil vergleichsweise kleinen Märkte kann dieses „One World Konglomerat" im Zusammenspiel seiner Teilbereiche
nicht nur über seine Konkurrenten sondern auch über andere Märkte
Macht ausüben. Sie setzt sie dazu ein, in weiteren Teilbereichen Monopolstellungen zu erobern. So finden wir im Rohstoffsektor überwiegend miteinander kapitalverflochtene oder anderweitig miteinander
gebundene und abhängige Konzerne wie Anglo American, BHP Billi-
ton, Rio Tinto, Shell u.a. wieder, die zusammen eine Monopolstellung
in den Bereichen Eisen, Kohle, Mangan, Diamanten und in anderen
Bereichen haben. Von ihrer Preisgestaltung hängen weltweit viele
Wirtschaftszweige oder Regionen ab, die über Monopolpreisbildung zu
Sonderabgaben herangezogen werden oder durch billige Rohstoffe
subventioniert werden können.

Im Mediensektor herrscht ebenfalls weniger Wettbewerb, als allgemein angenommen. So stellen nur wenige zum „One World Konglomerat" gehörende Basisinformationsprovider wie Reuters, Blomberg oder
DPA neben den unzugänglichen Geheimdienstinformationen Informationen bereit, die von allen übrigen Medien aufgenommen und weiter-
verarbeitet werden. Die weiterverarbeitenden privaten Medien sind
ebenfalls weitgehend miteinander verflochten und werden nicht selten

über Treuhänderpersonen vom „One World Konglomerat" gesteuert. Zusammen bilden sie die veröffentlichte Meinung. Mit Hilfe einer Monopolmacht im Mediensektor lassen sich dann wieder politische und gesellschaftliche Bewegungen, finanzielle Bewegungen, Ansichten der Bevölkerung oder allgemeine Auffassungen steuern und Werbeeffekte mit anderen Bereichen des „One World Konglomerats" generieren. Es gibt keine demokratische Regierung, die gegen den Willen dieser herrschenden Medienmacht bestehen kann.

Mit dieser Abhängigkeit kann das „One World Konglomerat" die politischen und damit alle Lebensbereiche für uns Bürger auch gegen unseren Willen beeinflussen.

Welchen ökonomischen Einfluß man insbesondere auf Kapitalmärkte mit Hilfe dieser Medien ausüben kann, verdeutlichen uns die Edelmetallmärkte und Aktienmärkte. Anlegerkapitalströme können durch Negativpresse über Edelmetallmärkte von diesen ferngehalten werden und riskantere Aktien und in andere Märkte durch Positivpresse gelenkt werden. Im Börsenjargon gilt es nämlich, den „Trend" frühzeitig zu erkennen, sich dranzuhängen und unbedingt jede Chance zu nutzen. Daß dieser Trend erheblich durch die Medien mitgestaltet oder sogar gemacht wird, wird dabei nicht berücksichtigt oder verdrängt. Erst wenn Fundamentaldaten die „Illusion" belegen, erkennt man, daß durch die Medien Traumfabriken Luftschlösser aufgebaut wurden.

Die wichtigste Säule des „One World Konglomerats" stellt der Finanzbereich dar. Einige namhafte Vertreter dieses Geflechts beherrschen neben dem Bankhaus Rothschild, die Bank of America, JP Morgan und die private, bankeigene Notenbank, die FED. Teile der Bank of England sind als privatwirtschaftliche Organisationen in dieses „One World Konglomerat" eingebunden. Anders als im alten Europa ist die FED eine private, den „Memberbanks" gehörende Bank mit Notenemissionsberechtigung, für das sie nur eine Royalityabgabe (etwa 0,52%) an den Staat entrichtet. Da der überwiegende Teil der „Memberbanks" und damit die Kapitalmehrheit an der FED zum „One World Konglomerat" gehört, kann dieses auch die Notenbankenpolitik maßgeblich bestimmen.

Die Einflußmöglichkeiten und damit die strategische Bedeutung dieses Sektors sind innerhalb des Konglomerats sicherlich am größten. Über die von der FED induzierte Geldpolitik kann man weltweit Inflation, Deflation, Staatsbankrotte oder Subventionen, Wechselkurse,

Zinsniveaus oder Börsenkurse mitgestalten oder sogar entscheiden. Daß dies auch genutzt wird, können wir an der aktuellen Situation erkennen. Seine besondere Brisanz erfährt dieser Finanzsektor durch das zusätzlich konzertierte Verhalten mit anderen Teilen des „One World Konglomerats".

Während man im Rohstoffsektor die marktbeherrschende Stellung dazu einsetzen kann, die Angebotsseite zu steuern, kann vom Finanzsektor aus durch Wechselkursgestaltung, Liquiditätsversorgung, Fondskäufe, Angebotserweiterung über Derivate o.ä. auch die Nachfrageseite manipuliert werden. Sind die Rohstoffe beispielsweise in Dollar valutiert, wäre eine Dollarpreiserhöhung für die Dollarregion entscheidend. Wird der Dollar gleichzeitig gegen Yuan abgewertet, erfahren die Chinesen entsprechend geringere oder sogar sinkende Rohstoffpreissteigerungen.

Zum Zwecke von Preisgestaltung, Wechselkursgestaltung und Liquiditätsversorgung hat das ESF[29] neben dem IWF[30] und der Weltbank mit entsprechender Kreditpolitik auf Staatskosten Projekte zu finanzieren oder direkt am Markt aufzutreten. Der Finanzsektor bestimmt damit, welche Region zu Sonderabgaben herangezogen werden soll, welche Region per Aufwertung gestützt werden soll, welche Region vermehrt mit Liquidität versorgt oder finanziell trockengelegt werden soll. Auf diese Weise lassen sich auch in anderen Bereichen Monopole errichten. Diese Macht hat nationalen Rahmen verlassen und bewegt sich seit langem auf globalem Niveau. So akzeptieren mittlerweile drei Viertel der Welt die von der FED-Privatbank ausgegebenen Dollars, mit denen quasi zum Nulltarif Realwerte aufgekauft werden konnten und somit ganze Märkte zum Preis der Royalitygebühr[31] monopolisiert werden konnten. Mit der Ausweitung der Dollarmenge für Realwertkäufe bezahlen letztlich all diejenigen die Zeche, welche Dollars oder Dollaransprüche halten.

Mittlerweile werden bereits über drei Viertel aller Finanzvermögen in Dollar valutiert. Daran läßt sich bereits erkennen, daß derartige Monopolisierungstendenzen weder national noch kontinental begrenzt sind, sondern sich mittlerweile global entwickeln.
Anhand dieses Beispiels wird deutlich, daß vor allem strategisch entscheidende Bereiche global monopolisiert werden sollen, weil diese das entscheidende Fundament für die Ausübung globaler Macht bil-

den.[32] Dabei generieren die drei strategisch wichtigen Teilbereiche – Finanzen, Rohstoffe, Medien – nicht nur untereinander Synergieeffekte, sondern bilden gleichzeitig die Abhängigkeitsbasis für die meisten übrigen Wirtschaftsbereiche. Wer also ein Monopol in diesen Bereichen zustandebringt, von dem die meisten anderen Bereiche abhängen, kann anschließend sein Monopol beliebig und ungehindert ausdehnen und Monopolpreise auch auf Kosten anderer Marktsegmente erheben.

Am Derivatemarkt zeigt sich, wie chancenlos alle übrigen Marktteilnehmer gegenüber dem „One World Konglomerat" sind. Die zum Konglomerat gehörenden größten Banken der Welt, wie J.P. Morgan, Bank of America sind mit der Citygroup gleichzeitig diejenigen Banken, die das größte Derivatengagement, insbesondere Zinsderivatengagement, eingegangen sind. Von den 58.330 Billionen US-Dollar Zinsderivatvolumen entfallen alleine 54.064 (93,12%) auf die ins „One World Konglomerat" eingebundenen Banken wie J.P. Morgan, Bank of America und City Bank.[33]

Zinsderivate sind Wetten – eigentlich zur Absicherung gegen Zinsschwankungen – auf Zinsentwicklungen, die das „One World Konglomerat" in der eigenen Notenbank, FED, festsetzt. Solange keine unvorhergesehenen Ereignisse anderes Verhalten erzwingen, führen solche selbst gesteuerten Zinshedgegeschäfte zu sicheren Gewinnen (ca. 20% p.a.) bei diesen Banken. Jeder Konkurrent muß Zinsabsicherungsgeschäfte unter Konkurrenzrisiken eingehen, weil er im Gegensatz zum „One World Konglomerat" die zukünftigen Zinsentwicklungen höchstens abschätzen kann, nicht aber weiß, schon gar nicht selbst festsetzen kann.

Daß dieses Konglomerat bislang unentdeckt blieb, lag unter anderem darin, daß:

- Beteiligungen teils über personelle Treuhandverhältnisse gehalten werden,
- Beteiligungen teils über anonyme Fonds oder Banken gehalten werden,
- durch Banken Abhängigkeitsverhältnisse zementiert sind, bei denen häufig auch Wandlungsoptionen in das Kreditengagement eingearbeitet sind und
- Stimmrechte auf fremde Kosten über beherrschte Fondsgesellschaften zu eigenem Nutzen eingesetzt werden.

Es sind eine ganze Reihe Alternativen denkbar, wie das Konglomerat seine Macht ausdehnt und die Monopolbildung vorantreibt. So gibt es kaum einen Krieg, aus dem es nicht gestärkt und mit Machtzuwachs herausgekommen ist, weil es einerseits an den Kriegen verdiente und andererseits Konkurrenten überproportional geschädigt wurden.

Eine weitere Dimension der Monopolisierung vollzieht sich mit Hilfe internationaler, quasi öffentlicher Organisationen, denen per Staatsvertrag Kompetenzen übertragen wurden oder deren Vorschläge und Verordnungen freiwillig von den Regierungen befolgt und umgesetzt werden. Die Politik dieser Organisationen führt nicht selten dazu, daß Konzerne mit Privilegien ausgestattet und gefördert werden, daß weltweit lästige Beschränkungen verhindert werden, Barrieren eingerissen werden oder Expansionen mit Steuermitteln untermauert werden. Insofern helfen auch internationale Institutionen bewußt oder unbewußt dabei, Märkte und Industrien in den chancenungleichen Wettbewerb mit dem „One World Konglomerat" zu zwingen und infolgedessen Monopole zu bilden.

In der Geschichte seit 1913 ist erstmalig, daß nicht mehr Staaten und deren Oberhäupter, sondern Wirtschaftskonglomerate (private Banken) Münzrecht übertragen bekommen haben. Über internationale Verständigungen einerseits und Marktmacht durch strategisch wichtige Industrien andererseits werden weite Teile der Welt dazu gezwungen, dieses private Geld (Dollars) zu akzeptieren. Nach militärischen Einsätzen wie im Irak verschwinden immer mehr Regierungen, die nicht bereit waren, die privaten Dollar und damit die Vorherrschaft der privaten FED und deren Banken zu akzeptieren. Damit zielgerichtet verhält sich die US-Administration, weil sie ihre Politik in den Dienst der Wirtschaft stellt und politische Maßnahmen nach den Wünschen ihrer Wirtschaft ausrichtet.

Mit fortgeschrittener Monopolisierung strategisch entscheidender Märkte drehten sich gleichfalls die Abhängigkeitsbeziehungen zwischen Staat und Wirtschaft. Während eine im marktwirtschaftlichen Wettbewerb befindliche Wirtschaft mit kleinen Abgaben im Dienste des Staates stand, stehen mittlerweile die Staaten im Dienste globaler Konglomerate mit Monopolmacht. In Umverteilungssystemen im deutschen Sozialstaat führt diese veränderte Abhängigkeit dazu, daß mit Hilfe der Abgabensysteme noch verbliebene Konkurrenten des „One World Konglomerats" sonderbelastet und damit im Konkurrenzkampf benachteiligt werden, weil z.B. nur der Mittelstand an nationale Abgabensysteme gebunden ist, nicht aber das „One World Konglomerat" selbst. Neue Belastungen führen daher zu einer Belastung der Konkurrenz für das „One World Konglomerat", damit zu Wettbewerbsnachteilen für den Mittelstand und nicht selten zur Beseitigung lästiger mittelständischer Konkurrenz. Insofern hilft auch die Politik bewußt oder unbewußt dem Konglomerat, nationale, überwiegend mittelständische Konkurrenz zu beseitigen und die Märkte weiter zu monopolisieren.

Mit Hilfe von Entwicklungshilfe, internationaler, steuerfinanzierter Organisationen und regionalem politischem Einfluß werden „zum Wohle armer Länder" Infrastrukturmaßnahmen oder Marktliberalisierungen unterstützt oder erzwungen, die selten regionalen humanitären Vorteilen nutzen, sondern vielmehr privaten Interessen, wie etwa dem Rohstofftransport von Minen. Nicht selten handelt es sich dabei um Infrastrukturprojekte, die für das „One World Konglomerat" notwendig sind, aber auf diese Weise von den Steuerbürgern mitfinanziert werden. Auch militärische Einrichtungen (US-Militärbasen) werden häufig dort errichtet, wo wichtige Industrieinteressen des „One World Konglomerats" bestehen. Es handelt sich z.B. oft um Schlüsselpunkte für die Rohstoffversorgung oder Güterdistribution oder wenn das Wohlgefallen der regionalen Regierung notwendig ist (Saudi Arabien). In den meisten Fällen werden die Kosten derartiger Maßnahmen auf die Allgemeinheit abgewälzt, indem entweder der private Dollar inflationiert wird oder von den Steuerbürgern zusätzliche Abgaben eingezogen werden oder die Kosten durch zusätzliche Monopolgewinne auf die abhängigen Konsumenten abgewälzt werden. Auf diese Weise hat das „One World Konglomerat" die Möglichkeit, mit ihrer eigenen, quasi zum Nulltarif kreierten Währung, Realwerte aufzukaufen, teilweise sogar die Leihgebühren (Zinsen) den verschiedenen Regierungen und damit den Steuerbürgern aufzudrücken und somit gleich mehrfach abzukassieren.

Die hauseigene Notenbank (FED) ermöglicht angesichts der globalen Dollarbedeutung (75% aller Finanzvermögen in Dollar valutiert) entsprechend globale Bedeutung für das gesamte internationale Finanzsystem. Diese kann durch ihre Refinanzierungspolitik sowie Zins- und Wechselkursgestaltungen wesentliche Kosten der Banken weltweit frei festsetzen. Berücksichtigt man, daß die Insiderbanken (Memberbanks) die Geschäftspolitik der FED steuern, damit bereits im Vorfeld über Zinsentwicklungen oder Wechselkursgestaltungen informiert sind oder sogar diese nach eigenen Wünschen gestalten lassen können, ist dies ein Macht- und Informationsvorsprung, der alle fremden Banken benachteiligt. Mit diesem Wettbewerbsvorteil ist es möglich, alle käuflichen Banken an den Rand des Ruins zu treiben und billig zu übernehmen oder sie im ungleichen Konkurrenzkampf untergehen zu lassen. Es ist insofern kaum erstaunlich, daß das äußerst lukrative Derivategeschäft sich zu über 93% in den USA auf vier zum „One World Konglomerat" gehörende Bankhäuser verteilt, die auf die ca. 90.000 Mrd. US-Dollar Derivatvolumen an die 20% Gewinn pro Jahr erwirtschaften. Diese gigantischen Gewinne sind ebenfalls kaum erstaunlich, wenn fast drei Viertel dieser „Wettscheine" Wetten auf Situationen sind, welche die hauseigene Notenbank weitgehend selbst bestimmen kann. Wer also die zukünftige Entwicklung durch die hauseigene Notenbank kennt oder sogar mitbestimmen kann, kann aus diesen „Wettscheinen" sichere Gewinne generieren (Zinsen).

Weil die Bankhäuser über ihre angegliederten Fondsgesellschaften auch den Großteil privater Anlegergelder steuern, ist das „One World Konglomerat" in der Lage, mit einem Großteil aller internationalen Anlegergelder nach eigenen Wünschen zu verfahren. Was nämlich die Fondsgesellschaften mit den Anlegergeldern machen, liegt nicht mehr im Entscheidungsbereich des Anlegers, sondern im Entscheidungsbereich der Fondsgesellschaft. Deren Manager hängen aber mehr von der Gesellschaft und damit von der Bank ab, der die Fondsgesellschaft gehört als von den Fondsanlegern. Entsprechend befolgen die Fondsmanager eher die Weisungen der Fondsgesellschaft und der dahinter stehenden Bank als die Interessen der Anteilseigner. Über dieses Vehikel lassen sich kostspielige Aktienpaketzusammenstellungen auf fremde Kosten (auf Privatanlegerkosten) gestalten. Der Nutzen dieser Pakete in Form von Stimmrechten kann dagegen für die Zwecke des „One World Konglomerats" eingesetzt werden. Auf diese Weise lassen sich anonym Stimmenmehrheiten in verschiedenen börsennotierten Kapitalgesellschaften kurzfristig übernehmen, wie am Beispiel der Deutschen Börse AG deutlich geworden ist. Dem Konglomerat stehen dadurch zusätzliche Möglichkeiten offen, Märkte zu monopolisieren und die Kosten dafür anderen, der Allgemeinheit bzw. den Haltern von Dollars o.a. aufzubürden.

Für eine Monopolisierung weltweiter Wirtschaftsfaktoren kommen grundsätzlich alle strategisch entscheidenden Bereiche in Frage.

Bei einigen Bereichen lassen sich bereits deutliche Monopolisierungs-strategien erkennen. Dazu zählen:

- der Wassermarkt,
- der Telekommunikationsmarkt mit dem Ordnungssystem Galileo,
- der Medienmarkt,
- der landwirtschaftliche Markt über Saatgut-Produzenten und Düngemittelhersteller,
- der Energiemarkt,
- der Anlageberatungsmarkt.

Bei derartigen Monopolisierungen kommt zum Vorschein, daß die verschiedenen Teilbereiche des „One World Konglomerats" konzertiert agieren, über die politische Machtentfaltung mit Hilfe eigener Medien und eigener Banken sowie deren Lobbyisten als auch supranationaler Organisationen (EU) Unterstützung bekommen, indem sie z.B. eine Liberalisierung oder Privatisierung verordnen lassen, Getreue in Vor-stand und Aufsichtsrat zur Übernahme vorgesehener Unternehmen setzen, um diese für eine Übernahme vorzubereiten. Teil dieser Vorbe-reitung sind häufig Verschuldungen bei Banken, die zum „One World Konglomerat" gehören, mit denen häufig auch ein Wandlungsrecht der Schulden gegen Anteile an der Firma verbunden ist. Auf diese Weise lassen sich bereits im Vorfeld zukünftige Mehrheiten vorbereiten. Um ein derartiges Monopol abzusichern, werden nicht selten Kampagnen gestartet, die beispielsweise eine private Wasserversorgung untersagen, mit Auflagen kleinere Wasserversorger in die Verluste treiben oder anderweitig mit Hilfe hilfsbereiter Politiker Fluchtmöglichkeiten der Konsumenten verhindern. Wann immer unliebsame Konkurrenten die zur Übernahme vorgesehenen Konzerne übernehmen wollen, wird dies notfalls mit der Begründung „nationaler Sicherheitsinteressen" von der US-Politik verhindert (IBM).

Ziel aller Monopolisierungen ist nicht nur die Möglichkeit, die Konsumenten zwangsweise mit Monopolgewinnen zu schröpfen, sondern vor allem den Machtbereich auszudehnen und im Idealfall die totale Kontrolle über jeden einzelnen weltweit zu erlangen. Das Ziel der Monopolisten ist damit ähnlich dem der Potentaten oder Diktatoren vergangener Zeiten, die ebenfalls – wenn auch nur regional – die totale Macht über jeden einzelnen anstrebten, um ihre eigene Macht abzu-sichern. Für den Mittelstand und die Volkswirtschaft ist aber jede derartige, monopolisierte Macht schädlich, weil sie individuelle Freiheit einschränkt und damit Potentiale und Wohlstand beschränkt. Auch ist eine Monopolrente nur erzielbar, wenn andere da sind, die sie erwirtschaften und an denen man sie verdienen kann. Dies ist der Mittelstand.

Wenn jedoch der Mittelstand mit seinen relativ rentabelsten und produktivsten Einheiten Zugpferd einer liberalen Ökonomie ist, Garant für marktwirtschaftlichen Wettbewerb und Demokratie sowie für maximale persönliche Freiheit ist, führen derartige Monopolisierungsbewegungen zum Produktivitätsverlust einer Marktwirtschaft, damit zum Abfall in der internationalen Wettbewerbsfähigkeit und infolgedessen langfristig zur Verarmung der gesamten Bevölkerung und letztlich auch zu sinkenden Verdienstmöglichkeiten des Monopols selbst. Wer wirtschaftlichen Fortschritt will, technische Weiterentwicklung und wachsenden Wohlstand, muß den Mittelstand sich entwickeln lassen, Wettbewerb und Chancengleichheit sicherstellen und die produktivsten Einheiten nicht durch weltweite Vermachtung von Märkten sowie Zusatzabgaben schwächen, sondern sich selbst stärken lassen. Monopole sind also eine Gefahr für alle anderen Marktteilnehmer, für wirtschaftliche Dynamik und damit letztlich nur ein vorübergehender Vorteil für das Monopol selbst.

Fazit:
Die Welthochfinanz hat mit ihren bei ihrer FED-Bank beliebig verfügbaren Finanzmitteln in einzelnen Marktsegmenten und für Weltrohstoffe Konzerngebilde geschaffen, welche diese Bereiche monopolisierten, also den Wettbewerb fremder Konkurrenten ganz oder überwiegend ausschalteten, um sich mit Hilfe von Monopolpreisen strategische Bedeutung, Gestaltungsmöglichkeiten, Synergieeffekte und dadurch Weltmachtpositionen zu schaffen.
Sie beherrschen dadurch nicht nur den Finanzsektor, sondern auch Energie, Metallrohstoffe, Medien – und über diese Monopolpositionen auch die internationale und nationale Politik.

Noch nie hat es eine solche Weltmonopolisierung mit solcher strategischen Macht und solcher wirtschaftlichen und politischen Gefahr für die Menschen gegeben. Noch nie war die Mißbrauchsmöglichkeit der privaten Monopolstellungen so groß und so gefährlich. Noch nie haben die Mißbräuche der Monopolisten z.B. im Geld- und Währungssystem solche Ungleichgewichte und Krisenpotentiale geschaffen wie heute –

eine kommende Weltwirtschaftskrise, welche von der Monopolfinanz nicht nur verschuldet wird, sondern auch nach ihrem Belieben losgetreten, gesteuert und für die eigene Bereicherung sowie zur Entreicherung von Völkern, Volkswirtschaften und Milliarden von Besitzbürgern und Arbeitnehmern mißbraucht werden kann.

Die Weltmonopolisierung ist eine ökonomische Atomgefahr, zumal eine kleine private Clique den Zünder in der Hand hält. Die Welt brauchte deshalb eine globale Antimonopolkampagne mit internationalen und nationalen Antimonopolgesetzen, welche Monopole verbietet, zerschlägt und den Monopolinhabern den von ihnen verursachten Schaden wieder abfordert (private Schadensersatzansprüche, Beweisumkehr). Sollte diese Forderung mangels Erkenntnis der Monopolgefahr durch die Welt nicht durchsetzbar sein, wird sie spätestens nach der kommenden Weltwirtschaftskrise zwangsläufig werden.

Prof. Dr. Eberhard Hamer

Der Welt-Geldbetrug

Der größte und weitreichendste Wirtschaftsskandal unserer Tage findet zur Zeit durch die Manipulationen an den Geld- und Währungssystemen statt.

Der Geldbetrug hat erstmalig eine globale Dimension, weil er weltumspannend stattfindet, von keiner nationalen Regierung deshalb mehr kontrolliert, gestoppt oder verhindert werden kann und weil er sogar nach den veralteten nationalen Gesetzen formal legal stattfindet.

Sicher ist aber, daß der Geldbetrug wie jeder andere Betrug auch nicht langfristig zur Bereicherung der Täter durch Entreicherung der Opfer führen kann, weil kein freies Geldsystem auf Dauer mißbraucht werden kann.

1. Vom Realgeld zum Nominalgeld
Nach der Finanztheorie ist Geld ein legalisiertes Tauschmittel, welches auch zur Wertaufbewahrung dienen soll. Die Ausgabe von Geld war deshalb früher staatliches Privileg (Münzhoheit). Die als Geld umlaufenden Gold-, Silber- und Kupfermünzen hatten staatliche Prägung. Der Staat garantierte also die Reinheit des Metalls und das Gewicht der Münzen, sodaß man nicht nur im Inland, sondern auch im Ausland jederzeit wußte, wieviel jedes Geldstück wert war. So waren die Metallmünzen zugleich Tauschmittel und Dauerwert.

Der Staat mußte aber, um Geld ausgeben zu können, Gold und Silber haben. Deshalb war es wichtig, daß z.B. Silberbergwerke in staatlicher Hand waren (Rammelsberg bei Goslar) und auf diese Weise der Staat das Silber für zusätzliche Prägemünzen einsetzen konnte. Umgekehrt wußten die Bürger, daß der Staat nur so viel Geld ausgeben konnte, wie er über Edelmetall verfügte. Der Edelmetallvorrat war also die Basis für das in Edelmetall umlaufende Naturalgeld (Goldumlaufwährung). Goldumlaufwährungen gab es noch bis zum ersten Weltkrieg.

Jede Goldumlaufwährung hat allerdings den Nachteil, daß Gold nicht so stark vermehrbar ist wie die Wirtschaft wächst, daß also eine gewisse deflatorische Geldknappheit stärkeres Wirtschaftswachstum behindern könnte. Deshalb gingen viele Staaten zu einer indirekten Goldwährung über: Sie hatten einen bestimmten Goldschatz und gaben auf dieser Basis staatliche Zentralbanknoten aus, die im täglichen Gebrauch leichter zu transportieren, zu zählen und auch in höheren Summen aufzubewahren waren. Ihr Wert beruhte darauf, daß man die Geldscheine jederzeit bei der Zentralbank vorlegen und in entsprechendes Gold oder Silber umtauschen konnte (Goldkernwährung). Auf diese Weise konnte der Staat sogar mehr Nominalgeld ausgeben, als er an Edelmetall verfügbar hatte, denn üblicherweise bestanden nur wenige Geldscheininhaber auf dem Umtausch ihrer Scheine in Gold. Normalerweise reichte also ein Volumen von weniger als 10% Gold für ein Währungsvolumen einer um 90% höheren Geldscheinmenge.

Das System funktionierte weltweit, weil auch Länder, die selbst keinen Goldschatz hatten, den Inhabern ihrer nationalen Geldscheine einen festen Umtauschkurs zu anderen Währungen garantierten, die ihrerseits wieder einen Goldkern hatten. Solange diese Umtauschgarantie bestand, konnten die Bürger darauf vertrauen, daß sie – wenn auch über doppelten Umtausch – die Geldschein-Nominalwerte in Münzrealwerte umtauschen konnten (Golddevisenwährung), hatten also eine zumindest indirekte Geldwertgarantie.

2. Vom staatlichen zum privaten Geld

Der entscheidende Schritt weg vom Staatsgeld war 1913 die Gründung des Federal Reserve System in den USA. Obwohl nach der amerikanischen Verfassung eigentlich nur Gold und Silber gesetzliches Geld sein dürfen, hat sich ein von privaten Banken gegründetes Kartell unter Führung der beiden Hochfinanz-Gruppen Rothschild und Rockefeller eine private Zentralbank geschaffen mit dem Recht, eigenes Geld auszugeben, welches gesetzliches Zahlungsmittel wurde und für welches anfangs noch die amerikanische Zentralregierung garantierte und welches deshalb gesetzliches Zahlungsmittel in den USA und der Welt blieb. In dieser privaten Bank wurden nach dem ersten Weltkrieg die Goldreserven der Welt zusammengekauft mit der Folge, daß viele andere

Währungen ihren Goldstandard nicht mehr halten konnten und in der Deflation zusammenbrachen (erste Weltwirtschaftskrise).

Am Ende des zweiten Weltkriegs wurde deshalb in Bretton Woods 1944 wieder die Einführung eines neuen Gold-Dollar-Standards beschlossen. Während des Weltkrieges verlangten die USA für die Bezahlung von Rüstungsgütern Gold von den kriegführenden Nationen. Auch das Gold Deutschlands mußte als Kriegsbeute abgegeben werden. So sammelten sich über 30.000 Tonnen Gold der Welt allein in den USA – mehr als alle anderen zusammen hatten. Dieses Gold diente als Deckung für die Dollars. Da aber ein größerer Teil der Dollar in den Zentralbanken der Welt als Reservewährung gehalten wurde, konnten die USA mehr Dollar ausgeben als sie an Goldbasis hatten. Die Länder der Welt brauchten nämlich Dollars, um die Rohstoffe dafür zu kaufen, die nur auf Dollarbasis gehandelt wurden. Neben dem Gold wurde deshalb der Dollar immer stärker in den anderen Zentralbanken zur Hauptwährungsreserve. Die Dollarherrschaft über die Welt hatte begonnen.

1971 kündigte der US-Präsident Nixon die Einlösungspflicht des Dollar in Gold (Gold-Dollar-Standard) und zugleich die Haftung des Staates für den Dollar auf. Seitdem sind die Dollarnoten weder real durch Gold noch durch Staatshaftung mehr gedeckt, also eine freie private Währung der Federal-Reserve-Bank (FED), allerdings „gesetzliches Zahlungsmittel". Der Dollar und alles andere Geld der Welt ist seitdem nicht mehr werthaltig, sondern nur noch gedrucktes, legalisiertes Zahlungspapier.

Eine durch nichts gedeckte Währung kann zwar durch Gesetz zum amtlichen Tauschmittel erzwungen werden, nicht jedoch zum Mittel der Wertaufbewahrung. Hierzu bedarf es des Vertrauens der Geldinhaber, daß sie ihr Geld langfristig wertgesichert sehen. Der langfristige Kurswert – das Vertrauen – einer freien Quantitätswährung hängt wiederum allein von der Knappheit des Geldes bzw. der Geldmenge ab. Das Problem: Während sich in den letzten 30 Jahren die Gütermenge der Welt nur vervierfachte, hat sich die Geldmenge vervierzigfacht.

Geldmengenvermehrung bedeutet nämlich immer Inflation. Und Inflation bedeutet Geldentwertung. Für dieses Problem wurden drei Lösungswege beschritten:

- Die deutsche Finanzwissenschaft hatte schon bei der Bundesbankgründung eine staatsunabhängige neutrale „vierte Gewalt" für die Bundesbank gefordert, damit diese den politischen Pressionen zum Geldmengenmißbrauch widerstehen könne, damit der Bürger sich also auf die Werthaltigkeit des Geldes verlassen könne. Tatsächlich ist die Bundesbank gesetzlich zur Werthaltigkeit der DM verpflichtet gewesen (Neutralgeldtheorem) und war weitgehend staatsunabhängig. Dies hat dazu geführt, daß die DM als stabilste Währung der Welt immer mehr auch Währungsreserve und bevorzugte Wertanlage wurde.
- Die meisten anderen Staaten haben eine „orientierte Quantitätswährung" bevorzugt. Sie verpflichteten ihre Zentralbanken, die Geldmenge an bestimmten Zielen zu orientieren, wie z.B. Wachstum, Vollbeschäftigung o.a.. Dies gab der nationalen Politik ausreichend Einflußmöglichkeiten auf die Zentralbank und auf das Geld und hat regelmäßig dazu geführt, daß der politische Mißbrauch zu entsprechender Inflationierung der Währungen geführt hat (Beispiel: Frankreich, Italien, Spanien usw.).
- Die meisten Diktaturen der unterentwickelten Länder und das private Federal-Reserve-System dagegen bevorzugten eine „freie Quantitätswährung", also eine Währung, deren Mißbrauch durch die Politik oder durch die privaten Zentralbankeigentümer nicht gesetzlich beschränkt wurde. „Freie Quantitätswährung" hat immer „Freiheit zum Mißbrauch der Währung" bedeutet und nie langfristig funktioniert.

Vor allem führt ein Nebeneinander von Währungen, die teils von einer unabhängigen Staatsbank in ihrem Wert gehalten werden – wie die DM – oder andererseits von abhängigen Staatsbanken oder sogar von Privatbanken nach deren jeweiligen Zwecken frei manipuliert werden, zu erheblichen Kursspannungen: Weil die Deutsche Mark durch die Bundesbank relativ wertstabil gehalten wurde, andere wichtige Währungen sich dagegen durch Geldmengenvermehrung und Inflation immer stärker wertminderten (Abwertung), versuchen die Geldwertbesitzer naturgemäß, mit ihren längerfristigen Dispositionen in harte Währungen zu gehen und weiche zu meiden. So wurde die Deutsche Mark in Konkurrenz zum Dollar immer stärker auch Währungsreserve von Wirtschaft und Zentralbanken in der Welt. Vor allem aber wurde an der „harten" Währung deutlich, wie weich eine ständige Geldmengenvermehrung die inflationierten Privat- oder Staatswährungen gemacht hatte. Die der Geldwertstabilität verpflichtete Bundesbank wurde so zum gemeinsamen Störer im Chor der Geldmengenvermehrer und Inflationisten des Weltwährungssystems – kein Wunder, daß dieser Störer durch Abschaffung der Deutschen Mark und Einbindung in eine wieder mehr von der Politik gesteuerte, nicht mehr souveräne Europäische Zentralbank ausgeschaltet werden mußte. Kohl hat dafür gesorgt, daß dies „im kleinen Kreise" entschieden wurde, daß die deutsche Bevölkerung über den Verlust ihrer werthaltigen Währung nicht abstimmen durfte („Wo kommen wir hin, wenn die Bevölkerung über so wichtige Dinge selbst entscheiden sollte?"). Die Bevölkerung hätte nie freiwillig die solide DM geopfert.

Inzwischen hat also keine Währung der Welt noch irgendeine reale Wertgrundlage, hat sich das Geld der Welt von jedem etwa zugrundeliegenden Sachwert gelöst, wird es als Papier hemmungslos neu gedruckt und durch ständige Vermehrung ständig entwertet. Daß die Leute immer noch glauben, das Geldpapier, welches sie in der Hand haben, habe einen festen Wert, liegt daran, daß durch geschickte Manipulation der Devisenkurse ein scheinbares Wertverhältnis vorgespiegelt wird. Diese Devisenkurse werden nämlich von genau den gleichen Gruppen manipuliert, die auch die Geldmengenvermehrung produzieren.

Praktisch hat inzwischen das von der US-Hochfinanz gesteuerte und ihnen gehörende private Federal-Reserve-System Welt-Geldbedeutung erlangt:

- Das FED-Privatgeld Dollar ist schon von der Geldmenge her in der Welt dominierend. Mehr als 75% aller Geldquantitäten sind in Dollar.
- Die US-Hochfinanz hat auch die von ihnen kontrollierten Rohstoffmärkte gezwungen, nur in Dollar zu verkaufen. Wer sein Öl nicht gegen wertlose Dollar, sondern gegen Euro verkaufen will, wird zum Terroristen erklärt (Saddam).
- Auch die Zentralbanken der übrigen Länder werden gezwungen, die Dollar in immer stärkerem Maße (Euro-Bank über 90%) als Währungsreserven einzustellen. Die übrigen Währungen, wie z.B. der Euro, beruhen also in ihrem Wert zu über 90% auf wertlosem, nur durch die Macht und den Willen der US-Hochfinanz gehaltenen Dollar-Papieren.

- Inzwischen wurden sogar die Nationalbanken sanft oder hart (Schweiz) gedrängt, ihre Goldvorräte gegen Dollar abzugeben oder „auszuleihen". Das Gold der Welt hat sich dadurch wiederum wie vor der ersten Weltwirtschaftskrise bei den Eigentümern des Federal-Reserve-Systems konzentriert, sodaß ein neuer Goldstandard nur mit deren Willen und nach deren Diktat wieder einzuführen wäre und die FED-Eigentümer mit einer Neufestsetzung des Goldpreises (Greenspan: „möglicherweise bis 6.000 Dollar") allein dadurch im Falle einer Währungsreform ein Jahrhundertgeschäft machen würden.

Die US-Hochfinanz steuert also über die ihr gehörende FED letztlich das Geld und die Währungen der ganzen Welt. Der Dollar ist privates Geld dieser US-Hochfinanz, von niemandem außer von ihr garantiert, aber nach Kräften mißbraucht, vermehrt und zum Instrument ihrer Weltherrschaft und zum Hilfsmittel für den Raub aller wichtigen Rohstoffe und Sachwerte der Welt mißbraucht.

Durch ungehemmte Vermehrung des Dollar hat natürlich die ausgebende US-Hochfinanz unbegrenzte liquide Mittel, mit denen sie die ganze Welt kaufen kann. Aber auch der amerikanische Staat kann durch die Dollarvermehrung mehr ausgeben, als er einnimmt (Schuldenreiterei). Mißbrauch des Dollars durch Geldmengenvermehrung ist also sowohl für die herrschende US-Finanz als auch für die von ihr beherrschte US-Administration einseitiger Vorteil. Deshalb hat sich das Dollarvolumen in den letzten 10 Jahren immer schneller vermehrt.

Ebenso haben sich die Schulden des amerikanischen Staates gegenüber dem Ausland drastisch vermehrt. Der US-Staat läßt sich also in immer größerem Ausmaß von der Welt Sachgüter gegen wertlose Scheinchen liefern – die moderne Form der Tribute.

Daß diese ungehemmte Dollarvermehrung nicht längst den Dollarabsturz und zur Zurückweisung des Dollars durch die Kunden geführt hat, ist kluger Regie und Erpressung zu verdanken: Die US-Hochfinanz und die US-Administration zwingen seit Jahren wirtschaftlich und politisch die wichtigen Zentralbanken der Welt (Eurobank, Japan, China u.a.), die sich bei ihnen für Exporterlöse oder als Kaufpreise für den Aufkauf von Sachgütern ansammelnden wertlosen Dollars zu behalten und als angeblich werthaltige Devisenreserve zu halten.

Praktisch heißt das: Die Zentralbanken in China, Japan und Europa sammeln die für die Sachwertlieferungen ihrer Bürger einkommenden wertlosen Dollars in immer größeren Beständen als angeblich werthaltige Währungsreserve an. Die Währung der Satellitenstaaten wird also und ist bereits mit immer wertloseren Dollar unterlegt – also praktisch ebenso wertlos geworden. Somit sind alle im gleichen Geldentwertungsboot: Die Urheber der Geldmengenvermehrung in New York und Washington ebenso wie die Helfer der Geldmengenvermehrung in den Zentralbanken der Satellitenstaaten.

Damit aber hat es der Schuldner USA selbst in der Hand, wie stark er durch offizielle Abwertung des Dollar schließlich seine Gläubiger entreichern – betrügen – und sich auf deren Kosten wieder entschulden will. Jede Abwertung des Dollar wird vor allem das 80% aller Dollars haltende Ausland entreichern. Dem Schuldner steht es frei, wie stark er seine Schulden abwerten und damit seine Gläubiger betrügen will.

Dem Publikum wird inzwischen allerdings mit manipulierten Kursen und Kurspflege suggeriert, die mißbrauchten Währungen und das hemmungslos vermehrte Geld hätten immer noch einen soliden Kurswert.

Würden die Geldbesitzer wissen, daß sie eigentlich nur Papierwert in den Händen haben, alles andere aber von den Manipulationen, den Mißbräuchen, der Macht und den Zwecken der US-Hochfinanz abhängt,

- würde die Geldumlaufsgeschwindigkeit wegen Zurückweisung des Geldes stärker steigen,
- würde eine Flucht in die Sachwerte einsetzen
- und damit eine dramatisch steigende bis galoppierende Inflation beginnen,
- würde die längst geschehene Entwertung der Geldwertanlagen der Bürger (Geldpapiere, Renten, Fonds u.a.) sich in einem zweiten Börsencrash auflösen und zusammenbrechen
- und würden ganze Branchen der Finanzindustrie und Finanzdienstleistung unter Haftungsprozessen wegen der Entwertung zusammenbrechen,
- so daß eine Währungsreform unvermeidlich wird.

Noch wird die Illusion des Geldwertes trotz dramatischer Entwertung durch den Zwang eines gesetzlichen Zahlungsmittels künstlich aufrechterhalten. Betrüger mit diesem System sind nicht nur die US-Hochfinanz, welche durch ihre FED immer hemmungsloser Dollarmengen in die Welt jagt, sondern auch die dieses Spiel mitbetreibenden Zentralbanken wie z.B. die Eurobank, die Banque of Japan u.a. Die Vorstände dieser Banken wissen genau, wie wertlos der Dollar inzwischen ist, stützen aber immer noch die gesetzliche Illusion der Zahlungsmittelfunktion des Dollar, haben sogar aus politischen Gründen geschwiegen und die eigene Währung nahezu ausschließlich mit wertlosen Dollars in ihrer Währungsreserve unterlegt, also ihre Währung praktisch ebenso wertlos gemacht. Würde eine Währungsreform kommen, stünde z.B. die Eurobank ohne Werte da. Das Gold – auch das deutsche Gold – ist mutmaßlich nur noch als bloßer schuldrechtlicher Rückgabeanspruch vorhanden, nicht mehr aber als Realgold. Es ist zumeist angeblich naturaliter an die private Federal Reserve Bank und von dieser weiter verliehen, also im Zusammenbruch nicht mehr greifbar. Als der Abgeordnete Hohmann diesen Skandal bei der Bundesregierung anfragte und dreimal auf Antwort bestand, wurde ihm auf höheren Befehl dafür die rote Karte gezeigt. Das System lebt davon, daß ein Mißbrauch nicht diskutiert und nicht veröffentlicht wird.

Tatsache 1: Die wichtigsten Währungen der Welt sind so hemmungslos vermehrt worden und stehen auf so tönernen Füßen, daß ihre Währungen (Dollar, Euro, Yen u.a.) keine echte Wertaufbewahrungsfunktion für die Bürger mehr haben.

Tatsache 2: Auch die Tauschfunktion der Währungen wird nur durch Manipulation und Täuschung über einen angeblichen – aber nicht vorhandenen – Kurswert künstlich aufrechterhalten, ist längst nicht mehr echt.

Tatsache 3: Das Privatgeld (Dollar) der US-Hochfinanz ist längst von allen Bindungen an Sachwerte (Gold) oder einer Geldmengenbindung befreit, hat also nicht nur seine Wertaufbewahrungsfunktion verloren, sondern täuscht auch die Welt nur noch durch weltweite Kursmanipulation über einen scheinbaren Tauschwert des durch hemmungslose Vermehrung entwerteten Privatgeldes. Nur durch diese Täuschung und durch die Macht der US-Hochfinanz wird noch künstlich „Vertrauen" der Welt in den Dollar suggeriert. Wüßten die Marktteilnehmer dagegen, daß sie mit dem Nominalwert des Geldscheins nur ein wertloses Wertversprechen von Privatleuten in den Händen haben, denen längst nicht mehr zu trauen ist, die ständig ihre Macht, den Geldwert zu manipulieren, mißbrauchen, so würde auch das Vertrauen in diese Privatwährung Dollar zusammenbrechen.

Mit dcm Geld ist es so wie mit den Aktien. Auch die meisten Aktien sind keine Substanzwerte, sondern nur Hoffnungswerte. Wer in der großen Aktienhausse glaubte, viel gewonnen zu haben, wurde beim Aktiencrash darüber belehrt, daß die Aktie außer dem Papierwert nur noch Hoffnung trägt, diese aber leicht schwinden kann. Gewinn oder Verlust im Börsenspiel sind reine Hoffnungswerte, keine Sachwerte. Ebenso ist es mit dem Geld. Einziger Sachwert ist der Wert des Papiers. Alles andere ist Hoffnungswert im Vertrauen auf die korrupten, aber stärksten Finanzmächte der Welt.

3. Mit Scheingeld zu Sachwerten

Würden die Marktteilnehmer wissen, daß unser Geldsystem letztlich am Privatgeld Dollar und dieses Geld ohne jeden Wertbezug allein an den Manipulations- und Mißbrauchswünschen der großen Finanzoligarchie hängt, dann würden die Menschen ihr Währungsvertrauen verlieren, ihr Geld nicht mehr als Wertaufbewahrungsmittel betrachten, sondern der laufenden Geldentwertung durch Flucht in die Sachwerte zu entgehen versuchen.

Genau dies tun die hinter der FED stehenden Täter der größten Geldvermehrung aller Zeiten: Sie kaufen mit dem immer wertloser werdenden Geld seit Jahrzehnten alle Sachwerte auf, die sie noch erwischen können: Rohstofflager, Industriekomplexe, Immobilien und jede einigermaßen intakte ausländische Kapitalgesellschaft in freundlicher oder feindlicher Übernahme zu fast jedem Preis. Und nicht nur die US-Hochfinanz sammelt die Sachwerte der Welt ein, sondern auch der amerikanische Staat importiert für Fiat-Money seit Jahren mehr Sachgüter aus der Welt, als er bezahlen kann und verschuldet sich dafür hemmungslos im Ausland – solange die ausländischen Gläubiger noch an den Wert des Dollars glauben oder mit politischer Erpressung gezwungen werden können, die faulen Dollar in ihre Währungsreserven einzustellen.

4. Mit Sachwerten zu Monopolen

Die hinter der FED stehende Hochfinanz hat auf diese Weise durch gezielte Sachwertpolitik ganze Marktsegmente mit ihren faulen Dollars aufgekauft und zu Marktmonopolen bzw. -oligopolen entwickelt: Diamanten, Gold, Kupfer, Zink, Uran, Telekommunikation, Glasfaserleitungsnetze, Print- und Fernsehmedien, Nahrungsmittel (Nestle, Coca-Cola), große Teile der Rüstungsindustrie und der Luftfahrt usw...

Zur Zeit läuft ein Monopolisierungsversuch mit Hilfe der Gen-Manipulation. Genmanipulierte Tiere und Pflanzen sind selbst patentiert und lizenzpflichtig, möglicherweise in Zukunft absichtlich unfruchtbar. Wenn man also die Genmanipulation flächendeckend durchsetzen kann, müssen alle Bauern einem Patentmonopol das Gen-Saatgut zu dem von ihr festgesetzten Monopolpreis jährlich abkaufen, können sie nicht mehr ihr selbst geerntetes Getreide zur Saat verwenden.

Ein anderes Monopolisierungsspiel läuft zur Zeit im Zuckermarkt: Die EU hat ihren Zuckermarkt durch eigene Marktordnung geregelt, um den Bauern die Rübenzuckerproduktion zu erhalten, die für viele von ihnen existenznotwendig ist. Der Rübenzucker ist aber teurer als der in den Tropen wachsende Rohrzucker des US-Kartells. Die der US-Hochfinanzgruppe gehörenden Firmen Nestle und Coca-Cola verlangen nun gemeinsam mit von ihr abhängigen Wissenschaftlern und Politikern eine „Liberalisierung des Zuckermarktes" und betreiben dies über die internationalen Gremien (Gatt, Mercosur). Sobald diese Liberalisierung durchgesetzt wäre, kann sich der teurere Rübenzucker gegen den billigeren Rohrzucker nicht mehr halten, bricht die europäische Zuckerproduktion endgültig zusammen und wird der Zuckermarkt – anfangs billiger, nachher aber teurer – durch das von der US-Hochfinanz beherrschte Rohrzuckerkartell überschwemmt.

Mit welchen kriminellen Methoden die US-Hochfinanz dabei ganze Branchen in ihre Hand bekommt, zeigt der Fall Primacom: Dieser Kabelnetzbetreiber operiert höchst lukrativ, steht aber schon länger im Visier der US-Hochfinanz (Telekommunikationsmonopolisierung). Diese hat deshalb erst den Vorstand von Primacom unterwandert und dann diesem Vorstand ein Darlehen mit mehr als 30% Jahreszinsen aufoktroyiert, sodaß die eigentlich gut operierende Firma wegen der Zinslasten in Schwierigkeiten geriet und nach Ansicht der US-Bank „jetzt billigst übernahmereif" wurde. Das Spiel geht gerade in die letzte Runde.

Ein ähnliches Spiel hat der Abgesandte der US-Hochfinanz Aaron Sommer mit der Deutschen Telekom versucht. Die US-Hochfinanz sammelt alle Telekommunikationsgesellschaften, um sie weltweit zu monopolisieren. Der Abgesandte Sommer hat dazu eine kleine US-Firma der Telekom zum dreißigfachen Preis (30 Mrd. US-Dollar) von der US-Hochfinanz gekauft, damit diese aus eigenem Vermögen der Telekom letztere aufkaufen konnte. Der zweite Schritt war, die Telekom-Aktien billig zu machen, damit der US-Investor sie billig bekam. In diesem Spiel ist allerdings Aaron Sommer über seine Grenzen gegangen und gescheitert. Dies wird aber die US-Hochfinanz in ihren Übernahmeplanungen nur zurückwerfen, nicht hindern. Privatisierung und Aufkauf der Telecom gehen planmäßig weiter.

Ein gleiches Spiel vollzieht sich auch auf dem Welt-Energiemarkt, in Deutschland offensichtlich mit EON und RWE, wobei die US-Hochfinanz bereits eigene Vertrauensleute in die für die Übernahmekandidaten entscheidenden Banken und Vorstände entsandt hat. In 20 Jahren will die US-Hochfinanz auch das Wasser der Welt – nach Aussage ihres Vertreters Brzezinski – monopolisiert haben.

5. *Mit Sachwerten zur Währungsreform*
Deutet man den Fahrplan der Welthochfinanz richtig, so soll die Geldmenge so lange vermehrt und entwertet werden, bis damit alle wichtigen Sachwerte der Welt aufgekauft und monopolisiert worden sind. Die Hochfinanz ist klug genug zu wissen, daß ihre Geldmengenvermehrung nicht unerkannt bleibt und irgendwann das Vertrauen in den inflationierten Dollar schwindet. Ein Ausbruch der Vertrauenskrise wird die jetzt noch beherrschte, schleichende Inflation zur galoppierenden offenen Inflation machen und zwangsläufig in eine Währungsreform einmünden müssen.

Dies aber ist genau der Vorteil sowohl der Hochfinanz als auch der USA:

• Die Hochfinanz hat mit den faulen Dollar vorher ausreichend Sachwerte gekauft, wird also von der Währungsreform mit ihren Sachwerten nicht mehr betroffen, hat sich rechtzeitig aus dem faulen Geld in werthaltiges Vermögen umgeschichtet. Da sie in vielen Bereichen inzwischen Welt-monopolstellungen erreicht haben, können sie sogar die Welt jederzeit mit Monopolpreisen zu Sonderabgaben heranzie-hen. Nicht mehr Steuern sind dann das Einkommen der Welt-Herrscher, sondern Monopolerträge. Niemand kann die Hochfinanz hindern, die Preise für Gold, Diamanten, Kupfer, Zink, Eisenerz, Wasser, Saatgut oder Energie um 10, 20 oder 30% anzuheben und auf diese Weise die gesamte Weltbe-völkerung zu Sonderabgaben heranzuziehen. Noch nie hat es eine solche Finanzmacht der Welt gegeben, noch nie war sie für die Gesamtbevölkerung der Welt so gefährlich.

• Listigerweise hat die US-Hochfinanz die faulen Dollars über-wiegend ins Ausland gebracht. Mehr als drei Viertel der gesamten Dollarbestände sind nicht mehr in den USA, sondern sind bei den Gläubigerstaaten der USA. Die USA haben sich nämlich in den vergangenen Jahren immer kräfti-ger gegenüber dem Ausland verschuldet. Das Ausland hat Güter geliefert (Sachwerte), dafür aber wertlose Dollar bekommen. Alle Zentralbanken sind voll mit faulen Dollars. Werden diese nun plötzlich entwertet, trifft der Schaden zu mehr als drei Viertel die Zentralbanken, Banken, Staaten und Marktteilnehmer außerhalb der USA. Dann rächt sich, daß die Europäischen Zentralbanken ihr Gold gegen faule Dollar abgegeben und dafür immer ausschließlicher Fiat-Money als Basis (Währungsreserve) für die eigene Währung, z.B. Yen oder Euro, eingesetzt haben. Bricht also die Leitwährung Dollar zusammen, werden zwangsläufig auch die Satelliten-Währungen mit zusammenbrechen, deren einzige Basis ein Bestand an faulen Dollars ist. Mit anderen Worten: Die sich abzeichnende Währungsreform des Dollar zieht zwangsläufig eine Weltwährungsreform aller Währungen nach sich, für welche der faule Dollar jetzt noch Hauptwährungsreserve darstellt.

Daß aber jede pausenlose Vermehrung eines Privatgeldes – des Dol-lar – durch die der US-Hochfinanz gehörende Federal Reserve Bank zur Aufweichung der Dollar-Währung zu immer stärkerer Inflation und schließlich zur Währungsreform führen muß, ist finanzwissenschaftli-ches Grundwissen und dürfte nicht einmal Greenspan und seinen Mittätern zweifelhaft sein.

6. Durch Währungsreform zur Weltwährung

Greenspan hat in einer Rede unvorsichtigerweise herausgelassen, daß „wohl bis 2007 eine grundsätzliche Dollarkorrektur anstehe und daß man dann zweckmäßigerweise den Dollar und den Euro zum „Euro-Dollar" einer neuen Welt-Währung vereinigen könnte". Das macht aus Sicht der US-Hochfinanz Sinn, denn längstens bis 2007 sind die Dollarmißbräuche noch durchzuhalten, bis dahin dürfte längstens das Vertrauen der Welt in diese hemmungslos vermehrte, immer wertloser gewordene und nur noch künstlich aufrechterhaltene Privatwährung der US-Hochfinanz halten. Irgend etwas wird also in nächster Zeit mit dem Dollar geschehen. Würden dann der Dollar mit dem Euro zur Welteinheitswährung, würden damit für die US-Hochfinanz wichtige Ziele erreicht:

- Eine neue Währung bietet die Möglichkeit, die alten Währungsschulden abzuwerten und damit die Gläubiger, die noch alte Währung haben, entsprechend zu entreichern. Wenn eben ein neuer Euro-Dollar 20 alte Dollar oder 15 Euro wert ist, sind die alten Währungen entsprechend abgewertet, sind die Gläubiger in alter Währung entreichert, hat sich das Spiel für die privaten Geldausgeber gelohnt.
- Vor allem würde damit der US-Staat ebenfalls entschuldet: Seine jetzige Auslandsverschuldung von 5.200 Mrd. Dollar würde bei 50%iger Abwertung nur noch 2.600 Mrd. Euro-Dollar betragen.
- Geschädigt werden alle Inhaber von Alt-Dollar, deren Bestände um 50% oder sogar 90% abgewertet werden. Dies gilt insbesondere für die Zentralbanken von China, Japan und Europa mit ihren hohen Dollarwährungsreserven.
- Das Hauptziel der US-Hochfinanz ist aber, auf diese Weise eine Weltwährung zu erreichen, über die sie wiederum selbst herrschen. In einem Euro-Dollar-System würde zwangsläufig das der US-Hochfinanz gehörende Federal Reserve System eine Mehrheit haben, also die US-Hochfinanz dann auch mehrheitlich das neue Währungssystem beherrschen. Dazu auserwählt ist die BIZ (Bank für internationalen Zahlungsausgleich), eine private Organisation, deren Anteile mehrheitlich bereits von der US-Hochfinanz heimlich aufgekauft worden sind. Würde also die BIZ neue Zentralbank der Euro-Dollar-Währung, sind zufälligerweise wieder die glei-

chen Privateigentümer Haupteigentümer dieser neuen Zentralbank, die vorher auch Eigentümer der FED waren. Sie könnten dann das gleiche Spiel freier Geldausgabe nach eigenem Belieben, das sie mit dem Federal Reserve System bisher machen, wieder auf höherer Ebene – und dazu auch noch durch Währungsreform entschuldet – erneut betreiben. Die bisherige Welt-Geldmengenvermehrung, der große Geldbetrug gehen dann in der Währungsreform unter. Ein neues System würde den alten Tätern wieder eine neue Währung in die Hände spielen und ihnen damit das neue Spiel mit der Weltwährung Euro-Dollar 20 bis 30 weitere Jahre erlauben.

Die US-Hochfinanz hätte also auf diesem Wege durch Geldbetrug nicht nur die Sachwerte der Welt bei sich monopolisiert – darunter so existenzwichtige Bereiche wie Saatgut, Nahrungsmittel, Wasser, Energie und Metalle, sondern darüber hinaus wiederum ein Währungsmonopol zur eigenen Bedienung, nach eigenem Belieben geschaffen – eine Geldvermehrungsmaschine, wie den Dukatenesel unseres Märchens.

Auch mit Veröffentlichung dieses Geldbetrugsystems wird kein Aufschrei durch die Welt gehen. Man wird dies als „Verschwörungstheorie" oder als „Antiamerikanismus" oder sogar als „Antisemitismus" (Rothschild) abtun oder solche Veröffentlichungen ganz zu verhindern versuchen, denn immerhin gehören der US-Hochfinanz auch wesentliche Teile der Print- und Bildschirmmedien überall in der Welt.

Das Spiel zu durchschauen, ist aber wichtig für Menschen, die durch dieses Spiel Verluste erleiden könnten. Wer also Finanzvermögen hat, sollte zuhören bzw. lesen.

Verlierer bei dem großen Spiel der Finanzoligarchie sind solche Marktteilnehmer in der Welt, welche dem Geld zu viel Vertrauen entgegenbringen, welche immer noch glauben, daß Geld über seine bloße Tauschfunktion hinaus auch noch Wertaufbewahrungsmittel sei. Die laufende Geldentwertung der vergangenen 40 Jahre hat offenbar die Menschen nicht klug gemacht. Sie wird in den nächsten Jahren galoppieren bis zum bitteren Ende, weil sie nämlich ein einseitiger Vorteil der Täter ist. Wer also auf langfristige Werterhaltung seines Vermögens wert legt, kann nicht in Geldwerten, nicht in Versicherungsverträgen, nicht in Renten und nicht in Bargeld bleiben, er muß in Sachwerte gehen, wie dies die Hochfinanz selbst vorgemacht hat.

7. Strategieziel des Welt-Geldbetruges

Soweit von außen her erkennbar, hat die US-Hochfinanz ursprünglich nur das Ziel gehabt, die US-Währung zu beherrschen und damit den US-Markt nach eigenem Willen manipulieren zu können. Diesem Ziel diente das private Zentralbanksystem FED. Als Kennedy ein Gesetz eingebracht hatte, dieses Privatfinanzsystem zu verstaatlichen, starb er eines plötzlichen Todes. Wer immer an diese Privatgeldmöglichkeiten der US-Hochfinanz rührte, verlor dabei Vermögen oder Leben.

Inzwischen aber sind die strategischen Ziele der US-Hochfinanz über die nationale Dimension weit hinausgewachsen. Ihr Ziel ist das globale private Geldsystem, welches sie mit der Vorherrschaft ihres Privatdollars und seiner Durchsetzung als Hauptwährungsreserve überall in der Welt weitgehend erreicht haben und nur noch mit einer Weltwährung – Euro-Dollar – formalisieren müssen.

Wenn wir also einen zweiten Mißbrauch des Welt-Geldsystems zugunsten privater Hochfinanzgruppen und überhaupt den Mißbrauch der Geldmengenwährungen verhindern wollen, muß jede Währung vor jedem öffentlichen oder privaten Mißbrauch, vor jeder Deflations- und Inflationsmanipulation gesichert werden.

Das ist sicher nicht erreichbar, wenn man die Währung der privaten Hochfinanz überläßt. Sie wird die Mißbrauchsmöglichkeit wieder nutzen und wieder zum eigenen Vorteil mit Geldmengenvermehrung die Welt betrügen und ausbeuten.

Die Erfahrungen haben aber auch gezeigt, daß die meisten Regierungen ihre Währungen ebenso mißbrauchen, wenn sie die Möglichkeiten dazu haben, wenn sie also Einflußmöglichkeiten auf die Zentralbank und ihre Geldmengenpolitik haben.

Es gilt also, aus den Mißbräuchen der öffentlichen Hände und der privaten Hochfinanz die Währungen so unabhängig zu machen, daß privater und öffentlicher Mißbrauch ausgeschlossen werden.

Sicher ist eine auf Gold basierende Währung nicht so leicht zu manipulieren, wie eine bloße Quantitätswährung. Die Probleme jeder auf Gold basierenden Währung liegen aber in der Verfügbarkeit von Gold, nachdem die US-Hochfinanz den größten Teil des Weltgoldvorrates in ihre Hände bekommen hat. Sie würde also mit jeder Art auf Gold basierenden Währung wiederum Gewinner und Ausbeuter werden können.

Bleibt also nur die Lösung einer Quantitätswährung. Diese Quantitätswährung darf aber nicht frei, willkürlich bestimmbar bleiben, sondern muß an dem Neutralgeldziel orientiert werden. Die Geldmenge darf also nicht stärker wachsen als die Gütermenge. Von dem monetären Sektor dürfen nicht wieder inflatorische oder deflatorische Effekte auf die Währungen und die Weltwirtschaft ausgehen.

Dies ist nur mit streng neutralen und so unabhängigen Zentralbanken erreichbar, daß sie gleichsam die „vierte Gewalt" darstellen, nicht in privater Hand liegen und nicht durch Regierungen beeinflußt werden können. Das Urmodell der Deutschen Bundesbank vor ihrer Kastration in die Euro-Bank kam dieser Unabhängigkeit sehr nahe.

Die kommende Währungsreform bietet eine einmalige Chance, die Täter, ihre Währungsmanipulationen und ihre Mißbräuche zu brandmarken und damit eine allgemeine öffentliche Zustimmung zu einem weder von der privaten Hochfinanz noch von den Regierungen mehr beeinflußbares Zentralbankensystem zu schaffen. Dies wäre eine Jahrhundertchance.

Verhindert werden könnte ein unabhängiges Zentralbankensystem vor allem von der Hochfinanz, welche über die ihr schon gehörende BIZ bereits die Weichen für eine neue Übernahme des nächsten Zentralbanken- und Währungssystems gestellt hat. Deshalb tut Aufklärung not, um der Bevölkerung, Wirtschaft und Politik die Gefahr des Monopolkapitalismus nicht nur für die derzeitige Währung, sondern auch für ein neues Währungssystem aufzuzeigen.

Fazit:
1. Die beiden US-Hochfinanzgiganten Rothschild und Rockefeller haben sich mit der ihnen privat gehörenden Federal Reserve Bank

das Recht geschaffen, Geld auszugeben, welches der US-Staat zum gesetzlichen Zahlungsmittel erklärt hat, für welches er aber seit 1971 nicht mehr haftet. Der Dollar ist also Privatgeld der US-Hochfinanz, die ihn hemmungslos vermehren konnte. In den letzten 30 Jahren hat sich das monetäre Volumen in der Welt deshalb vervierzigfacht, während sich das Gütervolumen nur vervierfacht hat.

2. Hinter dem Dollar und den meisten anderen Währungen steht kein Realwert mehr. Einziger Sachwert ist der Wert des Papiers, alles andere ist Hoffnungswert im Vertrauen auf die korrupten, aber stärksten Finanzmächte der Welt.

3. Die Tauschfunktion (Devisenkurse) der Währungen werden nur durch Manipulation und Täuschung über einen angeblich – in Wirklichkeit nicht vorhandenen – Kurswert künstlich manipuliert. Eine langfristige Wertaufbewahrungsfunktion hat aber das Privatgeld längst nicht mehr, weil es von allen Bindungen an Sachwerte und sogar von jeder Geldmengenbindung befreit ist. Dennoch haben fast alle großen Banken der Welt bis zu 90% (Euro-Bank) das Fiat-Geld Dollar in ihren Währungsreserven. 80% der Dollars sind inzwischen in die ganze Welt gedrückt. Die hinter der FED stehenden Täter der größten Geldvermehrung aller Zeiten kaufen nämlich mit dem immer wertloser werdenden Papiergeld seit Jahrzehnten alle Sachwerte auf, die sie noch erwischen können: Rohstoffe, Industriekomplexe, Immobilien, Kapitalgesellschaften u.a.. Zusätzlich importiert der amerikanische Staat für solches Fiatmoney seit Jahren mehr Sachgüter aus der Welt als er bezahlen kann und verschuldet sich dafür hemmungslos mit faulen Dollars im Ausland.

4. Durch gezielte Sachwertaufkäufe, insbesondere der Weltrohstoffe, haben die Inhaber der FED ganze Weltmarktsegmente aufgekauft und monopolisiert: Diamanten, Gold, Kupfer, Zink, Uran, Telekommunikation, Glasfaserleitungsnetze, Print- und Fernsehmedien, Nahrungsmittel, Rüstungsindustrie, Luftfahrt, bis hin zum Saatgut und zum Wasser. Der Zusammenbruch des Geldsystems macht sie damit unabhängig. Sie können über Monopolpreise die Welt jederzeit steuerähnlich zu jeder gewünschten Sonderabgabe heranziehen (Beispiel: Ölpreis).

5. Ist der Welt-Geldbetrug mit inflationierten wertlosen Dollars einmal erkannt, werden nicht nur die Leitwährung Dollar in galoppierende Inflation ausbrechen, sondern auch die Satellitenwährungen, deren Hauptbasis der Bestand an faulen Dollars ist. Die sich abzeichnende Währungsreform des Dollars zieht deshalb zwangsläufig eine Weltwährungsreform aller anderen Währungen nach sich, welche am faulen Dollar hängen. Dies wiederum ist für die Täter der FED das große Geschäft. Weil 80% der Dollars im Ausland liegen, würde jede Entwertung des Dollars vor allem zu einer Entreicherung der ausländischen Gläubigerbanken und Gläubigerfirmen führen und die Schuldner entsprechend entschulden.

6. Eine Währungsreform ist zwangsläufig, wird von den FED-Eignern auch schon vorbereitet. Sie denken an einen „Euro-Dollar" mit der BIZ als Zentralbank. Die Mehrheit der BIZ haben sie inzwischen nämlich aufgekauft, um das gleiche Spiel wie mit der privaten FED auch mit einer privaten BIZ dann wiederum neu zu beginnen.

7. Ein Privatmonopol des Geldsystems ist – wie der FED-Dollar zeigt – nicht nur für ein Land, sondern für die ganze Welt eine noch gefährlichere Währungskonstruktion als ein öffentliches Weltmonopol. Der Zusammenbruch des Dollarbetruges muß deshalb genutzt werden, um eine neutrale öffentliche Institution – wie früher die Deutsche Bundesbank – zur Hüterin des Geldwertes zu machen, die von niemandem beeinflußt werden kann – auch nicht von der Politik – und die Unabhängigkeit genug erhält, um jedem Mißbrauch vorzubeugen und jedem Angriff auf die Geldwertstabilität zu trotzen.

Eberhard und Eike Hamer

Der Mittelstand in der Globalisierung

Aus der Konsequenz, daß Globalisierung Weltwirtschaft statt nationaler Wirtschaft schafft, ergeben sich für die Wirtschaftsteilnehmer je nach ihrer Fähigkeit, in der Weltwirtschaft mitzuspielen, generell unterschiedliche Konsequenzen:

• Die Weltwirtschaft ist die Dimension der global players, der großen internationalen Konzerne der Banken, Versicherungen, Telekommunikations-, Luftfahrt-, der exportierenden Industriekonzerne und der internationalen Monopole. Im wesentlichen ist also die Globalisierung eine Wirtschaftsdimension der Konzerne und großen Kapitalgesellschaften – „globale Weltkonzernwirtschaft".
• Wer dagegen zu klein oder zu schwach ist, die globale Dimension der Weltwirtschaft zu nutzen, für den stellt sich nur die Frage passiver Betroffenheit: Kann er für sich schädliche Globalisierungseinflüsse aushalten oder muß er der globalen Konzernwirtschaft weichen.

80% aller mittelständischen Unternehmen sind Kleinunternehmen, für welche die Globalisierung keinen Nutzen, sondern allenfalls Gefahren birgt. Ein mittelständisches – also vom Eigentümer selbst geführtes – Unternehmen hängt an der Unternehmerperson, ist daher nur in begrenzter Region stark und läßt sich nicht fernsteuern. Unter den 20% mittleren mittelständischen Unternehmen kann nicht einmal ein Drittel die weltwirtschaftliche Dimension nutzen, ist die Mehrheit zu klein, zu schwach und für die Weltdimension auch nicht marktgerecht. Die Mehrheit der mittelständischen Unternehmen ist also nur passiv überlebend oder untergehend von der Globalisierung betroffen.

1. Mittelständische Unternehmen
Die besonderen Eigenarten der mittelständischen Unternehmen (Inhaberbetriebe) und ihre Unterschiede zu Regiebetrieben begründen die Beschränkungen, die Globalisierung zu nutzen:

• Mehr als 50% des Erfolges eines mittelständischen Personalunternehmens liegt in der Wirkung und Führung des Unternehmers selbst. Starke Unternehmer machen starke Betriebe. Wo die Unter-

nehmerperson selbst nicht mehr wirken kann – etwa in Tochtergesellschaften oder Auslandsfilialen – fehlt die entscheidende personale Erfolgskomponente, wird also das Personalunternehmen im
Gegensatz zur Kapitalgesellschaft erfolglos bleiben.

- Mittelständische Unternehmen sind mit der Unternehmerperson örtlich gebunden, können daher auch übermäßigen regionalen Belastungen kaum ausweichen und haben deshalb kein Erpressungspo-
tential wie die Konzerne, die Politik zu Zugeständnissen zu zwingen.
- In mittelständischen Unternehmen wird überwiegend mit Menschen statt mit Maschinen (Kapital) gearbeitet und ist das gemeinsame Arbeiten ein soziales Gefüge. Dieses läßt sich nicht beliebig
austauschen, verlagern oder auseinanderreißen. Mittelständische
Unternehmer können daher nicht überall arbeiten, sondern sind auf
ihr soziales Umfeld angewiesen.
- Nur in der Form von Kapitalgesellschaften kann man Tochter- und
Enkelgesellschaften erfolgreich organisieren. Der Kapitalgesellschaft steht deshalb auch der große Raum für globalisiertes
Geschäft zur Verfügung, weil Management im Gegensatz zum Ein-
zelunternehmer beliebig vermehrbar und zukaufbar ist.

Um es in die sportliche Dimension zu übersetzen: Personalunternehmen spielen am erfolgreichsten in Kreis- und Bezirksklassen, mittlere
Betriebe auch in der Landesliga – Kapitalgesellschaften dagegen können erfolgreich in den höchsten Spielklassen der Bundes- und Weltliga
spielen, je stärker sie kapitalisiert sind. Ihre Struktur ist für einen
Erfolg in den großen Märkten vorgesehen und geeignet.

1. Mittelständische Marktwirtschaft

Die mittelständischen Unternehmen sind allerdings der eigentliche Träger der Marktwirtschaft und damit auch geschäftliche Stüt-
ze der Global players, weil sie im vollen Wettbewerb miteinander
stehen. Sie garantieren durch ständige Anstrengungen im Wettbewerb die ständig bessere und billigere Versorgung der Konsumenten. Sie leben in und von diesem Wettbewerb. Der Mittelstand
braucht deshalb die Marktwirtschaft als Existenzgrundlage. Die
Kapitalgesellschaften und öffentlichen Unternehmen dagegen
nicht. Sie leben sogar vom Mittelstand.

Der Kernunterschied liegt in dem Begriff „Macht". Die Millionen
mittelständischer Unternehmen haben keine relevanten Marktanteile,

können also keine Macht über Konsumenten, Konkurrenten, Lieferanten oder Mitarbeiter ausüben. Die notwendige marktwirtschaftliche Freiheit und Chancengleichheit kann nämlich nur gesichert bleiben, wenn kein einzelncr und keine Gruppe Marktmacht auf andere ausüben kann.

Inzwischen haben wir aber weniger Markt- als Machtwirtschaft, selbst wenn man den öffentlichen Sektor außer Betracht läßt und nur den privatwirtschaftlichen Sektor betrachtet.

2. Machtwirtschaft des Großkapitals

Kapitalgesellschaften tendieren dazu, immer größer zu werden, um Marktmacht zum eigenen Vorteil und zum Nachteil der anderen Wirtschaftsteilnehmer aufzubauen. Je größer ein Konzern ist – und insbesondere wenn er global player ist – desto mehr Nachfragemacht kann er auf seine Zulieferer und desto mehr Angebotsmacht auf die Konsumenten ausüben. Macht bedeutet zugleich auch Diskriminierungsmöglichkeit, bedeutet, daß der marktmächtige Monopolist oder Oligopolist Minderleistung zu Mehrpreisen im Markt durchsetzen, also die anderen Marktteilnehmer zum eigenen Vorteil ausbeuten kann.

Dagegen haben eine ganze Reihe von Ländern nationale Monopol- und Kartellverbotsgesetze erlassen (Antitrustrecht USA, GWB in Deutschland...), um die schädliche Marktmacht und die Einschränkung der Marktwirtschaft durch die Konzerne zu verhindern. Global operierende Konzerne können aber diese nationalen Kontrollen überspringen oder politisch neutralisieren, sind international unkontrollierbar und können ihre Marktmacht deshalb weltweit unkontrolliert mißbrauchen. Daß dies auch ständig genutzt wird, zeigt die derzeitige Kapitalismusdebatte nicht nur in der Bundesrepublik.

3. Machtwirtschaft der Gewerkschaften

Aber auch die Untergruppe der abhängigen Arbeiter tendiert dazu, die marktwirtschaftliche Freiheit und Chancengleichheit durch Arbeitnehmerkartelle aufzuheben und durch Marktmacht zu ersetzen. Diese Marktmacht richtet sich vordergründig gegen die mächtigen Kapitalgesellschaften, in Wirklichkeit aber auch gegen die Vielzahl der kleinen mittelständischen Betriebseinheiten (Flächentarifzwang). Insofern ist die Freiheit des Mittelstandes ebenso von den Arbeitnehmerkartellen ständig bedroht.

Dennoch sind wir in Deutschland trotz der Macht und Publizistik der großen Konzerne keine kapitalistische Wirtschaft, denn die Großunternehmen machen nicht einmal 1% aller Unternehmenseinheiten aus, echte Kapitalgesellschaften nur weniger als 4%. Mehr als 96% aller unserer Unternehmen sind von Inhaber-Unternehmern geführte mittelständische Personalunternehmen (3,6 Mio.), in denen nicht das Kapital, sondern die Unternehmerperson und die Unternehmerfamilie die entscheidenden Erfolgsgrößen sind.

Ebenso sind wir trotz des Staatsanteils von mehr als 50% und trotz der Macht der Gewerkschaften und Sozialfunktionäre keine sozialistische Wirtschaft, weil immerhin noch volle Konsumentenfreiheit und ein Rest von Produzentenfreiheit besteht und weil nicht die weniger als 20% organisierte Arbeiterschaft, sondern die zu über 80% in den Personalunternehmen beschäftigten freien Mitarbeiter für unsere Wirtschaft repräsentativ sind.

Wie wird der Mittelstand durch Globalisierung betroffen?

1. Im Gegensatz zu den mächtigen Kapitalgesellschaften, die über Marktmacht oder gar über ein Regionalmonopol oder -oligopol oder sogar über ein weltweit monopolisiertes Marktsegment herrschen und Macht ausüben können, hat der Mittelstand keinerlei Möglichkeiten, seine wirtschaftlichen Rahmenbedingungen selbst zu gestalten, sondern muß die Rahmenbedingungen für seine eigenen wirtschaftlichen Entscheidungen und Handlungen als gegebenen Rahmen hinnehmen.

Konkret bedeutet dies z.B. im Sektor Saatgut: Die beiden großen global players, welche – kapitalverwandt – den Weltsaatgutmarkt über ihre Gentechnik – Patente und Lizenzen beherrschen, können ungehemmt und frei Monopolpreise für das Saatgut festlegen. Der einzelne Bauer ist ihnen ausgeliefert, die verlangten Monopolpreise zahlen zu müssen oder kein lizenziertes Saatgut zu bekommen. Er kann aber auch nicht einmal aus früherem vom Monopol bezogenen Saatgut nachbauen, weil er auch dafür vom Monopol festgesetzte Nachbaugebühren zahlen muß. Armeen von Anwälten in der ganzen Welt verfolgen im Auftrage der Monopolisten die mittelständische Landwirtschaft, um diese Monopolabgaben einzutreiben.

Auch die Ölgesellschaften haben nicht nur ein Oligopol, sondern ein faktisches Kartell, mit dem sie weltweit die Preise zum eigenen Nutzen bestimmen und alle Ölverbraucher der Welt ausbeuten können. Niemand kann ihnen dieses Monopolspiel verderben, solange sie ihre Interessen mit Hilfe der größten militärischen Weltmacht überall durchsetzen können. Für die mittelständische Wirtschaft aber ist Energie ein wichtiger Kostenfaktor, bestimmt also wesentlich die Überlebensbedingungen, die Rendite und die Existenz der energieverbrauchenden Betriebe.

Sogar der Weltfinanzmarkt wird vom Machtzentrum der Federal Reserve Bank und ihrer dahinterstehenden Finanzmächte gesteuert. Sie bestimmt in der Welt über Zinsen, Liquiditäten, Wechselkurse und Währungen, manipuliert Börsen, Kurse und Finanzprodukte, ohne daß irgendeine wirtschaftliche oder politische Macht der Welt ihr in den Arm fallen könnte. Die Gewinne der FED-Eigner lassen sich dadurch nahezu unbegrenzt steigern, während der Mittelstand in der ganzen Welt die Folgen von Zinsen, Wechselkursen und Investitionsmitteln als Kosten auszubaden hat.[34]

„Liberalisierung des Handels" bejubelt die WTO, wenn die global operierenden Handelsketten den mittelständischen Einzelhandel in den einzelnen Ländern hunderttausendfach dadurch erledigen, daß sie mit geballter Marktmacht Vorzugsrabatte von globalen Lieferanten erpressen und aus internationalen Billigproduktionen einkaufen können und damit ihre nur regional operierenden mittelständischen Einzelhändler erledigen.
Wer mit durchschnittlich 10 bis 30% höheren Einkaufspreisen weiter verkaufen muß, kann so gut sein, wie er will. Er hat keine langfristige Marktchance mehr.[35]

Die Beispiele lassen sich fortsetzen, zeigen aber alle, daß die global players mit Marktmacht ganze Regionalmärkte oder internationale Marktsegmente erobern und damit die gepriesene Marktfreiheit zu einer Mißbrauchsfreiheit für sich selbst und einer

Ausbeutungsfreiheit gegen die übrigen Marktpartner umfunktioniert haben. Die globalisierte Freiheit hat sich dadurch in vielen Marktsegmenten für den Mittelstand zu einer tödlichen Freiheit der Monopole ausgewirkt, ist Monopolnutzen nur weniger Konzerne und weltwirtschaftlicher Mittelstandsschaden.

2. Der Mittelstand wird unbeabsichtigt durch die Globalisierung auch steuerlich diskriminiert. Eine frühere Untersuchung im Mittelstandsinstitut Niedersachsen (Hannover)[36] hat nachgewiesen, daß die global players national schon seit Jahrzehnten keine steuerlichen Nettozahler mehr sind, sondern insgesamt jährlich mehr Subventionen bekommen, als sie Steuern an die öffentlichen Kassen abführen. Der Grund liegt darin, daß die globalisierte Niederlassungsfreiheit den Konzernen die Möglichkeit gibt, ihre Zentralen in Steueroasen zu haben und damit ihre weltweiten Gewinne steuerlich vor dem Zugriff nationaler Steuern zu sichern.

Und wenn einzelne Staaten dennoch irgendwelche Steuern von den internationalen Konzernen kassieren wollen, drohen diese mit Abwanderung der Betriebe oder des Geschäftes. Damit hat die deutsche Großwirtschaft selbst von einer sozialistischen Regierung 2003 Steuerfreiheit beim Verkauf von Beteiligungen erpreßt – ein Steuergeschenk von mehr als 30 Mrd. Euro des nationalen Sozialismus an den internationalen Kapitalismus.

Finanzwirtschaftliche Folge der Tatsache, daß sich die Konzerne aus der Besteuerung ausgeklinkt haben und keine wesentlichen Beiträge mehr zur Staatsfinanzierung leisten, ist die „Gegenfinanzierung" der Steuerausfälle der Konzerne durch entsprechende Mehrsteuern beim Mittelstand. Bei der Arbeiterschaft kann nämlich die Mehrsteuer nicht erhoben werden. Sie kostet ebenfalls mehr Sozialleistungen, als sie selbst an Steuern und Sozialabgaben aufbringt, wie die gleiche Untersuchung im Mittelstandsinstitut Hannover schon 1982 nachgewiesen hat[37].

Der Mittelstand muß also nicht nur die Steuerausfälle der Konzerne mit deren steigender Subventionierung, sondern auch die wachsenden Sozialleistungen an die untere Bevölkerungsgruppe der Lohnarbeiterschaft, dazu auch die wachsenden Kosten des ungehemmt zunehmenden Molochs Staat zahlen.

Eigentlich müßte nach internationaler Theorie der Druck des globalen Steuer- und Staatskosten-Wettbewerbs zu sinkender Besteuerung des Mittelstandes führen. Tatsächlich aber hat sich der Staat bei steuerlicher Massenflucht der Konzerne nicht etwa international angepaßt, sondern vor allem in Deutschland auf den Mittelstand gestürzt und diesen mit den Steuerausfällen der Konzerne zusatzbelastet. Die Globalisierung hat also praktisch zu einem steuerlichen Zweiklassensystem zu Lasten des Mittelstandes geführt: Die Konzerne werden kaum belastet, der Mittelstand doppelt besteuert, weil der Staat selbst bei sich und seinen Wohltaten nicht zu sparen bereit ist. Die Ungleichbehandlung und Diskriminierung des Mittelstandes gegenüber den Konzernen verschärft sich.

Wer es schafft, mobil wie die Konzerne zu werden, kann die Vorteile nutzen, die die global players sich von der Politik einräumen lassen; wer dagegen immobil und regional beschränkt ist, ist der Sonderbelastung regional greifender Abgaben voll ausgeliefert.

3. Der Mittelstand wird auch in einer dritten Dimension durch Globalisierung – unabsichtlich – diskriminiert:
Der Verfasser hat Jahre vor der Osterweiterung der EU davor gewarnt, ohne Anpassungsgesetze die Arbeitsmärkte in Europa voreilig zu liberalisieren, solange die Differenz zwischen Hochlohnländern und Billiglohnländern durch individuelle betriebliche Maßnahmen der Kostensenkung unüberbrückbar und deshalb tödliche Konkurrenzgefahr ist.

Wenn zwei übereinander gelegene Teiche miteinander verbunden werden, fließt immer der obere in den unteren, wird der obere trockengelegt. Und wenn ein Hochlohnland und ein Billiglohnland ohne Übergangsregelungen miteinander verbunden werden, müssen zwangsläufig die Investitionen und Arbeitsplätze aus dem Hochlohnland in die Billiglohnländer abwandern, bleiben also im Hochlohnland Arbeitslosigkeit und Betriebssterben zurück. Das Mittelstandsinstitut Hannover hat bei der Osterweiterung in einem neuen „Zonengrenzstreifen" im Osten der neuen Bundesländer ein Betriebssterben von über 100.000 Betrieben und einer Arbeitslosigkeit von mehr als 1 Mio. Menschen vorausgesagt, weil in den östlichen Beitrittsländern die Lohnstunde nicht 30,– bis 50,– Euro wie in Deutschland, sondern unter 10,–, sogar unter 6,– Euro brutto kostet, also den dort hinziehenden und von dort operierenden Betrieben Kostenvorteile bietet, mit welchen die in Deutschland operierenden Betriebe nicht mehr wettbewerbsfähig sind.

Von solcher Arbeitskostendifferenz sind jedoch die global operierenden Konzerne Hauptgewinner. Zum einen spielt es für einen Konzern keine Rolle, wo er eine Produktionsstätte unterhält, weil er sie in Form von Tochtergesellschaften durch Manager führen läßt, und zum anderen produziert er überwiegend mit Maschinen statt mit Personen. Ein mittelständischer Unternehmer aber kann nicht teilweise persönlich auswandern oder mit Kapital statt Arbeit produzieren. Wenn er selbst nicht in seinem Betrieb ist, fehlt dem Betrieb der entscheidende Erfolgsfaktor. Nur ganz wenige Unternehmer können sich zwischen zwei Standorten aufteilen. In der Regel geht dies schief. Die zusätzliche Arbeitskostensenkung für die auswandernden Konzernbetriebe bedeutet also zusätzliche Konkurrenz für die notwendigerweise im Inland verbleibenden mittelständischen Betriebe und bringt sie durch Billigkonkurrenz der Produkte in eine ausweglose Konkurrenzsituation.

Ebenso wie bei der Osterweiterung ist es mit der globalen Verlagerungsfreiheit. Zunehmend lassen die internationalen Konzerne nicht mehr in Hochlohnländern, sondern in China und anderen Billiglohnländern arbeiten (global sourcing) und ersetzen dadurch die mittelständischen Zulieferer aus den Hochlohnländern durch Zulieferer aus den Billiglohnländern mit der Folge, daß Produktion und Arbeitsplätze in den Hochlohnländern gegenüber der Billigkonkurrenz nicht mehr wettbewerbsfähig sind und zugrunde gehen.

Fazit:
1. Per Saldo ist die Globalisierung nur für die Kapitalgesellschaften und insbesondere für die internationalen Konzerne eindeutiger und größter Nutzen. Für die mittelständische Wirtschaft bedeutet sie dagegen nationale Zusatzbelastung, deshalb Wettbewerbsdiskriminierung, und gegenüber den Konkurrenten in kostengünstigeren Ländern tödliche Existenzgefahr.

• Die Freiheit des Wettbewerbs können nur global players nutzen, welche ihre Produktionsstätten oder Firmensitze in die jeweils günstige Länder verlegen können. Ein mittelständisches Unternehmen kann dies nicht, hat also keine Chancengleichheit, sondern wird von den ungünstigeren Rahmenbedingungen in den Hochlastländern erdrückt.

- Globalisierung ist auch Weltmachtbildung zugunsten der internationalen Konzerne. Schon nationale Marktmacht sprengte die Marktwirtschaft und vernichtete die mittelständischen Unternehmen überall dort, wo Marktmacht eingesetzt werden konnte. Globale Marktmacht der Monopolkonzerne ist in diesem Sinne globale Existenzgefahr für den Mittelstand überall in der Welt. Der Mittelstand ist also Verlierer dieser Entwicklung.

Im Interesse des Mittelstandes läge also, die Globalisierung zu zähmen, sie so lange abzuschotten, wie sie Chancenungleichheit schafft und sie insbesondere zu bekämpfen, wo sie Weltmonopolbildungen begünstigt oder zugelassen hat.

Netzwerke statt Nationen

Netzwerke entstehen nicht von heute auf morgen, sie beruhen auf gut gepflegten Kontakten und Abhängigkeiten, die von ‚Eliten' im Zeitraum von Jahrzehnten oder gar Jahrhunderten aufgebaut werden – über alle Grenzen hinweg. Das *Machtgeflecht* ist heute in einem Ausmaß vernetzt, das verblüfft und befremdet.

Das Machtgeflecht besteht zur Hauptsache aus Netzwerken der Bereiche *Rohstoffe / Finanz-Industrie / Medien,* die untereinander fein verflochten sind. Nach Jahren intensiver Recherchen offenbart sich eine *Dominanz der „Hochfinanz",* die teilweise auch die Politik vereinnahmt. Mehr noch: sichtbar wird eine *strategische, kluge, eigenmächtige und für uns alle gefährliche Planung.* Hier geht es um sehr viel mehr als um ein sinnvolles, ergiebiges Beziehungsnetz, wie es von jedem erfolgreichen Unternehmer gepflegt werden muss.

Da die *Hochfinanz der amerikanischen Ostküste* alle anderen Institute der globalen Finanz-Industrie an Masse und Macht übertrumpft, konzentrieren sich die Recherchen und kritischen Analysen zwangsläufig auf die *Vereinigten Staaten* – mit „America Bashing" hat das nichts zu tun. Hinzu kommt, dass die mächtigsten Denkfabriken und Spezialgremien entweder in Amerika beheimatet sind oder von Amerikanern dominiert werden, wie etwa *„The Bilderberg Group"* mit Sitz in Leiden (Niederlande), *„The Club of Rome"* mit Postadresse in Hamburg, das *„World Economic Forum"* (WEF) in Davos/Genf und die OECD (Organisation for Economic Co-operation and Development) in Paris.

Liquidität ist Treibstoff und Köder der Netzwerke

Unter den heute existierenden Bedingungen ist die Liquidität zum Trojanischen Pferd der Politik und Finanz-Industrie geworden. Keine Frage, die Geldschöpfung hat nach dem *Zusammenbruch der Bretton-Woods-Abkommen* und dem *Verlust des Goldstandards* einen Quantensprung erfahren. Zu vermuten ist, dass die damaligen Vorgänge (1971/73) bei den internationalen Banken ganz oben auf der Wunschliste gestanden haben, und zu hinterfragen ist, ob der Startschuss für die historisch einmalige Liquidisierung nicht von der Hochfinanz selber abgefeuert worden ist. Politik, Wirtschaft, Finanz-Industrie und wir (fast) alle frönen seither einer extrem expansiven Geldvermehrung, die sich den hinderlichen Fesseln der realen Wirtschaft weitgehend entzogen hat: Die Kreditvergabe der Finanz-Industrie ist kaum noch an die materielle Wirklichkeit gebunden. Diese Flut von Papiergeld („fiat money") hat nicht nur die **Dominanz der Mächtigen** zementiert, sondern als **verführerischer Köder** viele unserer Politiker zu undiszipliniertem Schlendrian, nicht verantwortbarer Umverteilung und fortlaufender Machtausweitung zulasten der Bürger verleitet sowie die Menschen in ihrem Wunsch nach steigendem Wohlstand beglückt. Nun wird dieses ‚Glück' infolge der dabei eingebrockten **ökonomischen Altlasten** immer mehr zum Bumerang (für die Renten etwa).

Die Zahlen sind gigantisch: Das „McKinsey Global Institute" hat die weltweiten *Finanz-Vermögenswerte* per Ende 2003 auf 118 Billionen Dollar (118.000 Milliarden) geschätzt. Die **BIZ** meldet in ihrem Bericht für das erste Quartal 2005 bei *„börsengehandelten Finanzderivaten"* einen Umsatz von 333 Billionen Dollar (Zins-, Aktienindex- und Währungskontrakte). Für die gesamthaft ausstehenden *„außerbörslichen Derivate"* hat die BIZ per Ende 2004 einen Bestand an offenen Positionen im Nominalwert von 248 Billionen Dollar festgestellt; inzwischen dürfte dieser Betrag auf gegen 280 Bio.$ gestiegen sein; und der rege Handel in diesen offenen Positionen beläuft sich auf ein Vielfaches.

Der Zahlenreigen ließe sich über viele Seiten fortsetzen, die unmissverständlich dokumentieren, dass *die Finanzwelt die reale Wirtschaft dominiert.* Sie hat nicht nur die Kreditnachfrage der Unternehmen – eine ihrer Hauptaufgaben – befriedigt, sondern darüber hinaus, quasi zur ‚Selbstbefriedigung', ein **Meer von Liquidität** für mehrere Spielwiesen geschaffen. Denn trotz regen Druckens von Noten stammt nur ein relativ geringer Teil des umlaufenden Geldes aus den Druckereien der Zentralbanken; das meiste Geld ist *Giralgeld,* das bei Kreditgeschäften mit Finanz-Instituten entstanden ist und als solches durch die Welt vagabundiert oder in einem der Investitionskanäle versickert.

Das daraus entstandene zentrale Problem unserer Tage hat *Richard Russell,* der legendäre Verfasser der „Dow Theory Letters", kurz und bündig so beschrieben: „We've got lots of bubbles – bubbles in stocks, bubbles in bonds, bubbles in commodities, bubbles in real estate and housing, bubbles in debt. Of course, we've got a *gobal bubble of liquidity."*

Blasen in fast allen Märkten also, Blasen, die durch die „Mutter aller Blasen" verursacht worden sind: durch die globale Liquidität. Sie

Geld ohne realen Anker führt zu Liquiditätsblasen

hat als Schmiermittel die **Dominanz der Finanz-Industrie** enorm ausgeweitet, und weil diese Finanzmaschinerie im globalen Machtgeflecht eine tragende Rolle spielt, ist die Hochfinanz parallel zur Liquiditätsausweitung immer mächtiger geworden. Für sie läuft die Erde nicht um die Sonne, sondern das Geld um die Welt.

Die Rückseite der Medaille: immense Schulden

Liquidität ist die eine Seite der Medaille, auf der Rückseite existieren die Schulden (Verpflichtungen oder Abhängigkeiten) als Gegenbuchung der Geldvermehrung; die globalen Schulden sind also ebenso hoch wie die (liquiden und illiquiden) Guthaben. Deswegen verdienen die *Vereinigten Staaten* als Lokomotive der Weltwirtschaft eine besonders sorgfältige Betrachtung: Die viel kritisierte Staatsverschuldung beträgt in der offiziellen Leseart 7.927 Billionen Dollar (20. September 2005, zehn Tage vor Ende des Fiskaljahres 2004/05). Diese erzwingt Abgaben der Bürger, wäre allerdings bei einem *BIP von etwa 11.200 Bio.$* (hedonisch geschönt) und bei guter Wirtschaftsentwicklung wohl noch tragbar. Wegen des erforderlichen Schuldendienstes ist aber die **Verschuldung der gesamten Volkswirtschaft maßgebend** – mit allen Gebietskörperschaften, Unternehmen, Konsumenten und mit der Finanz-Industrie; in der offiziellen Leseart hat diese **US-Gesamtverschuldung 40 Billionen Dollar überschritten.** Dazu kommt ein tiefrotes Loch von nichtbilanzierten staatlichen Verpflichtungen in Höhe von – je nach Berechnung und Einschätzung aus verlässlichen Quellen – **44.2 bis 72 Billionen Dollar!** Tief durchatmen und auf ein großes Wunder hoffen!

Die USA stehen nicht allein im Schulden-Schlamassel. **Schuldenberge verketten sich wie ein roter Faden um den Erdball, die Überschuldung ist zum Albtraum des Kollektivs geworden.** Dadurch ist die Politik erpressbar und viele Politiker, die so toll daherreden, sind zu Krüppeln ihrer eigenen Fehler geworden. Aber auch die Bürger sind den Verlockungen der rasanten Geldversorgung erlegen: Der (vermeintliche) Reichtum und die vielen schönen Instrumente der Finanzmärkte sind das, was „Brot und Spiele" einst für die alten Römer waren.

> *Schulden bedeuten Abhängigkeit – Staatsschulden bedeuten letztlich Versklavung der Bürger.*

In den westlichen Wohlfahrtsstaaten hat die große Mehrheit der Menschen, verführt von Machtpolitikern und Finanz-Industrie, einen großen Teil der Freiheit längst gegen staatliche Umsorgung eingetauscht. Die Versprechungen können aber immer weniger eingehalten werden, während gleichzeitig die *Staatsquote* (Anteil am BIP, den sich der Staat über Steuern und Abgaben holt) und die *Abgabenquote* (was der Bürger von seinem Einkommen abzugeben hat) explodiert sind – in einzelnen Ländern bis (weit) über 50%. *Die dabei entstandenen ökonomischen Altlasten ermöglichen der Hochfinanz und anderen Netzwerken, diese Folgen als Geißel für die Menschen zulasten derer Freiheit zu benutzen. Die notwendigen ‚Anpassungen' erfordern immer mehr Tricks und gehen ausnahmslos zulasten der Bürger.* Bei der Finanzierung anderer Länder übertrugen finanzierende Nationen das Schulden-Management häufig auf Institute der Machtelite (IWF, Weltbank, BIZ, etc.) und übertrugen damit gleichsam auch die Macht über die Schuldner.

Zufälle oder strategische Planung?

Einige Fragen drängen sich auf: *Ist diese gigantische Geldschöpfung ‚einfach so' entstanden oder ist sie eines der Instrumente im Köcher der Mächtigen,* die mit einer hinterhältigen Strategie operieren? Falls Sie zum ersten Mal mit solch konkreten, ungeschönten Zahlen und entsprechenden Überlegungen konfrontiert sind, ist doch zu fragen, weshalb uns die *Medien* weltweit pausenlos berieseln, gewisse unbequeme Wahrheiten aber bestmöglich kaschieren? Ist es so abwegig anzunehmen, die großen Medienkonzerne müssten im Machtgeflecht ihre zudienende Rolle spielen? Darüber wird noch nachzudenken sein. Wer solche Fragen als weithergeholt oder sogar ketzerisch empfindet, der beachte die folgenden Zitate (in chronologischer Reihenfolge, mit einem ‚Schlusswort' von John Swinton):

> *„Mitglieder der globalen Elite haben*
> *wenig Bedarf für eine nationale Loyalität;*
> *für sie sind nationale Grenzen Hindernisse,*
> *die zum Glück immer mehr verschwinden,*
> *und nationale Regierungen sind Überreste der Vergangenheit,*
> *deren einzige sinnvolle Funktion es ist,*
> *die Aktivitäten der globalen Elite zu erleichtern. "*

Samuel P. Huntington, 2004 in der Zeitschrift „The National Interest"

„Wir werden nicht zu einer „Neuen Weltordnung" gelangen,
ohne dafür mit Worten, Geld und Blut zu bezahlen."
(Arthur Schlesinger Jr., in „Foreign Affairs", Juli/August 1995)

„Wir stehen am Rande einer weltweiten Umbildung.
Alles, was wir brauchen, ist die richtige, allumfassende Krise,
und die Nationen werden in die „Neue Weltordnung" einwilligen."
David Rockefeller, einer der mächtigsten Männer dieses Planeten
im Juni 1991 an der ‚Bilderberg'-Konferenz in Baden-Baden

„Wir werden zu einer Weltregierung kommen –
ob Sie dies mögen oder nicht.
Die Frage ist nur: durch Unterwerfung oder Übereinkunft."
James Warburg am 17. Februar 1950
vor dem US-Senatsausschuss für Auswärtige Angelegenheiten

„Lasst mich eines Volkes Währung kontrollieren,
dann interessiert mich nicht, wer seine Gesetze macht."
(Meyer Amschel Rothschild, 1744-1812, am 12. Februar 1812
in seiner Rede vor einer Versammlung führender Bankiers)

„Es gibt zu diesem Zeitpunkt der Weltgeschichte in Amerika nichts,
was eine unabhängige Presse wäre.
Das Gewerbe des Journalisten ist auf
die Zerstörung von Wahrheit aus, umstandslos zu lügen,
zu verdrehen,
zu verleumden und zu Füßen des Mammons zu kuschen sowie
sein Land und seine Leute für das tägliche Brot zu verkaufen.
Sie, liebe Freunde, wissen das, und ich weiß es ebenso.
Wir sind Werkzeuge und Vasallen
von reichen Männern im Hintergrund.
Wir sind Marionetten; sie ziehen die Fäden, wir tanzen.
Unsere Talente, unsere Möglichkeiten und unser Leben
sind das Eigentum dieser Männer.
Wir sind nichts als intellektuelle Prostituierte."
(John Swinton, früherer Herausgeber „The New York Times",
1953 während des Abschiedsbanketts zu seinen Ehren
im „New York Press Club")

Die hier zitierten Herren gehörten und gehören zum innersten Zirkel des Machtgeflechts, sind also ernst zu nehmen. Offensichtlich hat *die strategische Machtentfaltung* eine lange Vergangenheit; sie hat sogar zwei Weltkriege und viele Finanz-Katastrophen überstanden. Die Netzwerke haben Ihre Macht nach vorübergehenden Einbußen sogar kontinuierlich auszubauen vermocht und kommen ihrem Ziel *„One World"* / *„One Currency"* immer näher, womit dann die „Neue Weltordnung" aus ihrer Sicht verwirklicht wäre! Diese im Aufbau befindliche Neue Weltordnung kann per se *keine intakten Nationalstaaten* dulden, weshalb die Bürger möglichst subtil (auch auf verschlungenen Wegen) aus der Verankerung in ihrem vertrauten Vaterland und Umfeld gelöst werden!

Deshalb sprießt die verordnete *„Harmonisierung"* – meistens ohne demokratische Legitimation – durch alle Facetten des Staates und der Lebensbereiche der Bürger. Eine derart machtvolle ‚Entfaltung' ist nur möglich, wenn die Eliten mit sehr unterschiedlichen, egoistischen Motiven sich über einem gemeinsamen Nenner auf ein gemeinsames Ziel hin ausrichten, das da lautet: *Verbreiterung der Macht und Mehrung des Vermögens.*

Das „Macht-Geflecht"

Dieser gemeinsame Nenner wird zur Hauptsache von „Denkfabriken" gebildet, von denen allein in Amerika über 4000 grosse und kleine existieren sollen. Aus aller Welt (insbesondere aus Großbritannien) sind weitere eingebunden. Wirklich maßgebend sind relativ wenige: vielleicht *200/300 Think Tanks, raffiniert vernetzt durch immer wieder die gleichen Protagonisten,* die in ähnlichen Funktionen auftreten.

Macht-Geflecht

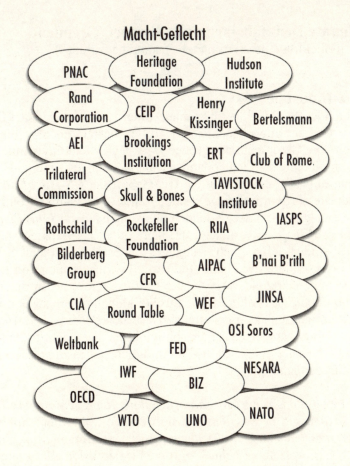

Hier wollen wir uns einer kleinen Auswahl dieser Denkfabriken und der bedeutendsten Personen zuwenden. Dazu kommen Gremien und Organisationen, die für spezielle Bereiche eingebunden sind, wie etwa der **ECOSOC** und die **OECD** (siehe später); die meisten Mitglieder dieser Gruppierungen dürften als Zudiener wirken, welche – wohl in Unkenntnis der Strategien – die wahren Drahtzieher zu bedienen und zu decken haben. Mit ihnen werden Strategien entwickelt, wie die Welt im Sinne der Machtelite verändert werden soll. Sie dienen auch als „Berater" der Regierungen, bekommen teilweise sogar Kompetenzen übertragen und sorgen dafür, daß die Politik keine eigenen Strategien entwickeln will/kann/muß, die möglicherweise sogar im Sinne der Bürger wären, die aber die Interessen der Machtelite nicht ausreichend „unterstützen".

Dominante Denkfabriken und Gruppen/Gremien
(in der Reihenfolge des vermuteten Bekanntheitsgrades)

Finanz-Industrie

Als führendes Netzwerk ist die Finanz-Industrie in den meisten Denkfabriken und bei allen bedeutenden Treffen der „Großen" prominent vertreten. Die Geschichte der großen Bankhäuser und ihrer Entfaltung zum dominierenden Machtapparat ist unglaublich faszinierend, wenn auch nur eingeschränkt erfreulich. Die Geburt der *US-Hochfinanz* an der Ostküste dürfte mit George Peabody und Baron Nathan Rothschild ab 1814 erfolgt sein. Entscheidenden Schwung hat dann *John Pierpont Morgan* (1837–1913) verliehen, der nicht „nur" als Bankier, sondern ebenso als Industrieller einen riesigen Erfolg erzielte und die US-Wirtschaft, insbesondere die Finanz-Industrie, bis über seinen Tod hinaus wie kein anderer prägte. Sein großer Einfluss reicht bis in die Think Tanks von heute. Das aktuell zweitgrößte globale Finanzhaus mit der weltweit umfangreichsten Position an Derivaten (!), die *„J. P. Morgan Chase"*, erinnert an den zu seiner Zeit reichsten und mächtigsten Mann Amerikas. Er hatte ein zentrales Ziel: möglichst alles zu *„morganisieren"* („morganizing").[1]

Ab 1899 gilt das Haus *Morgan offiziell als Repräsentant von Rothschild in den USA,* was ihm die notwendige „Munition" für seine Unternehmungen sichert. 1901 lanciert Pierpont Morgan die – auf den heutigen Geldwert umgerechnet – größte Firmenfusion aller Zeiten: Er kauft „Carnegie Steel", schweißt das Unternehmen mit seiner Firma „Federal Steel" und anderen Wettbewerbern zusammen und formt daraus den gewaltigsten Stahlkonzern der Welt, die *„US Steel".* Morgan rettet „General Electric" vor dem Bankrott, wickelt die Finanzierung des Panama-Kanals ab, und sein New Yorker Privathaus, 219 Madison Avenue, ist das erste der Stadt mit elektrischem Licht. Es folgen turbulente Jahre mit dem Einbruch am amerikanischen Aktienmarkt 1907 und Auswirkungen bis Japan; schließlich rettet Morgan die Stadt NewYork mit einer 30-Millionen-Anleihe vor der bevorstehenden Pleite.

Neben diesem „Übervater" der heutigen Finanz-Industrie gehören die mächtigen Familien *Rothschild* und *Rockefeller* gewiss zu den bedeutendsten Protagonisten. Sie dominieren die Finanz-Industrie und damit die Wirtschaft direkt und indirekt (über Tochtergesellschaften mit anderen Namen, Beteiligungen, bindende Treuhand-Verhältnisse und Fonds). Es ist deshalb in diesem Beitrag unmöglich, die Rockefeller-Interessen und den Rothschild-Clan (mit Zentren in London, Paris und New York) kritisch, aber fair darzustellen. Wie selbstbewusst die Vertreter der Finanz-Industrie auftreten und sich jeweils mit Politikern und Wirtschaftsführern treffen, zeigen die großen Meetings der Mächtigen, über welche die abhängigen Medien meistens nicht berichten, die aber im Internet ihren Niederschlag finden. (Als Behelf kann beispielsweise die Durchsicht der Teilnehmerlisten bei den Bilderberg-Jahreskonferenzen dienen – siehe Anhang.)

Federal Reserve System (FED)

Im Todesjahr 1913 des Pierpont Morgan wurde die amerikanische Notenbank „Federal Reserve System" geboren; die Gründungsakten lassen die Handschrift von J. P. Morgan deutlich erkennen. Das von großen internationalen Banken gegründete FED, das ihnen noch immer mehrheitlich gehört, ist also im Kern der US-Hochfinanz eingebettet, hat mithin selber den Charakter eines Think Tanks, weshalb seine Exponenten in den meisten wichtigen Macht-Gruppen vertreten sind[2].

The Bilderberg Group

Zu den bedeutendsten jährlichen Treffen der Mächtigen gehören das *„World Economic Forum" / WEF* in Davos[3] und die *Bilderberg-Konferenz* an wechselnden Tagungsorten. Bei beiden Anlässen treffen sich die *einflussreichsten Damen und Herren aus Politik, Wirtschaft, Wissenschaft, Kultur, Kirche, Verteidigung, Medien, Verwaltung, Erziehung und Sozialwesen.* Ist es nicht sehr erstaunlich, dass in Davos jeweils mediale Orgien veranstaltet werden, dass aber die Konferenzen der Bilderberger absolut geheim stattfinden? Bei jeder noch so banalen „Hundsverlochete" (wie der Schweizer sagt) versuchen Politiker und Wirtschaftskapitäne sich bestmöglich in Szene zu setzen und zu punkten. Aber ausgerechnet bei der wohl besten Gelegenheit des Jahres verkriechen sie sich in der Anonymität. „Honni soit qui mal y pense."

Auch die *51. Bilderberg-Konferenz vom 5. bis 8. Mai 2005 in Rottach-Egern* am bayerischen Tegernsee („Dorint Sofitel Seehotel") hat traditionsgemäß unter striktem Ausschluss der Öffentlichkeit stattgefunden. Wegen der aktuellen politischen und wirtschaftlichen Probleme wären Beurteilungen aus hoher Warte für jeden Journalisten fette Brokken gewesen, zumal nach heute gültigen Maßstäben keine hochkarätigere Gesellschaft versammelt sein könnte – zugelassen waren aber nur wenige handverlesene Medienleute, die zu Stillschweigen verpflichtet sind und andere Aufgaben zu erfüllen haben! Dank des Internets sind wir „Gewöhnlichen" aber nicht ganz ausgeschlossen[4]. (Alle, die mit dem Internet nicht vertraut sind, finden die vielsagende Teilnehmerliste 2005 im Anhang.)

Wegen der Geheimniskrämerei ist es angebracht, etwas genauer hinzuschauen: Mit ihrer ersten Konferenz im „Bilderberg Hotel" im holländischen Oosterbeek am 29. Mai 1954 hat sich eine *transatlantische Elite* etabliert, die hinter streng verschlossenen Türen wirkt. Wer sich derart rigoros einkapselt, muss sich nicht wundern, wenn von einer *„Geheimgesellschaft"* gesprochen wird, von „Verschwörung" (Conspiracy) gar, zumal die bekannten Tatsachen und vermuteten Zusammenhänge einen zwiespältigen Eindruck hinterlassen.

Beispielsweise ist die *NATO* mit den Bilderbergern eng verbunden; mindestens ab 1971 (Joseph Luns) waren alle Generalsekretäre der NATO auch Bilderberger; *Lord Carrington* von 1990 bis 1998 sogar deren Chairman (siehe später).

Zu den Männern der ersten Stunde gehörte neben *Prinz Bernhard der Niederlande* (in dessen Biographie etliche handfeste Skandale figurieren) der katholische, strenggläubige *Joseph H. Retinger* mit guten Kontakten zu den Jesuiten, weshalb ihn böse Zungen bis heute als Agenten des Vatikan bezeichnen. Retinger war Gründer der „Europäischen Bewegung", woraus am 5. Mai 1949 das „Council of Europe" entstand. Ein „größeres starkes Europa" gehörte zu seinen erklärten Zielen, weshalb er dem damaligen Premier der Grande Nation, Georges Clemenceau, die Bildung einer „Dreifach-Monarchie" mit Österreich, Ungarn und Polen unter Führung der Jesuiten vorschlug. Clemenceau mochte dieses Ansinnen jedoch nicht vertreten[6].

Heute geht es nicht mehr um ein erweitertes royalistisches Europa, die EU hat Tatsachen mit nunmehr 25 Mitgliedsländern geschaffen – zur Verbreiterung des Zentralismus und zur Vermoderung der Eigenständigkeit. Diese Entwicklung gehört zur Strategie jener, die in Richtung einer *„Neuen Weltordnung"* nach ihren Vorstellungen zielen, wozu Bilderberger in erster Linie gehören. Alle unsere Lebensbereiche sind also perfekt abgedeckt; den bilderberg'schen Fangarmen ist nur schwer zu entrinnen. Und da die *europäischen Königshäuser* auf den politischen Prozess kaum noch *direkten* Einfluss ausüben können, genießen sie ihre Sonderstellung im Kreis der Bilderberger und anderer Gremien für verdeckte, aber wirkungsvolle Einflussnahmen. Die „transatlantische Partnerschaft" führt auch dazu, dass Abgesandte der *EU-Bürokratie* bei den Jahresversammlungen und informellen Meetings regelmäßig mit dabei sind. Vieles, was in Brüssel auf den Tisch kommt, dürfte im Kreis der Bilderberger „besprochen" worden sein – also im Rahmen der Machtelite bereits abgesegnet sein.

Zu den fleißigsten Teilnehmern gehören Lord Rothschild, David Rockefeller, Henry A. Kissinger, Richard C. Holbrooke, Peter D. Sutherland, Lord Carrington, Etienne Davignon, George Soros, Richard N. Perle, Zbigniew K. Brzezinski sowie die Majestäten der Niederlande, von Spanien, Schweden (und seltener Großbritannien).

The Trilateral Commission

Zu den ‚Schwesterorganisationen' der Bilderberger gehören die *Trilateral Commission* und *das Council on Foreign Relations (CFR).* Die Trilaterale Kommission wurde 1973 von machtbewussten Männern, unter ihnen besonders viele Bilderberger, zur internationalen Erweiterung der bisherigen Vernetzungen gegründet: In dieser Gruppierung sollten die politischen, wirtschaftlichen und wissenschaftlichen Eliten der USA, Europas und *Japans* eine Heimat zur Machtentfaltung finden, angeführt durch *David Rockefeller* und die beiden Geostrategen *Henry A. Kissinger* und *Zbigniew K. Brzezinski.* Diese Gründer sollen auch auf die Möglichkeiten geschielt haben, die sich nach dem Bruch der Bretton-Woods-Verträge boten – insbesondere auf den *monetären Wildwuchs.* Die Trilaterale Kommission ist noch verschwiegener, undurchsichtiger als die schon sehr diskreten Bilderberger.

Die ehrenwerten Mitglieder legen Wert auf die Feststellung, dass sie in keiner Weise einem *„Geheimbund"* angehören, weil sowohl die Mitgliederliste als auch die von den Trilateralen herausgegebenen Publikationen grundsätzlich öffentlich seien. Das ist Schaumschlägerei, denn die Konferenzteilnehmer tagen hinter verschlossenen, streng bewachten Türen, und nur wenige ausgesuchte Journalisten vom rechten bis linken Spektrum werden mit jenen Informationen versorgt, welche der

Kommission zweckdienlich scheinen. Und zudem werden die entscheidenden informellen Gespräche und Vereinbarungen gar nicht protokolliert. Die von den Trilateralen genannten Ziele und Aufgaben haben einen salbungsvollen, geradezu ethischen Anstrich, welcher die wahren Absichten bestmöglich kaschieren soll[7].

Selbstauskunft: Zwei grundsätzliche Überzeugungen für die Periode 2004-2006 sollen die Arbeit prägen: Erstens soll die Trilaterale Kommission (mit rund 350 Mitgliedern) ihr Gewicht ausweiten und den Ländern der drei Räume Nordamerika (USA und Canada), Europa und Japan helfen, die vielen Aufgaben in einer sich rasch verändernden Welt optimal zu erfüllen. Zweitens sollen – zur fortschreitenden Globalisierung – weitere Nationen eingeschlossen werden: zu Nordamerika soll Mexico (Nafta) stoßen, aus der Japan-Gruppe soll eine pazifische Asien-Gruppe werden, und die angelaufene Ost-Erweiterung Europas sorgt automatisch für Wachstum der Gruppe mit Europa-Mitgliedern. Die Jahresversammlungen fanden 2004 folgerichtig in Warschau statt, 2003 in Seoul, 2002 in Washington D.C. und 2001 in London. Die Liste mit den führenden Mitgliedern[8]:

Der gemeinsame Nenner der Bilderberger und Trilateralen sowie anderer Interessengruppen ist mit kritischem Verstand einfach abzustecken:

– Sie beeinflussen das Geschehen in der Welt verdeckt, informell und angereichert mit Eigeninteressen; *sie operieren über allen nationalen Regierungen,* also ohne demokratische Legitimation und verfügen über enge Kontakte zu Geheimdiensten.

– Es liegt auf der Hand, dass die *USA* diese Gruppierungen dominieren und jeweils mit hochkarätigen Persönlichkeiten vertreten sind. *Das Beziehungsgeflecht ist beklemmend dicht gewoben und führt zu einem Diktat relativ weniger Exponenten.*

– Die Strategien, Ziele, Maßnahmen und Druckversuche dieser Gremien bleiben der Öffentlichkeit *weitgehend verborgen,* was der Phantasie freien Lauf lässt. Es ist also, gestützt durch das intensive Zusammenwirken der Protagonisten, keineswegs abwegig, über „Geheimbünde" zu rätseln und zu reden, auch wenn diese Kreise solche Kritik begreiflicherweise gerne als „Verschwörungstheorie" weggesteckt haben möchten.

– Auf nationaler Ebene operierende Unternehmen, und damit der gesamte *Mittelstand,* sind ausgeschlossen; Zugang haben neben Spitzenpolitikern und Wissenschaftlern nur transnationale Konzerne, also *Kapitalgesellschaften,* mit Verflechtungen in alle wichtigen Wirtschafts- und Finanzbereiche – *„Machtkanalisierung durch Internationalisierung"* ist die treffende Bezeichnung für diesen schleichenden Prozess im Zuge der Globalisierung.

– Zur *rein materialistischen Philosophie* gehört der *„Washington Consensus"* für den Glauben an einen globalisierten, grenzenlosen und deshalb effizienten *Markt ohne jede Rücksicht auf nationale Gegebenheiten, Bedürfnisse, Souveränitäten und kulturelle Unterschiede.*

– Selbstverständlich bestehen *vielfältige Beziehungen zum „Wall-Street-Kartell";* die Finanz-Industrie ist in den Gremien entsprechend ‚gut‘ vertreten.

CFR – Council on Foreign Relations

Für diesen, *von Edward Mandell House* im Auftrag von Präsident *Woodrow Wilson* 1921 gegründeten *„Rat für auswärtige Beziehungen"* gelten ähnliche Aspekte wie für Bilderberger und Trilaterale. Derzeit sind rund 3100 führende Persönlichkeiten als Mitglieder eingeschrieben, darunter über 300 „Staatsdiener", Vertreter der meisten großen Universitäten, mehrere hundert Medienschaffende und die meisten der Top-Militärs. Gewiss befinden sich auch Personen darunter, die ihre Mitgliedschaft ohne genaue Kenntnis der CFR-Vergangenheit mit diversen subversiven Aktionen und verdeckten Zielen akzeptiert haben. Die Organisation benötigt eben auch Mitglieder mit speziellen Kenntnissen und Beziehungen, die als Mitläufer ohne kritische Fragerei mitzuwirken gewillt sind.

Die offiziellen Internet-Seiten kommen entsprechend harmlos daher. Dahinter steht aber mehr; die eigene Charakterisierung (und Eigenwerbung) erzielt eine mehrdeutige, zwiespältige Wirkung: „Die private Organisation CFR" widmet sich dem Verständnis in der Welt gegenüber Amerika und dessen Außenpolitik. Dieses Ziel soll mit konstruktiven, geschlossenen Debatten und Diskussionen erreicht werden, die in der eigenen Zeitschrift *„Foreign Affairs"* veröffentlicht werden[9].

Das CFR gilt als „langer Arm" der amerikanischen Regierung. Man darf davon ausgehen, *der CFR sei der wichtigste Think Tank für die US-Außenpolitik.* Neben zahlreichen Unternehmensleitern aus den verschiedensten Branchen sind die Vertreter der Finanz-Industrie besonders prominent vertreten, und selbstverständlich delegieren auch der *IWF* und das *Fed* ihre Abgesandten, die ihre Lobby-Arbeit zu verrichten haben. Die Mitgliederliste liest sich wie ein „Who-is-who"-Almanach quer durch Amerika. In dieser Auflistung fällt vor allem die häufige Verknüpfung mit den Bilderbergern und Trilateralen auf; die meisten sind doppelt verankert, vorwiegend mit den Trilateralen[10].

10 Exponenten sind bei allen drei Think Tanks dabei, darunter Ex-Präsident William Jefferson Blythe *(Bill) Clinton,* der frühere CIA-Direktor *John H. Duetch,* Ex-Verteidigungsminister und Ex-Weltbank-Präsident *Robert S. McNamara,* Ex-Sicherheitsberater und Ex-Außenminister *Henry A. Kissinger,* Ex-Fed-Chairman *Paul A. Volcker,* noch immer *Maurice R. Greenberg* (früherer Angehöriger des Fed sowie Chairman und CEO der weltgrößten Versicherungsgesellschaft AIG, der nach heftigen Skandalen im Frühjahr 2005 abtreten musste) und *Robert B. Zoellick* (Johns Hopkins University). Dass Politik, Wirtschaft, Finanz-Industrie, Zentralbank und Geheimdienst miteinander gut verlinkt sind, ist bereits mit diesen wenigen Namen belegt. (Wie dominant der CFR auf der polit-wirtschaftlichen Bühne mitwirkt, erfährt man nach der Eingabe von „Council on Foreign Relations" bei Google, worauf ein Suchresultat von 9.5 Mio. Dokumenten zur Verfügung steht.)

Henry A. Kissinger

Kissinger ist seit Jahren *die vielleicht zentralste Figur im Machtgeflecht,* mit Funktionen in mindestens 45 Think Tanks und Spezialgremien. Die von ihm, seinen Freunden und den meisten Medien perfekt gepflegte Version seiner Vita lautet: In den 1950er und 60er Jahren war Kissinger zeitweise *außenpolitischer Berater* – oft Einflüsterer, vielleicht sogar „Lenker" – der Präsidenten Dwight D. Eisenhower, John F. Kennedy und Lyndon B. Johnson. 1969 avancierte er zum *Sicherheitsberater* von Präsident Richard Nixon und gestaltete die US-Sicherheitspolitik entscheidend mit. Auch beim folgenreichen Zusammenbruch der Bretton-Woods-Verträge mit der Schließung des

„Goldfensters" zur Öffnung der Schleusen für die Flutung mit *„fiat money"* hat er seinem Präsidenten den Rücken gestärkt. 1972 begleitete er Nixon nach China sowie in die UdSSR und vertrat die USA bei den Friedensverhandlungen für den Vietnamkrieg. Im Januar 1973 schloss cr ein Waffenstillstandsabkommen mit Vietnam, wofür er – zusammen mit Le Duc Tho – den *Friedensnobelpreis* erhielt.

Im August 1973 ernannte ihn Nixon zu seinem *Außenminister.* Im Nahen Osten vermittelte Kissinger zwischen Israel und seinen arabischen Nachbarstaaten; 1974 konnte er ein Truppenentflechtungs-Abkommen zwischen Israel und Ägypten verkünden, ein Jahr später vermittelte er eine Absichtserklärung zwischen Syrien und Israel. Bevor er schließlich 1977 seinen Abschied aus dem Außenministerium nahm, scheiterte 1976 sein Versuch in Afrika, den kommunistischen Einfluss in Angola zurückzudrängen. – So liest sich seine mit einflussreichen Freunden zusammen verbreitete Biographie.

Als Kissinger von *Hans Magnus Enzensberger* – dem in München lebenden, vielfach ausgezeichneten Autor – aufgrund ausgiebiger Recherchen furchtlos als ***„Kriegsverbrecher"*** tituliert wurde, entfachten die Medien in einer konzertierten Aktion einen Sturm der Entrüstung, und der arme Enzensberger musste sich als „linker Subversiver" beschimpfen lassen (was weiter nicht erstaunlich ist, weil Kissinger über viele Kanäle beste Beziehungen zu den großen Medien-Konzernen unterhält). Nach den neusten Enthüllungen darf er von jedermann „Kriegsverbrecher" genannt werden, der er eben tatsächlich ist. Obwohl es für Kissinger ungemütlicher geworden ist, scheint er sich wohl zu fühlen, denn die Medien reißen sich nach wie vor um seine geopolitischen Analysen.

Der noch immer auf allen größeren internationalen Gesellschaften gern gesehene Gast Kissinger sträubt sich vehement gegen den Internationalen Gerichtshof, und auch in der heißen Diskussion um den Fall Pinochet fällt der Name Kissinger immer häufiger. Der spanische Richter Balthasar Garzon ermittelte zur ***„Operación Cóndor",*** der „Zusammenarbeit" Kissingers mit ehemaligen Militärdiktatoren Lateinamerikas (Argentinien, Chile, Brasilien, Uruguay, Paraguay, Bolivien). Unter Anleitung der USA, mit Kissinger an vorderster Front, hatten skrupellose Militärs ein Vorgehen gegen Regimegegner verabredet: Folterhaft für Tausende und Tod vieler Oppositioneller.

Sollte es im politischen Wirken von Kissinger eine Konstante geben, dann bestand sie, entgegen dem propagierten Bekenntnis zur Demokratie, darin, unablässig Diktaturen zur Abwehr des Kommunismus etabliert zu haben. Die Bürger- und Menschenrechte blieben immer auf der Strecke. Die nun neu veröffentlichten Akten belegen, daß Kissinger mitnichten der große Staatsmann war, dem es hauptsächlich um Frieden ging, sondern ein gerissener gewissen- und skrupelloser Machtpolitiker, der vor keinem Mordkomplott zurückschreckte. Christopher Hitchens hat eine hervorragende Streitschrift geschrieben, welche erneut die *Frage nach der Verantwortlichkeit der Mächtigen* stellt[11].

Im Fall des Henry Kissinger ist diese Frage besonders brisant, *weil er sich im Zentrum der internationalen Macht bewegt und ihm mit seinem unbestreitbaren Charisma noch immer eine penetrante Dominanz mit weltweiter Ausstrahlung zugestanden wird.*

The Tavistock Institute / TI

Das Tavistock Institut mit Hauptsitz in London und starken Ablegern in den USA existiert in seiner heutigen Form als ‚unabhängige, nicht-gewinnorientierte Organisation' seit 1947. Zwei Elemente sind für das Institut charakteristisch: Die Selbstfinanzierung ohne staatliche Subventionen (wie man erklärt) und die Vielfalt der abgedeckten Bereiche *von Anthropologie, Anthroposophie (des Rudolf Steiner) über Ökonomie, Politische Wissenschaften, Psychologie, Psychoanalyse bis hin zur Soziologie.* Die Ideologie des TI basierte auf dem im Jahre 1921 vom *Duke of Bedford* (mit seinem weiteren Titel „Marquess of Tavistock") gegründeten *„Tavistock Institute of Human Relations",* das den Effekt des Kriegsschocks überlebender Soldaten aus dem Ersten Weltkrieg erkunden wollte. Gefunden werden sollte der *„breaking point" des Menschen unter Stress.* Zu den ersten Promotoren gehörte Sigmund Freud, der sich in London niederließ und mit britischen Kollegen zusammen vollen Einsatz leistete. Mit dem raschen Erfolg wurden Tochter-Institute gegründet und die Forschung der damaligen Nachfrage angepasst.

Die Methodik wurde immer ausgefeilter, und schließlich wurden *Techniken für die Gehirnwäsche von Individuen und Massen* entwickelt; für erste Experimente standen amerikanische Gefangene aus dem

Koreakrieg „zur Verfügung". Auch die Bomben-Raids im Zweiten Weltkrieg über der Zivilbevölkerung Deutschlands waren für Präsident Franklin D. Roosevelt und Premier Winston Churchill ‚gute Gelegenheiten', die Forschungsresultate des TI zu überprüfen. Die Aufgaben aller britischen und amerikanischen Institute auf der Linie von Tavistock hatten ein zentrales Ziel: *Knacken der psychischen Widerstandskraft des Individuums, um über dessen hilflose Abhängigkeit „höheren Zielen" zustreben zu können.* Böse Zungen nennen das Tavistock-Institut die „Mutter aller Gehirn-Waschanstalten". Die permanente mentale Krankheit in der Freud'schen Psychotherapie war dazu die ideale Voraussetzung[12].

Daraus entwickelte sich ein Tavistock-Boom, der nur zu verstehen ist, wenn wir den *durchschlagenden Erfolg des TI für „mind control" in den USA* im Schatten des Machtgeflechts hinterfragen. Das TI ist bis 2001 zum 6-Milliarden-Dollar-Konzern herangewachsen, mit einem US-Netzwerk von Stiftungen, die alle vom amerikanischen Bürger begünstigt werden. 10 Institutionen gehören zum zentral und straff geführten Kern, dazu kommen über 400 kleinere Institute und 3000 Studiengruppen sowie kleinere Think Tanks. Eine Schlüsselrolle hat die 1957 gegründete – heute von *Richard N. Perle* geleitete – britische *„Ditchley Foundation"* eingenommen, deren amerikanischer Ableger von *Cyrus Vance,* vormals US-Außenminister und Direktor der *„Rockefeller Foundation"* sowie von *Winston Lord, damals Präsident des CFR,* dominiert wurde. Ein Beispiel mehr für die raffinierte Vernetzung der Interessen hinter den Kulissen.

Die (bei weitem nicht vollständige) Liste der US-Institute, die von der Tavistock-‚Philosophie' geprägt oder mindestens beeinflusst worden sind und werden, ist beeindruckend – in Stichworten:

„The Brookings Institution"
Hier entstanden das umstrittene Programm von Präsident Herbert Hoover, ebenso der *„New Deal"* des Franklin D. Roosevelt, das *„New Frontiers"*-Programm der Kennedy-Administration (die bewusste Abweichung John F. Kennedys von dieser Vorgabe mag ihm das Leben gekostet haben) und ebenso die *„Great Society"* des Lyndon B. Johnson. Brookings Institution beeinflusst seit über 70 Jahren in hohem Maße die Regierungsarbeit.

„The Hudson Institute"

1961 von *Herman Kahn* für die Grundlagen der Verteidigungspolitik sowie für die Beziehungen zur damaligen UdSSR in der Zeit des Kalten Krieges gegründet.

„Institute for Policy Studies" / IPS

1963 von *James P. Warburg* und von in den USA tätigen Mitgliedern der *Rothschild-Gruppe* sowie von Absolventen des TI gegründet. IPS beeinflusst heute die US-Außenpolitik mit viel Prestige[15].

„Stanford Research Institute" / SRI

Der erste Präsident des SRI, *Jesse Hobson,* schaffte 1952 mit seiner Rede Klarheit: „Stanford kann als ein Juwel in der Tavistock-Krone für die USA bezeichnet werden." Stanford-Computers sollen mit rund 2500 (!) ‚schwesterlichen' Research-Informationszentren verlinkt sein[16].

„The Rand Corporation"

Die 1948 ebenfalls von *Herman Kahn* gegründete „Rand Research and Development Corporation" steht dem TI am nächsten. Dieser Think Tank gilt als für die amerikanische Politik mitbestimmend und mit der *CIA* zeitweise eng verbunden (besonders bei den berüchtigten LSD-Versuchen). Heute setzt er sich vor allem für die *„Neue Weltordnung"* ein[17]!

The Club of Rome

In der breiten Öffentlichkeit ist der CoR durch die Veröffentlichung seines damals wie eine Bombe einschlagenden Reports *„The Limit to Growth"* bekannt geworden; die erste große Ölkrise im Jahre 1973 war für die besorgten Menschen die zwingende Bestätigung der CoR-Thesen. Jedermann war damals beeindruckt und aufgewühlt: „Die Grenzen des Wachstums" schockten nicht nur die ‚Grünen' und die 68er-Generation; jeder bewusst lebende, nachdenkende Mensch war irritiert. Dass die Menschen mit der Natur und den Ressourcen viel sorgfältiger umgehen sollten, ist im Bewusstsein vieler Bürger damals fest verankert worden – der CoR hat zur Bewusstseinserweiterung seinen Beitrag geleistet. Dann haben sich die CoR-Perspektiven verschoben, die Prognosen sind heute weitgehend Makulatur.

Der „Club of Rome" hat mit dem *„Tavistock Institute"* (TI) viel zu tun. Als der CoR begann, seine Ziele für die „Neue Weltordnung" zu koordinieren, wurde der Gründer und Kopf des CoR, **Aurelio Peccei** (damals ältester Vorsitzender im Fiat-Konzern), nach England geschickt, um ein intensives Training am TI zu absolvieren. Nach der „Schulung" wurde er zur **NATO** entsandt, wo er die Top-Mitglieder für den CoR rekrutierte. Mit dem Wissen von heute müssen „Die Grenzen des Wachstums" neu beurteilt werden: Sind den Autoren ‚nur' vermeidbare Fehler unterlaufen oder gehört das Buch zur ausgefeilten Strategie der Mächtigen, welche die Menschen auf eine von ihnen bestimmte Linie lotsen (zwingen) wollen[19]?

„The German Marshall Fund" / GMF

Die Beantwortung dieser heiklen Frage ist leichter, wenn wir einen Blick auf die Finanzierung des CoR werfen: Natürlich strömen staatliche Gelder in einen als derart wichtig präsentierten Club wie auch Beiträge von einzelnen NGO's sowie Mittel aus privaten Quellen. Viel Kapital fließt nicht direkt in den CoR, der *„German Marshall Fund"* besorgt dies viel diskreter. Finanziert wird der Marshall-Fund – mit **David Rockefeller,** Vertretern der **Harvard University,** der **Carnegie-Stiftung,** des „World Wildlife Fund" (!) u.a. an der Spitze – überaus großzügig und kontinuierlich von internationalen Firmen und Banken, der **Wall Street** und dem mächtigen Finanzzentrum der *„City of London".* Die *„KAS – Konrad Adenauer Stiftung"* hat die Verknüpfung des German Marshall Fund mit anderen Think Tanks für die *transatlantischen Beziehungen* in deutscher Sprache ins Netz gestellt – eine sehr lesenswerte Übersicht zum Geflecht mit führenden Think Tanks[20].

. Prominente Mitglieder des CoR waren/sind: Henry Kissinger, Stuart Butler und Steven Hessler von der *„Heritage Foundation",* Averell Harriman (Vertrauter der *Rockefeller-Familie*), Michael Novak vom *„American Enterprise Institute"* (AEI), Milton Friedman, der Geldtheoretiker und Nobelpreisträger, Paul Volcker, *Ex-US-Notenbank-Chef* und Gerald Ford, amerikanischer *Ex-Präsident,* Prinz Hassan von Jordanien, um nur die bekannteren zu nennen. Die Frage sei erlaubt: Was haben denn diese Personen, als auffallende Fremdkörper, im CoR mit wissenschaftlichem Anstrich und zahlreichen Mitarbeitern mit hervorragender Fachkompetenz zu suchen? Könnte es denn sein, dass sie das „Gedankengut" und die Strategien aus ihren Interessenverbänden einzubringen und die rein wissenschaftliche Tätigkeit machtpolitisch wirkungsvoll zu unterwandern haben? Für ganz andere Ziele als die deklarierten?

RIIA / The Royal Institute of International Affairs (alt) Chatham House (neu)

Als 1919 britische und amerikanische Delegierte unter Leitung von *Lionel Curtis* in Versailles den Frieden nach dem Ersten Weltkrieg aushandelten, wurde die Idee für ein „Anglo-American Institute of Foreign Affairs" geboren, „um die internationalen Probleme mit dem Ziel, Kriege in Zukunft vermeiden zu können, zu studieren" (Originaltext des RIIA). Daraus entstand 1920 in London vorerst einmal das „British Institute of International Affairs", das 1926 seinen Royal-Status verliehen bekam und fortan unter *„Royal Institute of International Affairs"* wirkte. Die Amerikaner waren in Zugzwang und gründeten 1921 in New York das *„Council on Foreign Relations"* als „Schwesterinstitut"; ein enger Austausch unter den beiden Instituten ist gewährleistet. Heute nennt sich das RIIA „unverdächtig" *„Chatham House"* und pflegt enge Verbindungen mit dichter Vernetzung der Mitglieder.

The Round Table

Der „Runde Tisch" (RT) wurde 1891 in London von *John Pierpont Morgan* zusammen mit dem südafrikanischen *Diamanten-Baron Sir Cecil Rhodes* und seinem Freund *Alfred Milner* gegründet, mit dem Ziel, die *weltweite Dominanz* nicht verlieren zu müssen. Das Kollektiv bestand aus kleinen Diskussionsgruppen in wichtigen Hauptstädten, die ans Hauptquartier in London zu berichten hatten. Da der „Round Table" mit Vertretern aus Politik, Finanz-Industrie, Handel und Medien seit Bestehen vollkommen geheim funktioniert, haben sich auch Konspirationstheorien gebildet, zumal das Geschehen auch hier *von den Familien Morgan, Rothschild und Rockefeller dominiert* worden ist – bis heute[21]!

Schon Cecil Rhodes sprach von der *„Neuen Weltordnung"* im Sinne einer *„One World"*. Es ist eine nicht widerlegbare Tatsache, dass vor und während des Ersten Weltkriegs die Regierungsmitglieder aus den Kriegs- und Verteidigungsministerien der USA und des UK den Ton und Inhalt im RT bestimmten. Während Cecil Rhodes der offizielle

Frontmann des RT war, übte die **Bank-Dynastie Rothschild mit diversen Ablegern und treuen Zudienern** (Treuhändern) die wahre Kontrolle aus, woran sich bis heute wenig geändert hat. Es ist kein Geheimnis, dass die Rothschilds im Ersten Weltkrieg letztlich viel Geld verdient und Macht dazugewonnen haben, weshalb sie bei den *Versailler Friedensverhandlungen 1919* prominent mit am Tisch saßen:

Für den Informationsfluss zwischen dem US-Präsidenten Woodrow Wilson und Versailles waren seine „rechte Hand" **Colonel Edward Mandell House** und **Bernard Baruch** (beides „Rothschild-Clones" und führende Mitglieder des RT) verantwortlich; dem britischen Premierminister Lloyd George rapportierten **Alfred Milner** (für Rothschild tätig) sowie **Sir Philip Sassoon,** ein strammer Gefolgsmann auf der Linie des *Mayer Amschel Rothschild,* Gründer der Rothschild-Dynastie (1744-1812); der französische Premier Georges Clemenceau schickte seinen engen Mitarbeiter im Innenministerium, **Georges Mandel,** dessen richtiger Name Louis Georges („Jeroboam") Rothschild war. Ob die für den Frieden ausgehandelten fatal hohen Reparationszahlungen, der Kollaps der Weimarer Republik und der damit verbundene wirtschaftliche Niedergang der deutschen Volkswirtschaft mit dem Aufstieg Adolf Hitlers und dem Ausbruch des Zweiten Weltkriegs zum zynischen Kalkül einer mächtigen Gruppe mit den einflussreichsten Personen jener Zeit gehörten sowie einer klar geplanten Strategie folgten, lässt sich nicht mit Sicherheit beweisen, aber aufgrund vorliegender Dokumente auch nicht von der Hand weisen, bzw. als wahrscheinlich einstufen[22].

„The European Round Table of Industrials" / ERT

Diese geheimnisumwitterte Vereinigung wird von gut informierten Insidern als *„Nebenregierung der EU"* bezeichnet. Pikant sind die Verflechtungen der EU-Machtzentrale in Brüssel mit „The Bilderberg Group" und „The Trilateral Commission" sowie „The Club of Rome". Bei der Gründung 1983 waren dabei: 17 führende europäische Industrielle, mit **Etienne Davignon** und **François-Xavier Ortoli** zwei damalige EG-Kommissare. Schon 1986 wurde anlässlich der Verabschiedung der *„Einheitlichen Europäischen Akte"* – mit weitem Sprung in die Integration – ersichtlich, dass die Kooperation der EG-Kommission mit den Konzernen des ERT eine unheilvolle Entwicklung *in Richtung zunehmender Zentralisierung in Europa* nehmen würde.

Es war beispielsweise der ERT, der bereits 1985 (!) forderte, den Binnenmarkt so bald wie möglich „mit einer Einheitswährung zu vervollständigen und zu perfektionieren". Im Frühjahr 1991 legte der ERT den Fahrplan für eine Europäische Währungsunion (EWU) auf den Tisch, der dem später abgeschlossenen *„Maastricht-Vertrag"* auffallend ähnlich ist. *Jacques Delors,* der damalige EU-Kommissionspräsident, beklagte sich 1993 in einem Fernsehinterview über den „ständigen Druck des ERT", der die Haupttriebskraft für einen voll umfassenden Binnenmarkt sei. Weil man das Lobbying pro Euro fortan gut kaschieren wollte, wurde 1987 von fünf ERT-Konzernen eine „Tochter" gegründet, die *„Assoziation für die Europäische Währungsunion";* dazu gehörten Philips, Fiat, Rhône-Poulenc, Solvay und der Ölkonzern Total. Die Zusammensetzung des ERT, dessen Strukturen und Ziele sowie die breite und tiefe internationale Vernetzung offenbaren uns unmissverständlich: *Die Global Players schaffen mit ihren Instrumenten nicht etwa optimale Bedingungen für Volkswirtschaften und Gesellschaften, vielmehr zielen sie auf Machterhalt und Machtausweitung zur Sicherung und Optimierung des Einflusses und Profits sowie der eigenen Einkünfte.*

Unter den Mitgliedern des ERT befanden und befinden sich häufig Bilderberger, mitunter sogar aus dem Steuerungskomitee; eine kleine Auslese: *Percy N. Barnevik,* bis 2001 VR-Präsident der ABB und langjähriger Chef der mächtigsten schwedischen Holding „Investor" (der als Unternehmer so kläglich gescheitert ist und sich mit einem besonders „goldenen Fallschirm" verabschiedet hat); *Etienne Davignon* von der belgischen SGB mit direkten Verbindungen zur europäischen Bankenwelt, insbesondere zu seinem Freund *Sir Evelyn de Rothschild* (Chairman der „N.M. Rothschild & Sons" in London); *Peter D. Sutherland,* Chairman BP Amoco, Chairman Goldman Sachs International, Mitglied der Royal Bank of Scotland, European Chairman der Trilateral Commission und fleißiger Teilnehmer an den Bilderberg-Meetings, früher Generaldirektor des *GATT* (General Agreement on Tariffs and Trade) und danach der *WTO* (World Trade Organisation)[23].

Skull & Bones

S&B wurde 1832 im Schoße der „Yale University" in New Haven gegründet, als älteste der sieben geheimen Vereinigungen (Studentenverbindungen) in Yale und mit am meisten Prestige versehen. S&B verwendet ein martialisches Emblem mit Schädel (Skull) und Gebeinen (Bones). Seit der Gründung wurden nur rund 2500 Mitglieder erkoren, wovon heute noch etwa 600 leben. Da der Orden überaus einflussreich ist, verfügen relativ wenige Personen über viel Macht. Als Gründerväter figurieren auch *General William Huntington Russell* und *Alphonso Taft* aus der Elite des Anglo-American-Wall-Street-Bank-Establishments. Sie waren bestrebt, ihren Kindern einen würdigen Platz für die Ausbildung zu besorgen. Zu den derzeit prominenten Mitgliedern von S&B gehören Präsident George Herbert Walker Bush, Vater des amtierenden Präsidenten, und der gescheiterte Präsidentschaftskandidat bei den Wahlen im November 2004, John F. Kerry.

Der wohl einflussreichste Mann von S&B war **Henry Lewis Stimson,** Partner in der Rechtskanzlei „Root and Stimson" an der Wall Street, Staatssekretär für Krieg unter Präsident Taft (1908–1912), Gouverneur-General auf den Philippinen (1926–1928), US-Außenminister unter Präsident Herbert Hoover (1929–1933) sowie Staatssekretär für Krieg unter den Präsidenten Franklin D. Roosevelt (1933–1945) und Harry S. Truman (1945–1953). Stimsons Spitzname „Master Bonesman" ist treffend und vielsagend. Der Autor seiner Biographie, Geofrey Hodgson („The Colonel: The Life and Wars of Henry Stimson") schreibt über ihn: Die Mitgliedschaft bei S&B sei die wichtigste erzieherische Erfahrung in seinem Leben gewesen. Er diente danach sieben US-Präsidenten von Theodore Roosevelt bis Harry S. Truman. Stimson war es, der den *Bau der Atombombe vorantrieb* und der, in diversen Think Tanks verwurzelt, den *Entscheid zum Einsatz* der Bomben über Hiroshima und Nagasaki gefällt haben soll. Die S&B-Mitglieder glauben an die Ideen des *„konstruktiven Chaos"* (Chaos-Theorie), weshalb Entwicklungen, die der „gewöhnliche" Bürger als besonders negativ und bedrohlich empfindet, für sie von „systemimmanentem Nutzen" sind[24].

B'nai B'rith

Bevor wir uns den politischen Think Tanks zuwenden, in denen amerikanische und israelische Interessen verknüpft sind, ist dieser *„Unabhängige Jüdische Orden"* zu beachten. B'nai B'rith, in deutscher Übersetzung *„Söhne des Bundes",* wurde 1843 in New York gegründet, von wo er noch heute zentral geleitet wird. Dieser Orden ist ein reiner Männerbund, der nur Juden aufnimmt; sein Programm „dient der konsequenten Interessenvertretung jüdischer Bürger auf der ganzen Welt und der Förderung der ethischen Erziehung". In den USA existieren sieben Distrikts-Logen und in weiteren Ländern bestehen zehn Distrikts-Großlogen, die untergliedert sind; jene in Deutschland wurde bereits 1882 gegründet. Den Logen sind Frauenvereinigungen und Jugendbünde angegliedert. B'nai B'rith gelingt es, im *AIPAC, IASPS* und *JINSA* bestimmend mitzureden (siehe später).

B'nai B'rith hat ein eigenes Erkennungszeichen, seine Struktur umfasst drei rituelle Grade, die Mitglieder allmählich erwerben können; auch diese Loge ist also hierarchisch straff strukturiert. Aus dem ‚Innenleben' dringen kaum Informationen nach außen, weshalb „Geheimbund" kein Schimpfwort ist. Er unterstützt seine Mitglieder karitativ, legt viel Wert auf das kulturelle Leben, und seine Veröffentlichungen haben hohes Niveau. Dem Vernehmen nach soll der Zusammenhalt unter den Mitgliedern enorm stark sein, weshalb ihr Einfluss groß ist.

Obwohl B'nai B'rith selbst jegliche politische Tätigkeit in Abrede stellt, ist aus den Publikationen und Personen-Kontakten aktives Politisieren sehr wohl erkennbar: Das Netzwerk innerhalb jüdischer Organisationen und ebenso die ziemlich komplexe Vernetzung mit den hier beschriebenen Vereinigungen machen *B'nai B'rith zu einem der weltweit mächtigsten Bünde.* Sein Einfluss auf die globale internationale Politik ist erheblich. Der jüdische Geheimbund zählt heute weltweit an die 350.000 Mitglieder, davon leben etwa 300.000 in den USA. Die immer wieder thematisierte *Macht der Juden in Amerika,* insbesondere an der US-Ostküste, ist damit erklärt[25].

Besonders pikant:1996 hat B'nai B'rith ihren höchsten Orden zur Verblüffung der Öffentlichkeit an Bundeskanzler *Helmut Kohl* für seinen Einsatz für den Staat Israel und humanitäre Verdienste verliehen, obwohl diesen Orden üblicherweise nur herausragende Mitglieder der Loge erhalten[26].

AEI / American Enterprise Institute
Das AEI ist 1943 in Washington gegründet worden und heute einer der größten und meistrespektierten Think Tanks der USA. Das AEI setzt sich für eine „starke Außenpolitik und nationale Verteidigung" ein. Es werden laufend zahlreiche Publikationen erarbeitet, die an wichtige

Entscheidungsträger und Meinungsmacher gelangen. Beiträge in „The New York Times", „The Washington Post", „The Wall Street Journal" und in vielen anderen Tageszeitungen mit Weltgeltung lassen die Quelle AEI deutlich erkennen, und der Fernsehkanal CNN wird extrem intensiv mit Exposés versorgt. *Das AEI ist also der Meinungsmacher in den USA.* Die Vorträge, Seminare und Konferenzen am AEI werden oft landesweit vom Fernsehen übertragen und gelten als Sendungen mit vergleichsweise hoher Einschaltquote[27].

PNAC / The Project for the New American Century

Das am 3. Juni 1997 gegründete PNAC („Projekt für das Neue Amerikanische Jahrhundert") hat sich zur Aufgabe gemacht, die *„weltweite Unterstützung für die globale Führungsrolle der USA"* einzufordern. Die offizielle Wortwahl lässt keinen Zweifel offen: *„Die US-Außenpolitik muss unverfroren und entschlossen die amerikanischen Prinzipien im Ausland durchsetzen."* Der Chairman *William Kristol* ist zur Durchsetzung dieser harten Linie die geeignete Person. Der amerikanische Machtanspruch mit unbedingtem Willen für eine fortdauernde Hegemonie zur *Sicherung der Ressourcen* und der Weg in die Weltherrschaft à la américaine eröffnen bedrückende Einblicke in das Selbstverständnis der amerikanischen politischen Elite – losgelöst von Moral und demokratischen Hürden! Auf PNAC's offiziellen Seiten im Internet findet man mit etwas Geduld den Beweis dafür, dass der Irak-Krieg im PNAC konzipiert worden ist und mindestens seit 1997 nach Plan verläuft[28]!

Am 26. Januar 1998 ist die erste Fassung des entlarvenden Reports *„Rebuilding America's Defenses - Strategy, Forces and Resources for a New Century"* mit Begleitbrief an Präsident Bill Clinton übermittelt worden, den alle federführenden Initianten – darunter auch der von Präsident Bush als neuer US-Botschafter in die UN durchgeboxte John Bolton! – unterzeichnet haben (aus dem Dokument kopiert):

Elliott Abrams	Richard L. Armitage	William J. Bennett
Jeffrey Bergner	*John Bolton*	Paula Dobriansky
Francis Fukuyama	*Robert Kagan*	*Zalmay Khalilzad*
William Kristol	*Richard Perle*	Peter W. Rodman
Donald Rumsfeld	William Schneider, Jr.	Vin Weber
Paul Wolfowitz	R. James Woolsey	*Robert B. Zoellick*

AIPAC / The American Israel Public Affairs Committee

Diese Organisation wurde 1953 von *Sy Kenen* unter dem Namen „American Zionist Committee for Public Affairs" mit Hauptsitz in New York gegründet. Dieses Komitee hatte schon damals die Aufgabe, im US-Congress für die Interessen Israels zu lobbyieren. *B'nai B'rith* sorgte anfänglich für die geeigneten Kontakte und die Anschubfinanzierung. Seither werden die Senatoren und Repräsentanten intensiv bearbeitet und *kontrolliert* – AIPAC weiß immer genau, wer im Congress bei für Israel relevanten Fragen wie abstimmt! Bei einem Teil der Arbeit wird kein Wert auf Diskretion gelegt, im Gegenteil: Für die Machtbasis und das Fundraising sollen möglichst viele Mitglieder und Sympathisanten (auch Nicht-Juden) mit dabei sein[29].

Bei anderen „Arbeiten" legt AIPAC hingegen großen Wert auf Geheimhaltung oder mindestens Verschwiegenheit. Denn es bestehen *engste Verbindungen zu allen wichtigen Think Tanks, zum Pentagon, zur CIA sowie zum israelischen Geheimdienst Mossad.* AIPAC soll auch beim Angriff auf das im östlichen Mittelmeer kreuzende amerikanische Spionage-Schiff *USS Liberty* am 8. Juni 1967, dem vierten Tag des Sechs-Tage-Kriegs, involviert gewesen sein. Dem US-Geheimdienst wurde durch den Mossad signalisiert, die (tatsächlich von der israelischen Lutfwaffe geflogenen) Einsätze gegen die USS Liberty würden auf das Konto der Ägypter gehen, die im laufenden Nahost-Krieg eine Wende herbeizuführen beabsichtigten. Der Fingerzeig hatte Wirkung: Ein US-Bomber mit einer nuklearen Bombe an Bord soll bereits in Richtung Ägypten unterwegs gewesen sein, als er in allerletzter Minute zurückbeordert wurde, weil der *infame Betrug* durchschaut worden war. Als das ZDF für seinen im Sommer 2003 ausgestrahlten Film über diese haarsträubende Geschichte den damaligen US-Verteidigungsminister *Robert S. McNamara* befragte, wich dieser unwirsch und schnoddrig aus und erklärte, er könne sich an den Vorfall nicht mehr erinnern – seine Reaktion war soviel wie ein Geständnis[30].

IASPS / The Institute for Advanced Strategy and Political Studies

Das 1984 in *Jerusalem gegründete* IASPS ist heute *auch in Washington D.C. ansässig,* mit dem zentralen Ziel, „die sozialistische Planwirtschaft in Israel einzuschränken" oder ganz zu verhüten. Dazu soll „die Marktwirtschaft gefördert und ein robustes Raketenabwehrsystem installiert" werden. Über diese unlogisch verbundenen Ziele kann man sich wundern oder davon ausgehen, dass die *Zusammenarbeit der USA mit Israel* ganz andere Ziele haben dürfte – natürlich auch zulasten der Palästinenser. *Richard N. Perle* hat seine Finger auch hier tief ins taktische und strategische Planen gebohrt[31]. In der Definition der Aufgaben ehrlicher ist das andere Institut:

JINSA / The Jewish Institute for National Security Affairs

Das mit den Erfahrungen aus dem „Yom Kippur Krieg" 1973 (auch „Oktoberkrieg") gegründete Institut mit Sitz in Washington D.C. sieht „die strategische Kooperation zwischen den USA und Israel als vitalen Bestandteil der globalen amerikanischen Sicherheitspolitik". *Das JINSA soll die außen- und sicherheitspolitischen Entscheidungsträger in Washington überzeugen, dass Israel bei der ‚Demokratisierung' des Nahen und Mittleren Ostens eine bedeutende Rolle zu übernehmen hat.* Ob dieses Ziel mit der militanten Politik des *Ariel Sharon* verwirklichbar sein wird, ist doch sehr fraglich. Das JINSA erfreut sich der Unterstützung von über 17.000 Mitgliedern; mit diesem historischen Werk haben sich die Mitglieder des *B'nai B'rith* den endgültigen Durchbruch geschaffen. Aufschlussreich ist das Blättern im „Board of Advisors", geleitet vom Chairman *David P. Steinmann,* dessen Vita die enorme Verknüpfung dieser Machtmenschen offenbart – und natürlich ist *Richard N. Perle* auch hier dabei[32]!

The Heritage Foundation

Diese Stiftung ist 1973 als Institut für Forschung und Bildung gegründet worden; sie gilt als das Denkzentrum für Regierung und Pentagon beim internen Schlagabtausch über die „richtigen" militärischen Strategien sowie über die Ausrichtung der Verteidigungspolitik. Es bestehen selbstverständlich diverse Verknüpfungen zu anderen Think Tanks, insbesondere zum *AEI, PNAC* und *AIPAC.*

In der „Heritage Foundation" bewegt sich auch *Richard N. Perle* virtuos und tanzt bei fast allen Projekten mit. Sie ist nicht nur auf den Irak und Iran fokussiert, sondern hat ganz *Eurasien im Visier.* Und so nebenbei geben die „Heritage"-Strategen zu verstehen, dass *Europa einer der potentiellsten Rivalen der nächsten Jahre* für die USA sein wird. Ein Mitglied von Heritage äußerte sich dazu freimütig: „Wir sind aufgewacht, als der Euro eingeführt und später die Europäische Verfassung ausgearbeitet wurde sowie wichtige europäische Staaten nicht mit in den Irak-Krieg zogen." Deshalb sollen vor allem Frankreich und Deutschland außenpolitisch isoliert und die EU durch Formierung einer „globalen Freihandelszone" mit (aus US-Sicht) „qualifizierten europäischen Ländern" gesprengt werden. Der Wind aus Washington ist erkennbar rauher geworden.

Das andauernde Auseinanderdriften von Europa und den USA lässt Heritage befürchten, die *politische Einflussgröße des Westens*" und damit eine der größten Errungenschaften des letzten Jahrhunderts sei akut gefährdet: *Die von Nordamerika über den Atlantik bis weit nach Osteuropa reichende Zone relativen Friedens.* Als die EU beschlossen hatte, am 3. Oktober 2005 *Beitrittsverhandlungen mit der Türkei* aufzunehmen, stellten sich die US-Strategen lautstark auf die Seite der Beitrittsbefürworter, im Wissen um die damit verbundenen erheblichen Risiken für die Gemeinschaft. Weniger durchsichtig ist der wiederholt aktualisierte Versuch der USA, das Fundament für einen *EU-Beitritt Israels* zu bestellen. Es lohnt sich, in den Dokumenten der „Heritage Foundation" zu blättern, soweit sie überhaupt zugänglich sind[33].

Es wäre aber falsch anzunehmen, diese schwergewichtigen Aufgabenstellungen würden den Think Tank einseitig ausrichten; es gehört zu den großen Vorzügen amerikanischen Denkens auf hoher Stufe, dass *ganzheitliche Analysen* angestrebt werden. Die Themenvielfalt reicht von Agrarwirtschaft bis Wohlfahrt zuhause und von Afrika bis Russland/Eurasien für die Außenpolitik.

CEIP / Carnegie Endowment for International Peace

Die von *Andrew Carnegie* zu seinem 75. Geburtstag am 25. November 1910 mit einem Geschenk von 10 Millionen Dollar in Washington gegründete *„Carnegie Stiftung für Internationalen Frieden"* hat sich bis heute zu einer weltumspannenden Organisation entwickelt. Wie andere vermögende Global Players jener Zeit war Carnegie tief beseelt und bewegt vom Gedanken, Kriege könnten durch strengere Gesetze und Organisationen eliminiert werden. Zum Antrieb seiner Stiftung bestimmte er 28 Trustees (Kuratoren) aus den Spitzen der Wirtschaft und des öffentlichen Lebens; von Anfang bis heute mit dabei ist die Harvard University. Seit *The Bilderberg Group* besteht, ist die CEIP eng mit ihr verbunden; dass auch enge Beziehungen zum *CFR* bestehen, liegt im Sinne der Machtentfaltung in der Außenpolitik.

Die CEIP hat nicht „nur" mit der Friedensforschung zu tun; sie ist heute mit fast allen Gremien verlinkt, die politische und wirtschaftliche Wirkung entfalten wollen. Seit Jahren gilt die besondere Aufmerksamkeit *Russland und den zentralasiatischen Staaten, in neuerer Zeit auch China.* Dabei kreuzen sich die Pläne und Projekte der CEIP immer häufiger mit den Engagements von *George Soros* und seinem *„Open Society Institute" / OSI.* Inzwischen hat sich eine wirkungsvolle Zusammenarbeit zwischen den beiden und anderen Gruppierungen entwickelt, die sich für *„Gerechtigkeit in der Welt"* und eine *„Offene Gesellschaft"* einsetzen – was immer das heißen mag. Die CEIP darf sich einer großen Unterstützung mit intensivem Mittelzufluss erfreuen; *von AIG bis Yukos* sind in der Spenderliste zahlreiche Unternehmen vertreten, die weniger eine weltweite „Gerechtigkeit" als vielmehr unternehmerische Maximierungen im Visier haben.

Um sich bestmöglich auf die neuen Entwicklungen ausrichten zu können, wurde das europäische „Hauptquartier" nach Genf verlegt – *nahe zur UNO,* in der (wohl irrigen) Meinung, man müsse in den nächsten beiden Jahrzehnten die Forschung sowie die Bildung und Ausbildung besser mit der UNO und deren Organen koordinieren. Und damit kommen die *NGOs* in einem Ausmaß ins Spiel, das die anfänglich liberalen Grundsätze der Stiftung aufweicht oder ganz vernichtet, *ein riesiges schwerfälliges, bürokratisches Machtgeflecht schafft und zu einem immer sozialistischeren Impetus führt.* Bezeichnenderweise funktioniert auch das OSI des George Soros auf dieser Schiene. Und zu guter Letzt lassen sich die Herren als *Philanthropen* feiern!

Das Geflecht der politischen Bürokratien mit NGOs

Tausende nationaler und internationaler *NGOs* („Non-Governmental Organizations"/„Nichtregierungsorganisationen") existieren ohne *demokratische Legitimation,* täglich kommen neue dazu. Dank ihrer Vernetzung verfügen sie über eine breite Machtbasis und entsprechenden Einfluss auf die Meinungsbildung, Gesetzgebung, staatliche Umverteilung und den Wohlstand. Die NGOs pochen auf ihre demokratischen Rechte und treiben ihre Forderungen unter *Vergewaltigung der individuellen Freiheit* derart auf die Spitze, dass an der *Demokratie-Fähigkeit der*

Menschen erhebliche Zweifel anzubringen sind[35]. Wer noch immer meint, bei internationalen Organisationen wie der *UN* oder der *WTO* handle es sich um Plattformen für Regierungen und Völker, der täuscht sich, weil die NGOs entweder das Diktat schon übernommen haben oder mindestens tüchtig mitmischen. An zwei konkreten Beispielen soll dieser Missstand aufgezeigt werden: ECOSOC / OECD – (UNEP wäre ein ebenso eindrückliches, <www.unep.org> und <www.unepfi.org>).

Offenbar halten es die Drahtzieher weit im Hintergrund für *nützlich, ihre infamen Pläne für die angestrebte „Neue Weltordnung" über eine strukturelle Schwächung der Weltwirtschaft zu erreichen, was die gesellschaftlichen Spannungen verstärkt und die Bürger weich klopfen soll. Das wiederum kann nur gelingen, wenn die Freiheit des Individuums fortlaufend eingeschränkt wird und der Rückhalt in den Nationalstaaten schwindet. Dazu eignen sich – als Folge der gigantischen globalen Papiergeld-Schöpfung und der parallel dazu verursachten Verschuldung – die hinterhältigen Verführungen mit sozialen Forderungen bestens, wozu NGOs kraftvoll beitragen. Und da die vermeintlich ‚sozialen' Ingredienzen fast immer den Charakter von ‚sozialistisch' aufweisen, ist das Ende der Sackgasse absehbar.*

Diese fatale Verkettung der Interessen ist bei *Attac*[36] besonders deutlich. Unter dem Eindruck der (auch) durch massive Spekulation ausgelösten Finanzkrise in Südostasien, die weite Teile der Region in eine

> **Mit NGOs zur totalen Kontrolle**
> **jedes Einzelnen**
> **über Staaten hinweg**

tiefe Rezession riss und die Stabilität der Weltwirtschaft bedrohte, publizierte der Chefredakteur der in acht Sprachen erscheinenden „Le Monde diplomatique", Ignacio Ramonet, im Dezember 1997 einen Aufruf zur Kontrolle der Finanzmärkte. Das war 1998 der Impuls zur Gründung der Attac, die sofort zum *globalisierungskritischen Netzwerk* ausgebaut wurde und heute bereits in 33 Ländern aktiv ist sowie in 13 Sprachen kommuniziert. Wer den fulminanten internationalen Aufbau von Attac finanziert hat, ist nicht wirklich in Erfahrung zu bringen. Soviel darf vermutet werden: *Attac ist bestimmt eines der Instrumente jener, die mit langfristiger Strategie auf eine „Neue Weltordnung" zusteuern*[37].

ECOSOC / Economic and Social Council

Dieser „UN-Wirtschafts- und Sozialrat" gedeiht *im Schoße der UN,* mit Hauptsitz in New York sowie weiteren Sitzen in Genf und Wien. Die UN ist als Gluckhenne zu verstehen, unter der zahlreiche Organisationen wohlbehütet heranwachsen. Das ECOSOC ist inzwischen (wie andere UN-Gremien) zur Mammutorganisation explodiert, die nicht mehr überblickbar und deshalb gar nicht mehr zu führen ist, so dass es für Einzelne einfacher geworden ist, sich durch die Versammlungen zu schwatzen und zur Verbreiterung der Machtbasis möglichst viele Mitläufer zu gewinnen. Dem durchschnittlichen Medienkonsumenten werden meistens Bilder und Berichte aus der UN-Vollversammlung oder aus dem Sicherheitsrat serviert, vom anderen Geschehen vernimmt er kaum etwas. Früher waren unter dem Begriff „UN" vier Mitglieder zusammengeschlossen: die *UN* selber, die *ILO[38], die FAO[39]* und die *UNESCO[40]. Heute umfasst das United Nations System insgesamt 28 Mitgliedsorganisationen,* darunter UN Funds, Spezialprogramme und spezialisierte Agenturen sowie die WTO und die Bretton-Woods-Institute *IWF* (Internationaler Währungsfonds) und *Weltbank[41].* ECOSOC lässt sich von Konsulenten der Wissenschaft und der Wirtschaft beraten, und *als Clou werden mehr als 2100 (!!!) bei den UN registrierte NGOs angehört[42].*

Das ECOSOC versammelt sich jeweils im Juli während vier Wochen abwechselnd in New York und Genf, mit den (zeitlosen) Zielsetzungen: Maßnahmen für einen höheren Lebensstandard durchzusetzen, Vollbeschäftigung zu erreichen und damit wirtschaftlichen und sozialen Fortschritt, Lösungen für internationale wirtschaftliche, soziale und gesundheitliche Probleme zu identifizieren, die Zusammenarbeit für kulturelle und edukative Faszilitäten zu fördern und an den universellen Respekt vor den Menschenrechten zu appellieren sowie den Frieden zu sichern. Falls diese *bürokratisierten Ungeheuerlichkeiten* mit hoher Phrasendrescherei das Grauen ob soviel staatlicher, halbstaatlicher und außerstaatlicher Arroganz noch nicht kulminieren lässt, dürfte die *Liste der über 2100 NGOs* (vom „African American Institute" bis „Zero Population Growth") endgültig einen nachhaltigen Schock verursachen.

OECD / Organisation for Economic Co-operation and Development

Die „Organisation für wirtschaftliche Zusammenarbeit und Entwicklung" ist aus der koordinierenden Organisation für den *„Marshall-*

Plan" entstanden. Der Sitz befindet sich in Paris, im von **Baron Philippe de Rothschild** zur Verfügung gestellten Château de la Muette an der Rue André Pascal (ein Pseudonym des Barons). Heute ist die OECD eine politische Spitzenorganisation der westlichen Industrienationen mit 30 Mitgliedsländern[43]. Der Kanadier **Donald J. Johnston** ist seit 1. Juni 1996 Generalsekretär der OECD; bezeichnenderweise wurde er 1997, kaum in Funktion, zum **Jahrestreffen der Bilderberger** eingeladen.

Das Gremium erarbeitet umfassende wirtschaftliche Studien für die Mitgliedstaaten, die meistens mit Prognosen kurz- und mittelfristiger Natur versehen sind. Dabei wird mit Kritik an die Adresse der jeweiligen Regierungen nicht gespart, obschon sie das Gremium finanzieren müssen. Deshalb werden negative Feststellungen nicht selten „mit geharnischtem Protest zur Kenntnis" genommen. Die weitgehend unparteiischen Expertisen haben freilich einen mindestens mäßigen *Einfluss auf die Innenpolitik der jeweiligen Länder.* Darüber hinaus mimmt sich die OECD eine koordinierende Funktion für den „Westen", nicht zuletzt wegen der *Entwicklungshilfe aus den Industrienationen.* Eine weitere Rolle hat die Organisation mit der Beratung osteuropäischer Staaten übernommen. Die Fülle an Aufgaben verschafft der OECD eine herausragende *Medienpräsenz;* sie ist im breiten Publikum zu einer der bestbekannten Organisationen avanciert und erfreut sich deshalb eines guten Renommees[44].

Zu rund 70 weiteren Staaten und zahlreichen NGOs (!) sowie Zivilgesellschaften steht die OECD in ständigem Kontakt und erfreut sich deshalb einer globalen Bedeutung. Die OECD möchte aber – wie alle wuchernden Bürokratien – noch mehr: Es existieren Überlegungen, mit welchen Maßnahmen die OECD zu einer Handels- und Weltwirtschafts-Organisation aufgewertet und ausgebaut werden könnte, zu einem eigentlichen *Scharnier* zwischen den *Wirtschaftsblöcken* EU (mit dem Rest der Efta), Nordamerika (vermutlich mit Mexico) und Japan/Pazifischer Raum, mit dem Ziel, darüber den Welthandel zu kontrollieren und nach eigenen Wünschen zu regeln. Dieser Umbau wird von den Drittweltländern als Provokation gewertet, weil er zulasten des Einflussbereiches der WTO gehen würde, wo sie in der Mehrzahl sind; die „reichen Länder" würden die wirtschaftlichen Entscheidungen unter sich ausmachen, wird (nicht grundlos) vermutet. Immerhin ist die OECD, anders als die WTO, noch kein Entscheidungs-, sondern „nur" ein Konsultativ-Organ.

Zu den bekanntesten Ergebnissen aus OECD-Initiativen gehören die *„PISA-Studie"* und die *„Grundsätze der Corporate Governance"/ CG* (Fassung 2004), mit denen das Vertrauen der Bürger nach den Wirtschaftsskandalen der jüngeren Vergangenheit zurückgeholt werden soll. Es ist unbestritten, dass gravierendes Versagen in der Führung und Kontrolle bei diversen international agierenden Unternehmen Fragen in der Öffentlichkeit um eine verantwortungsvolle *Unternehmensführung* aufgeworfen haben. Mentalität und Kräfte innerhalb der OECD sind für die Verbesserung dieser Zustände aber völlig ungeeignet, weil sie mit „harmonisierenden Massnahmen" ihrem Zentralismus frönt.

Es ist ähnlich wie bei der Terrorbekämpfung: *Die Sensibilität in der Bevölkerung wird einerseits vom Staat, aber auch von demokratisch nicht legitimierten Organisationen missbraucht, um die Staatsbürokratie zulasten der Freiheit weiter auszubauen* – ein Prozess, der seit langem, von der breiten Öffentlichkeit wenig bemerkt, abläuft. Denn „Offenlegung", „Transparenz", „Pflichten der Gesellschaftsorgane", alles positiv belegte Begriffe, eignen sich bestens für verdeckte Absichten.

Die angesprochenen verdeckten Absichten offenbaren sich an mehreren Fronten: Da ist einmal die *„finanzielle Kompetenz der Bürger im OECD-Raum",* die es mit einer Reihe von „Empfehlungen" über eine „geeignete Schulbildung" (!) zu fördern gälte, als hätte es keine PISA-Studien über das blamable Manko beim Lesen, Schreiben und Rechnen gegeben. Darüber hinaus sollen Finanz-Institutionen sicherstellen, dass ihre Kunden die Informationen über Finanzprodukte lesen und verstehen können! Vollends problematisch wird es, wenn die OECD vorgibt, die „Grundlagen für einen ‚fairen' internationalen Steuerwettbewerb" zu schaffen, aber letztlich nur eines will: *den „schädlichen Steuerwettbewerb" einschränken oder gleich ausschalten.* Die „Harmonisierung" (in der Bedeutung von „Gleichschaltung") der Steuern und Abgaben im OECD-Raum passt perfekt in die Bestrebungen jener, die an einer *„Neuen Weltordnung"* arbeiten – spätestens jetzt werden die Absichten selbst für Blinde sichtbar. Besonders perfid wird es, wenn die in der OECD gut verankerte *„City of London"* (als wichtiger Teil des Machtgeflechts) hinterhältig das föderalistische Steuersystem der Schweiz zu desavouieren und auszumerzen versucht, bei den steuerbegünstigten britischen Trusts aber beide Augen zukneift.

Drahtzieher (ohne Gewichtung in alphabetischer Reihenfolge)
Die nachfolgenden, die bisherige Beschreibungen ergänzenden acht Personen-Profile sollen stellvertretend für Hunderte zeigen, wie raffiniert und wirkungsvoll sich die globalisierende Macht verflochten hat.

Zbigniew K. Brzezinski

Der 1928 in Warschau geborene Brzezinski hielt sich in Deutschland und in der Sowjetunion auf, bevor er 1945 nach Canada emigrierte. Er erlebte also den Aufstieg der nationalsozialistischen Diktatur und die Brutalität der sowjetischen Führung aus nächster Nähe, was ihn fürs Leben, sein Denken und seine Schriften prägte. Später studierte er an den Universitäten McGill und Harvard die Politischen Wissenschaften. Er kritisierte die Politik von Präsident Dwight D. Eisenhower wegen seiner „Beschwichtigungspolitik", ebenso die Ergebnisse der Konferenz von Jalta wegen des „Ausverkaufs" von Europa, er stellte sich gegen De Gaulle's Vision eines „Europa vom Atlantik bis zum Ural" und unterstützte den Vietnam-Krieg. Während des Wahlkampfs von *John F. Kennedy* war er dessen enger Berater, 1964 unterstützte er *Lyndon B. Johnson* wie 1968 *Hubert H. Humphrey,* und Ende der 70er Jahre war er Sicherheitsberater von Präsident *Jimmy Carter.* Er hält sich für einen außenpolitischen Realisten und sieht sich in der Außenpolitik als linker Gegenpart zu Henry Kissinger[45].

Brzezinski lehrte an den Universitäten von Harvard und Columbia (New York), heute ist er Professor für US-Außenpolitik an der *„Paul H. Nitze School of Advanced International Studies"* (SAIS) – ein wichtiger Think Tank der „Johns Hopkins University" in Washington[46]. Zusätzliche geostrategische Aufgaben erfüllt er am *CSIS, „Center for Strategic and International Studies".* Schon zu Beginn der 60er Jahre wurde er **Mitglied des CFR,** und mit **David Rockefeller** zusammen hat er 1973 **The Trilateral Commission** gegründet, deren erster Direktor er bis 1976 war.

Seine Talente entfaltet Brzezinski als *Politwissenschaftler, Geostratege und Staatsmann,* seine Spitzenposition für Außenpolitik und Strategische Studien zementierte er mit dem Buch *„The Grand Chessboard: American Primacy and Its Geostrategic Imperatives",* das unter dem Titel *„Die einzige Weltmacht – Amerikas Strategie der Vorherr-*

schaft" (mit einem Vorwort von Hans-Dietrich Genscher!) als Fischer-Taschenbuch erschienen ist (ISBN 3-886-79303-6) und unbedingt gelesen werden sollte. Denn der Autor zeigt uns hemmungslos die hinterhältigen Verstrickungen im Machtspiel der unterschiedlichen amerikanischen Kräfte und im geopolitischen Seilziehen um die absolute Macht. Kaum je zuvor sind die **hegemonialen Ansprüche der USA** deutlicher, ohne die geringste Zurückhaltung skizziert worden. Und: das, was heute im Nahen Osten, in Vorderasien und in den zentralasiatischen Staaten geschieht, ist von Brzezinski schon 1997 vorgezeichnet worden!

Dieses geostrategische Dokument zerstreut jeden Zweifel: *Die Vormacht Amerikas soll vom östlichen Mittelmeer und Nahen Osten über den kaukasischen Raum und die zentralasiatischen GUS-Staaten bis zu den Grenzen Chinas im Osten und Russlands im Norden reichen.* Wenn nach den Rohölreserven des Irak auch jene des Iran unter Kontrolle sind und wären Arabien, Georgien, Kirgisien, Aserbeidschan, Kasachstan, Tadschikistan sowie Südasien und afrikanische Ölstaaten verlässlich an die USA gebunden, würde Amerika (mit der Hochfinanz im Rücken) *über 70% der weltweiten Öl- und Erdgasreserven bestimmen* – zur absoluten Zementierung der Weltmacht. Folgerichtig war Brzezinski auch beim Entwurf des *PNAC* dabei.

Lord Peter Alexander Rupert Carrington – 6th Baron Carrington

Der 1919 geborene Peter Carington hat eine der steilsten britischen und internationalen Karrieren hinter sich; die Biographie von Lord Carrington steht beispielhaft für weitere Briten, welche die starke Stellung in Großbritannien als Sprungbrett benutzt und über die atlantische Partnerschaft ein breites Beziehungsgeflecht ausgebaut haben. Ausgebildet am Eton College und in Sandhurst, diente er während des Zweiten Weltkriegs als Major bei den „Grenadier Guards". Seine politische Laufbahn startete er 1951 als Parlamentssekretär im Ministerium für Agrarwirtschaft und Nahrung, danach im Verteidigungsministerium. Von 1956 bis 1982 folgten Stationen als *Hochkommissar für Australien, First Lord der Admiralität, Führer des „House of Lords", Verteidigungsminister, Energieminister und schließlich Außenminister* im Kabinett von Margaret Thatcher bis zum Krieg gegen die argentinischen Falkland Islands, den er verurteilte.

Dann folgte die internationale Karriere: 1983–1988 *Generalsekretär der NATO.* Danach konzentrierte er sich wieder auf Führungspositionen bei privaten Unternehmen wie Barclays Bank, Schweppes und Christie's. In dieser Phase war er von 1990 bis 1998 *Chairman of the Board Bilderberg.* 1999 wurde ihm der Titel eines Peers auf Lebenszeit verliehen (Baron Carrington of Upton), damit er weiterhin im House of Lords sitzen kann. Heute ist er Chairman of the Board Christie's International und Governor der *„Ditchley Foundation",* eines *britischen Think Tanks im Schatten von Tavistock* für die anglo-amerikanische Zusammenarbeit, die auch beim Irak-Krieg funktionierte[47].

Richard („Dick") Bruce Cheney

Es gibt ernstzunehmende Stimmen, die wissen wollen, der eigentliche Machthaber im Weißen Haus sei nicht George W. Bush, sondern Dick Cheney. Für den 46. Vize-Präsidenten hat die politische Macht der Vereinigten Staaten absolute Priorität; trotzdem ist er in erster Linie knallharter Geschäftsmann und erst dann *Politiker – seine Politik ist Mittel zum Zweck.* Nachdem er 1993 in das *„American Enterprise Institute"* eingetreten war, wurde er 1995 zum Chairman und CEO der *„Halliburton Company"* ernannt, einem weltweit tätigen Energie-Service-Unternehmen mit besonderer Gewichtung der Rohöl-Versorgung. Er saß auch im Aufsichtsrat von *„Procter & Gamble", „Union Pacific"* (transkontinentale Eisenbahn), EDS („Environmental Defence Society") u.a.

Cheney ist 1941 in Lincoln (Nebraska) geboren. Nach der High School, wo er mehr als Halfback in seinem Football-Team glänzte als durch schulische Leistungen, versuchte er ein Studium an der *Yale University,* unterbrach zweimal angeblich wegen Geldmangel und erlangte gleichwohl keinen Abschluss (ob er Mitglied bei *„Skull & Bones"* war, ist eine Vermutung, aber nicht erwiesen). Danach arbeitete er an „power lines" und war Mitglied der Gewerkschaft „International Brotherhood of Electrical Workers". Schließlich schaffte er einen Universitätsabschluss in Politischen Wissenschaften an der wenig vornehmen Universität von Wyoming, worauf er an der Universität von Wisconsin-Madison die Doktorwürde erlangen wollte; er verließ diese Lehrstätte aber wiederum vorzeitig.

Sein sozialer und politischer Aufstieg begann erst nach 1964 mit der Heirat mit *Lynne Vincent,* die sich mit höchsten akademischen Auszeichnungen schmücken kann. (Später wurde Mrs. Lynne Cheney von Präsident Ronald Reagan zur Leiterin des „National Endowment for the Humanities" ernannt.) Die ältere Tochter Mary ist mit einem Lobbyisten für die *„Lockheed Martin Corporation"* verheiratet; von George W. Bush ist er im Frühjahr 2005 zum Chefberater des *„Department of Homeland Security"* (geheimdienstliches Superministerium für Sicherheit) ernannt worden – eine perfekte Kombination von Rüstung und Geheimdienst, die gut zum mit Kriegen geförderten Öl-Business des Schwiegervaters passt, zumal die eine Enkel-Tochter, Absolventin der University of Chicago, nach anwaltlicher Tätigkeit vom Präsidenten zur Beraterin in das *„Near East Affairs Bureau"* (Büro für Nahost-Angelegenheiten) des US-Außenministeriums ernannt worden ist und als Mitarbeiterin von *Condoleezza Rice* den Bogen zu den Interessen ihres Großvaters schliessen dürfte. Eine Familien-Saga der besonderen Art!

1969 begann die steile politische Karriere auf mehreren *Posten der Administration Nixon,* wo er im „US-Office of Economic Opportunity" **Assistent von Donald Rumsfeld** wurde und erstmals an der Hohen Politik riechen durfte – 35 Jahre später ist Cheney Vize-Präsident und Rumsfeld Verteidigungsminister. *Präsident Gerald Ford* holte Cheney als persönlichen Assistenten und jüngsten „Chief of Staff" aller Zeiten ins Weiße Haus; während Fords Präsidentschaftskampagne 1976 war er sein Manager unter dem Leiter *James Baker.* 1978 wurde Dick Cheney als Repräsentant für Wyoming Mitglied des Kongresses, danach wurde er fünfmal wiedergewählt. Er verteidigte rigoros die Interessen seines Staats beim Geschäft mit Öl und Kohle, und er benutzt seine politische Stellung auch zum Ausbau seiner eigenen Interessen im Energie-Bereich, die er mit seiner Ernennung zum Chairman der Halliburton Company krönte[48].

Vom März 1989 bis Januar 1993 diente Dick Cheney unter Präsident George H. W. Bush als Verteidigungsminister. Er leitete die *„Operation Just Cause"* in Panama und die *„Operation Desert Storm"* im Mittleren Osten. 1991 wurde ihm für seine außerordentlichen Verdienste die „Presidential Medal of Freedom" verliehen. Der Weg in mehrere führende Think Tanks war offen; er ist Mitglied des **CFR** und der **Trilateral Commission,** und seit 1997 der **PNAC** gegründet worden ist, ist Dick Cheney mit von der Partie. Dass er in etliche Skandale verwickelt worden ist, und dass er weiterum verhasst ist, kann angesichts seiner besonderen Karriere nicht verwundern.

Samuel Phillips Huntington

Als Professor an der vornehmen Harvard University und Direktor der dort angesiedelten *„John M. Olin Foundation for Strategic Studies"* ist er 1993 in die Schlagzeilen geraten, als er in *„Foreign Affairs"*, dem Magazin des CFR, seinen Beitrag „The Clash of Civilizations" veröffentlichte. Die heftigen Kontroversen in den westlichen Ländern und die zunehmenden Probleme mit dem islamistischen Fundamentalismus veranlassten Huntington, daraus ein Buch zu schreiben: *„The Clash of Civilization – and the Remaking of World Order"* (in der deutschen Übersetzung mit dem verkürzenden Titel „Der Kampf der Kulturen"). Seit den Anschlägen 9/11 in New York und Washington genießen die Thesen Huntingtons Kultcharakter[49].

Die im Abschnitt „Zufälle oder strategische Planung?" zitierte Aussage von Samuel P. Huntington hat Timothy Ash, Senior Fellow der *Hoover Institution*, in einem Interview zum *WEF 2005* in Davos verwendet. Diese überdeutliche *Zurücksetzung von Nationalstaaten* zugunsten des monopolitischen Machtgeflechts, war ganz nach dem Geschmack des CFR und der in Davos versammelten „globalen Elite".

Richard N. Perle

Zu den Ikonen unter den amerikanischen „Neokonservativen" (abschätzig als „neocons" bezeichnet) im Umfeld der Regierung Bush gehört *Richard N. Perle,* dessen Übername *„Prince of Darkness"* (Prinz der Finsternis) ihn hinreichend charakterisiert. 1981 berief ihn Präsident Ronald Reagan ins Pentagon, wo er für Abrüstungspolitik zuständig war. Wie später sein Freund *Paul D. Wolfowitz,* galt damals Richard Perle als wichtiger heimlicher Drahtzieher der US-Regierung. Nach dem Golfkrieg von 1991 zählte Perle zu den Ersten, welche die Entmachtung von Saddam Hussein forderten. Im heißen Wahlkampf 2000 gehörte er zusammen mit Condoleezza Rice und Paul D. Wolfowitz zum außenpolitischen Berater-Team des Kandidaten George W. Bush. Nach dessen Wahl übernahm Perle das ehrenamtliche Präsidium im *„Defense Policy Board",* eines Gremiums aus ehemaligen Ministern und Parlamentariern, die in Think Tanks häufig mit für die Öffentlichkeit schwer durchschaubaren Aufgaben beschäftigt sind. Richard Perle ist u.a. Mitglied der Denkfabrik *„American Enterprise Institute"/AEI* und häufiger Gast bei den *„Bilderberg-Tagungen;* früher war er während vieler Jahre *Berater des israelischen Likud.*

Aus einem entlarvenden Interview in „Die Weltwoche" (Nummer 3/2005): Dieser Perle zieht im Hintergrund weiterhin an wichtigen Fäden der Außenpolitik. Nach einem vernichtenden Urteil über die Unfähigkeit der CIA, einer Verhöhnung der Uno und süffisanten Bemerkungen über die den Irak-Krieg kritisierenden Europäer gibt er uns zu verstehen, was wir unter amerikanischer Sicht zu erwarten haben: „Im Fall von Nordkorea versuchen wir andere Länder zu mobilisieren, genügend Druck auf die Nordkoreaner auszuüben, so dass sie wenigstens von der schlimmsten und bedrohlichsten Handlung abgehalten werden können, nämlich dem Verkauf von Nuklearmaterial an Terroristen. Unsere Diplomaten hoffen, dass dabei die Chinesen und andere behilflich sein werden. Ich habe da meine Zweifel; aber vorläufig ist dies unsere Doktrin. Falls und wenn wir zum Schluss kommen, dass diese Strategie nichts fruchtet, dann stehen wir vor der sehr delikaten Frage, was dann zu tun sein wird." – Mehr noch als Nordkorea, das sich wegen der vermuteten nuklearen Aufrüstung als Zankapfel für die Öffentlichkeit anbietet, stehen auf der *„Achse des Bösen"* in Perle's Visier *Syrien* und der *Iran*.

Perle – Feith – Wurmser – das „Trio Infernale"

Israel hat in der Vergangenheit mehrmals eindringlich vor der Gefahr gewarnt, die von Irans Atomrüstung für den ganzen Nahen Osten ausgehen würde. Es ist kein Geheimnis, dass die Vereinigten Staaten ein besonders enges Verhältnis zum Staat Israel pflegen, weil sie lange Jahre annahmen, Israel sei für den Nahen Osten und darüber hinaus ein geopolitisch stabilisierender Faktor – andere behaupten, das Gegenteil sei wahr! Wie stabil und mächtig das *Bündnis USIsrael* ist, offenbart das 1996 entstandene Strategiepapier *„A Clean Break: A New Strategy for Securing the Realm"* („Ein sauberer Bruch: Eine neue Strategie zur Sicherung der Region"). Diese Planung *für Nahost* entspricht den von *Zbigniew Brzezinski* im Buch „Die einzige Weltmacht – Amerikas Strategie der Vorherrschaft" für *Eurasien* dargelegten Zielen.

Das in der Hauptsache vom „Trio Infernale" – von *Richard N. Perle,* Leiter der Studiengruppe, von *David Wurmser,* Mitglied des „American Enterprise Institute" (AEI), des „Institute for Advanced Strategic and Political Studies" (IASPS) und weiterer amerikanisch-israelischer Denkfabriken sowie von *Douglas J. Feith,* Nummer 3 des Pentagon – ausgearbeitete Exposé zur Machtausübung im Nahen Osten ist ein Ausbund an geballter Power und Bosheit, das dem damaligen, heftig umstrittenen Ministerpräsidenten *Benjamin Netanyahu* zur Verfügung gestellt wurde. So denken, planen und handeln kann nur, wem das Unrechtbewusstsein völlig abhanden gekommen ist und der sich von jeglicher Art Skrupel befreit hat. Die Vorstellungskraft redlicher Menschen reicht nicht aus, um die offenbarte Niedertracht verstehen zu können:

Dieses Strategiepapier empfiehlt u.a. die Aufgabe des *„Oslo Akkord"* zur Friedensgewinnung und verlangt eine aggressivere Strategie gegenüber den Palästinensern, die totale Vernichtung der radikalen Zentren in Damaskus, Bagdad, Tripolis, Teheran und Gaza. Daraus entwickelte Wurmser den Kriegsplan *„Crises Can be Opportunities"* („Krisen können Chancen sein"), den er am 1. Januar 2001 veröffentlichte, 9 Monate vor dem Terrorangriff vom 9. September 2001. Und Feith leitet eine Gruppe von amerikanischen und israelischen Spezialisten, die seit Monaten die Liste für Angriffsziele im Iran ausarbeitet. Dabei sind nicht nur die nuklearen Anlagen im Visier, sondern die gesamte militärische Infrastruktur. Wer mehr über diese Ungeheuerlichkeiten erfahren möchte, findet im Internet zahlreiche Adressen[50].

George Soros / OSI

Soros, 1930 in Budapest als György Soros geboren, ist eine der schillerndsten Figuren der internationalen Polit- und Finanz-Szene – bei kritischem Blick auch eine der umstrittensten mit für die Staatengemeinschaft gefährlichen Folgen; Soros gehört zu den mächtigsten Wegbereitern für die *„Neue Weltordnung"*. Zwischen seinem offiziellen, sorgfältig gepflegten *Image* eines *Philanthropen mit Engagements für „Bedürftige"* und seinem tatsächlichen Profil klaffen Abgründe. „Time Magazine" charakterisierte ihn als *„Robin Hood" der Neuzeit*, andere kritisieren ihn als *„Mega-Spekulant"*, der u.a. die britische Notenbank an die Wand gefahren hat, wobei nicht nur die Bank of England und das Pfund Sterling gelitten haben, auch die Volkswirtschaft hat Blessuren abbekommen, die vielen Briten zugesetzt haben.

George Soros ist *einer der profiliertesten Exponenten der vernetzten Finanz-Welt, eine der Säulen des globalen Machtgeflechts.* Das Profil des chamäleonhaften Soros kann hier nur unvollständig skizziert werden: Schon als Jüngling handelte George während des Zweiten

Weltkriegs in Ungarn erfolgreich Währungen auf dem Schwarzmarkt. 1947 emigrierte er nach England, wo er an der „London School of Economics 1952 seine Studien abschloss. 1956 zog er weiter nach Amerika, weil er an der Wall Street genügend Geld „machen" wollte, um sein Leben als Autor und Philosoph zu finanzieren; offiziell ist Soros noch heute in New York ansässig. Das aktuelle Vermögen des großen George Soros wird auf rund 11 Milliarden Dollar geschätzt, tatsächlich dürften es mehr sein.

1970 gründete Soros zusammen mit *Jim Rogers* den *„Quantum Fund"*, der in den folgenden zehn Jahren über 4000 Prozent einbrachte. Das war der Fundus für die beiden Financiers: Rogers stieg zu Beginn der 80er Jahre mit „vergoldeter Nase" aus und startete eine neue Karriere als frei schaffender Investment-Stratege mit Schwergewicht auf Commodities (mit ihm zusammen hat ABN Amro diverse Rohstoff-Zertifikate auf den Markt geworfen); Soros gilt seither als alleiniger Besitzer des Quantum Fund NV (einige Fragezeichen sind aber angebracht, siehe später). Das breite Publikum wurde am *16. September 1992* auf George Soros aufmerksam, als er an diesem „schwarzen Mittwoch" das britische Pfund als Baissier mit *Leerverkäufen im Gegenwert von 10 Mrd.$* in die Knie zwang und den damals fixen Wechselkursmechanismus („Exchange Rate Mechanism") erschütterte, so dass die Länder dieses Wechselkurs-Systems ihre Währungen floaten lassen mussten. Die Macht der Bank of England war (vorübergehend) gebrochen, Soros um mindestens eine Milliarde Dollar reicher.

Mit ähnlichen Manövern in *Thailand, Malaysia und Indonesien* profitierte er 1997 massiv von der asiatischen Finanz-Krise, wodurch sein Image gründlich durchgeschüttelt wurde; auch in *Mexico* sahnte er auf Kosten der Stabilität ab. Was Soros oft hinterlässt, sind kollabierende lokale Märkte, ruinierte nationale Investoren und verarmte Bürger – was denkbar schlecht zum sorgfältig inszenierten Image eines Philanthropen („Wohltäters") passt! Seine größte Stiftung, das *„Open Society Institute"* (der Name lehnt sich an das zweibändige Werk von Karl Popper, bei dem er an der „London School of Economics" zeitweise studiert hat), ist so etwas wie ein Dachorgan für seine rund 33 weiteren Stiftungen quer durch Osteuropa und Eurasien, von Kroatien bis Kasachstan sowie bis Guatemala und Südafrika. Die Zusammenarbeit mit den Think Tanks *„National Endowment for Democracy", „Eurasia Foundation"* und *„Freedom House"* hat immerhin der „orangen

Revolution" in der Ukraine, der „Rosenrevolution" in Tadschikistan und auch der Zedern-Revolution im Libanon zum – mindestens partiellen – Erfolg verholfen[51].

Nun zum Kern des Soros-Erfolgs: Der Quantum Fund NV ist in *Privatbesitz* und in Curaçao auf den Niederländischen Antillen domiziliert, einer *karibischen Steueroase mit zweifelhaftem Ruf.* Soros kann sich dort nicht nur die Steuern sparen, er darf auch die Namen seiner wohlhabenden Investoren verschweigen und muss kein Wort darüber verlauten lassen, wo und wie er das eigene und anvertraute Geld investiert. Immer wieder tauchen wohlbegründete Gerüchte auf, er würde auch *Geld aus dem Waffen- und Drogenhandel waschen,* was für ihn mit seinen weltweiten Verbindungen in Curaçao ziemlich leicht sein dürfte! Dazu kommt, dass er *mit den ergiebigsten globalen Quellen der Finanz-Industrie eng verbunden* ist und diese offenbar perfekt zu nutzen weiß. Der Hedge-Fund Quantum soll zwischen 15 und 20 Milliarden Dollar unter Verwaltung haben, und man lässt gern durchsickern, dass auch die britische *Königin Elizabeth II* mit vollem Vertrauen zum Investorenkreis gehöre.

George Soros pflegt nicht nur intakte Beziehungen zu seinem früheren Partner und Rohstoff-Experten Jim Rogers, zum innersten Zirkel gehören auch **Marc Rich** (in Zug und Tel Aviv) und **Shaul Eisenberg,** die beiden exzellenten Rohstoffhändler. Zu seinen engsten Freunden gehört ebenso die Familie des **Jacob Rothschild,** 4th Lord de Rothschild, mit weit verzweigten Finanz-Interessen. Es gehört zur Tradition des großen Hauses Rothschild mit französischer und englischer Linie, dass persönliche Verbindungen bestmöglich verschwiegen werden, was Recherchen erschwert. George Soros selber ist nicht im „Board of Directors" des Quantum Fund, sondern über das „Soros Fund Management" in New York „nur" dessen „Financial Adviser". Im Board sitzen gut und gezielt ausgesuchte Geschäftspartner: **Richard Katz,** der auch im Board des Londoner Bankhauses *„N.M. Rothschild & Sons"* sitzt und der zudem als Chef von *„Rothschild Italia S.p.A."* in Mailand die Kanäle zum italienischen Kapital (vermutlich mit Weichen zum Vatikan und nach Sizilien) offenhält. **Nils O. Taube,** ein weiteres Mitglied des Quantum-Board, ist Partner der Investment-Gruppe *„St. James Place Capital",* in der Lord Jacob Rothschild das Sagen hat und wo auch **Lord William Rees-Mogg,** der angesehene Kolumnist von „The London Times", untergebracht ist.

Die Kontakte mit Rothschild sind nicht erst in jüngerer Zeit zur Maximierung des Erfolgs entstanden, sie stammen schon aus der Zeit mit ersten Schritten in die gehobene Finanz-Welt. Als Soros 1969 seinen ersten Investment Fund gründete, konnte er sich auf das Netzwerk der Familie Rothschild verlassen, denn er arbeitete vorher in der kleinen, Rothschild nahe stehenden Bank *„Arnhold & Bleichroeder, Inc."* (diese Familien sicherten Rothschilds Interessen in Deutschland während der Bismarck-Zeit). Heute besorgt „A. & S. Bleichroeder, Inc." zusammen mit der Citibank den Großteil des Custody-Geschäfts für den Quantum Fund. Zu den Startpflöcken für George Soros gehören auch **George C. Karlweiss** der Luganeser Niederlassung der *„Banque Privée Edmond de Rothschild S.A."* in Genf und die mit diversen Skandalen behaftete **„Rothschild Bank AG"** in Zürich. Karlweiss soll dem Quantum Fund beim Start den vitalsten Finanz-Stoß vermittelt haben.

Edgar de Picciotto, eine weitere schillernde Figur und auch Mitglied des Quantum-Board, war während vieler Jahre Partner von *Carlo De Benedetti* in der Investment Holding *„Société Financière de Genève"*, die beim Zusammenbruch der *„Banco Ambrosiano"* eine dubiose Rolle spielte (mit dem Tod von Roberto Calvi unter der Londoner Blackfriar's Bridge als finalem Akt). Picciotto war ebenso ein langjähriger Weggefährte und Geschäftspartner des Bankiers **Edmond Safra** (auch er ein Rothschild-Freund), dessen *„Trade Development Bank"* (TDB) von Picciotto und seiner CBI (Commercial Bank International) 1990 übernommen worden ist. Seither ist Picciotto Chef der in Genf domizilierten *„CBI-TDB Union Bancaire Privée"*; die Details des Merger sind bis heute geheim geblieben. Ein Resultat des Deals war die Aufnahme als Board-Member in die *„American Express Bank (Switzerland) SA"* in Genf. (Im Board der „American Express Inc." sitzt u.a. **Henry Kissinger.**) Die im Ausschuss des Quantum Fund zahlreich vertretenen Rothschild-Leute weisen darauf hin, *dass George Soros auch als Treuhänder der Rothschilds fungiert, die ihre wirtschaftlichen und politischen Interessen verdeckt einfließen lassen.*

Pikant: *Soros spendierte 23.581 Mio.$* an insgesamt 527 Gruppen, die sich gegen die Wiederwahl von George W. Bush eingesetzt hatten; *offenbar war John Kerry der von den Rothschilds favorisierte Kandidat.* Über die Gründe darf man rätseln – immerhin dürfte das Ziel zu mehr „Sozialem" eine wichtige Rolle gespielt haben, weil soziale und sozialistische Instrumente im Köcher für die *„Neue Weltordnung"* bereit gehalten werden.

Soros wäre nicht Soros, wenn er aufgeben würde: Am Wochende vom 16./17. April 2005 fand ein von Soros einberufenes Treffen mit rund 70 Millionären und Milliardären statt, um Strategien zur Gründung von eher linksgerichteten Think Tanks zu diskutieren, weil man ein Gegengewicht zu den Denkfabriken der „Neocons" schaffen möchte. Dass er fleißiger Besucher der *Bilderberg-*Versammlungen ist und im *CFR* schon die Würde eines Direktors getragen hat, ist geradezu selbstverständlich.

Paul D. Wolfowitz

Seine Familie mit deutsch-ostjüdischem Namen ist 1914 aus dem damals zu Russland gehörenden Teil Polens nach Amerika ausgewandert. Paul D. Wolfowitz ist 1943 in New York City geboren, hat an der Cornell University 1965 den Titel eines Bachelors in Mathematik und 1972 den Doktor in Politischen Wissenschaften an der University of Chicago erlangt. Intellektuell von *Leo Strauss* und seinem Doktorvater *Albert Wohlstetter* beeinflusst, wurde Wolfowitz zum ‚Neokonservativen', der sich leidenschaftlich für Israel und eine starke Militärpräsenz zur Sicherung der US-Hegemonie weltweit einsetzt. Ab 1973 diente Wolfowitz der „Arms Control and Disarmament Agency", mit Teilnahme an den Abrüstungsverhandlungen mit der Sowjetunion und Engagement für die *Nichtweiterverbreitung von Nuklearwaffen*. Dies war auch Gegenstand seiner Dissertation „Nukleare Proliferation im Nahen Osten – Politik und Wirtschaft der nuklearen Wasserentsalzung". Darin setzte er sich nachdrücklich gegen Atomwaffen unter israelischer Kontrolle ein, weil dies der Startschuss für die arabischen Staaten zur eigenen Atomrüstung gewesen wäre – es kam trotzdem anders! In den Folgejahren konzentrierte er sich an verschiedenen Regierungsstellen auf Fragen der Verteidigung und Rüstung[52].

Ende der 80er Jahre wurde Wolfowitz von Präsident Ronald Reagan zum US-Botschafter in Jakarta berufen, 1992 entwarf er, damals Staatssekretär unter George H. W. Bush, eine *Neufassung der globalen US-Militärstrategie*. Darin argumentierte er, die USA könnten zu *Präventivschlägen* gezwungen sein, um den Einsatz oder die Entwicklung von Massenvernichtungswaffen durch feindselige Staaten zu verhindern. Der seinerzeitige Verteidigungsminister Dick Cheney hat das Exposé gern unterzeichnet und verantwortet. In den 90er Jahren leitete der Politikwissenschaftler die *„Paul H. Nitze School of Advanced International Studies"* als Dekan in Washington D.C., eine Einrichtung der Johns Hopkins University, die sich auf Fragen der internationalen Beziehungen spezialisiert hat. Wolfowitz gilt zusammen mit *Richard N. Perle* als Architekt des *PNAC* und des darauf folgenden Irak-Kriegs.

Als Geostratege, Kalter Krieger und Freund einer absoluten amerikanischen Hegemonie ist er am 1. Juni 2005 zum *Präsident der Weltbank* erkürt worden, der für die „Armen dieser Welt" einstehen sollte, wie in der Doktrin dieser Bank-Bürokratie vermerkt ist. Nach einem Besuch bei – wegen der Tsunami-Zerstörungen – leidenden Menschen in Asien war Wolfowitz nicht wieder zu erkennen. Er gab sich so sehr von der menschlichsten Seite, dass seine Worte fast kitschig wirkten; mindestens bei den vielen linken NGOs (die im Umkreis der Weltbank tüchtig mitreden) sind sie bestimmt mit Wohlwollen registriert worden. Es könnte ja sein, dass dies zur seiner Strategie des Stimmenfangs gehörte, schließlich sind die in der Weltbank angesiedelten „armen und relativ armen Staaten" in der Mehrheit.

Die Personen-Strategie von Georg W. Bush und seiner Hintermänner ist leicht durchschaubar. Alles deutet darauf hin, dass der bisherige Kurs eher noch verschärft wird – die führenden Ämter in Washington sind entsprechend vergeben. Ob Wolfowitz für die (eigentlich überflüssige) Weltbank einen guten Job machen wird oder ob er dazu ausersehen ist, im Verlauf des heraufziehenden Finanz-Desasters die *überfällige globale Schuldenvernichtung* (die ja auch eine Guthabenvernichtung sein wird) ‚elegant' zu managen, werden wir in den nächsten Jahren erfahren.

Die Medien – ein wichtiger Teil des Macht-Kartells

Die Spurensuche ist nicht einfach. *Weil wir viel zu hörig das zu konsumieren uns angewöhnt haben, was die Machtelite über ihren langen starken Arm zur Welt der Medien in einer ihr genehmen Form zu servieren gewillt ist,* erliegt die große Mehrheit der Bürger dem Irrtum, mit der Lektüre ausgewählter, als „gut" taxierter Zeitungen sei man hinreichend und bestmöglich informiert. Es gibt indessen kaum noch Zeitungen und Zeitschriften, die wirklich *unabhängig* und nicht irgendwelchen spezifischen Interessen verpflichtet sind – bis hin zur fortschreitenden Prostituierung.

Durch die – ziemlich verdeckte – Zensur von Informationen einerseits und deren Auswahl andererseits *lassen sich in der breiten Masse erwünschte Stimmungen produzieren.* Dabei lässt sich ein Konsens über bestimmte Themen erzeugen, die besonders positiv oder extrem negativ wirken. So ist der Begriff *„sozial"* grundsätzlich positiv belegt, aber bewusst so undefiniert gelassen, dass fast jedes gesellschaftspolitische Programm mit Hilfe der Medien als „sozial" und damit wünschenswert verkauft werden kann. Das **Definitionsmonopol** einflussreicher Medien diktiert die „veröffentlichte Meinung". Diese versuchen aber kaum, eindeutig negativ besetzte Vokabeln, wie beispielsweise den weltweiten *„Terrorismus",* ausgiebig zu hinterfragen.

Hingegen wird uns zur Bewältigung des brisanten Problems ein bunter Strauß neuer Notwendigkeiten zum Handeln angeboten, die bis heute fast ausschließlich auf **Kosten unserer individuellen Freiheit** durchgeboxt worden sind. Nur hat bisher keine dieser Maßnahmen den Terrorismus verhindert oder wenigstens geschwächt. Fazit: *die Medien sind Teil des Macht-Kartells, als ‚Meinungsmacher' beeinflussen sie uns über viele Kanäle und entledigen sich damit Ihres Auftrags.* (Das Zitat von John Swinton zu Beginn dieses Beitrags trifft den Kern der Problematik perfekt.)

Aus der hart und kapitalintensiv drehenden Mühle der Medien-Konzerne erhalten wir letztlich jenen „Brain-Powder", der unser Denken und Handeln zugunsten der „Mächtigen" ausrichten soll. Die Durchsicht von Teilnehmerlisten der **Bilderberg-Konferenzen** zeigt uns, dass jedes Jahr ausgewählte Medienvertreter – zur Ausbalancierung der Interessen vom rechten bis linken Spektrum – eingeladen sind, die sich allerdings nicht öffentlich mitteilen dürfen. Wer diese Aussagen als „weit hergeholt" beurteilt, sollte den kritischen Blick für einmal auf die **sechs weltgrößten Medien-Konzerne und deren Machtballung** richten und danach fragen, wo denn die vielen Fäden wirklich zusammenlaufen. (Dies ist eine Momentaufnahme; die hochdynamische Branche erfährt fast tägliche Veränderungen durch Zukäufe, Abgaben, Fusionen.)

- **„AOL Time Warner"** mit dem international dominierenden **Fernsehkanal CNN,** den Printmedien **„Time Magazine", „Fortune"** und 33 weiteren Titeln (mit über 120 Mio. Lesern) ist der auffallendste US-Medien-Konzern. Im Januar 2001 verschmolzen AOL (American Online) und das damals größte Medien-Unternehmen „Time Warner" (des Ted Turner) in einem der größten und teuersten Merger aller Zeiten – der heute als missglückt beurteilt wird. AOL hat 27 Millionen Abonnenten, die 87% ihrer Zeit für die Internet-Suche allein bei AOL verbringen!

- **„Vivendi Universal"** ist Frankreichs europäische Antwort auf AOL Time Warner. Vivendi, besser bekannt als **Koloss für privatisierte Wasser-Industrien,** hat sich im Jahr 2000 mit dem Medien-Unternehmen **„Seagram"** (aus dem Konglomerat des *Edgar Bronfman*) zusammengeschlossen, um ein damals als zukunftsträchtig beurteiltes Standbein aufzubauen – mit Filmen, Musik, Mobiltelephonie und dem Verkabelungsgeschäft. Dazu gehören „Vivendi Telecom", „VivendiNet", „Universal Studios" und viele angegliederte Bereiche.

- **„The Walt Disney Corporation"** hat weitgefächerte Interessen, welche weit über die „beglückenden" „Disney Worlds" hinaus reichen. Zur Geschäftsphilosophie gehört die **typisch amerikanische Anmaßung, alle Bereiche des persönlichen Lebens durch Disney weltweit prägen zu lassen!** Die 10 TV-Stationen und 29 Radio-Sender sollen dazu nur ein (kleiner) Anfang sein.

- Die **„Bertelsmann AG"** wird vielfach als deutsches Unternehmen erfahren, ist aber längst ein mächtiger weltumspannender Multimedia-Konzern. „Gruner & Jahr" verkauft **weltweit über 80 Magazine** und produziert in Deutschland und Osteuropa 9 Tageszeitungen. Zu den zahlreichen anderen Interessen gehört vor allem „Random House", wodurch Bertelsmann zum **weltgrößten Buchverlag** aufgestiegen ist.

- **„Viacom"** stützt seine Macht hauptsächlich auf dem Film- und TV-Geschäft ab. Zum Interessenkreis gehören „Paramount" und „United Cinema International" sowie „Blockbuster", der weltgrößte Video-Händler, mit Shops in 27 Ländern. Noch wichtiger ist der Fernsehkanal **CBS mit über 200 dazugehörenden TV-Stationen.**

– *„News Corporation"* wird vom wenig zimperlichen **Rupert Murdoch** dirigiert, von dem man weiß, dass er mit der Hochfinanz und diversen Regierungen recht gute Beziehungen pflegt. Der „Medien-Zar" streut seine Interessen weltweit und kennt keine Skrupel. Der wohl harmloseste Teil ist „HarperCollins" mit 7 weiteren Buchverlagen; die TV- und Printmedien-Interessen sind auf **Macht und Money** ausgerichtet, nicht auf Qualität. Zu seinem Imperium gehören „The New York Post" (USA) sowie „The Times" und „The Sun" (UK), insgesamt sind es vermutlich gegen 200 Titel; allein in Australien und Neuseeland gehören Murdoch (und seinen Banken!) weit über 100 nationale und regionale Blätter. Mit „FoxNews", „Sky" und „StarTV" werden Hunderte von Millionen Menschen auf seichteste Art berieselt (manipuliert). Mit *„Phoenix"* verfügt Murdoch über ein TV-Satelliten-System zur totalen Abdeckung des Informationsgeschäfts von Amerika über Europa bis Indien, China und Japan.

Die geballte Macht der Informationskonzerne ist nicht primär mit Intelligenz und unternehmerischem Können vorangetrieben worden, sondern mit schier endloser Gier, pervertierten Machtansprüchen *und Tonnen von Schulden mit einer Pole-Position für die involvierten Banken[53].*

Marktwirtschaftlich gesehen haben alle Medien die gleichen Probleme: ihre Produktion ist sehr teuer und muss kredit-finanziert werden; man ist auf die permanente Werbung von gut positionierten Großunternehmen angewiesen; bei Fehlverhalten können Aufträge und Medienlizenzen entzogen werden; der Einfluss und die finanzielle Stärke des Mediums richten sich nach den Interessenten, die sie erreichen können. Ohne Anzeigen und ohne ein wohlwollendes Verhalten der Banken sind die Medien nicht überlebensfähig, wobei ein Rückgang erreichbarer Medienkonsumenten weniger existenzbedrohend ist als der Verlust des Bankenvertrauens. (Dass die **Medien von Banken abhängiger sind als von den Konsumenten,** hat uns der „Kirch-Skandal" gezeigt.)

Finanz-Macht contra Menschheit

Die größte global aufgetürmte Liquidität aller Zeiten hat Politik, Wirtschaft und Gesellschaft geprägt und tiefe Spuren hinterlassen: Im Laufe dieser Prozesse *sind die intellektuelle Integrität, die individuelle Freiheit, die soziale Einbettung, das kulturelle Wohlbefinden, die kreative Potenz, das offene Gespräch, die ruhige Überlegenheit – kurzum: die liberale Freiheitslehre verkümmert.* Die traditionelle „Österreichische Schule" ist zum vermeintlichen Anachronismus geworden und den Menschen deshalb abhanden gekommen. Die demokratische Abhängigkeit der Politik vom Wahlvolk wurde im Laufe der Jahrzehnte weitgehend durch neue, stärkere Abhängigkeiten vom Machtgeflecht mit seinen weitreichenden Armen über die Wirtschaft und internationale Organisationen abgelöst. Nicht souveräne nationale Parlamente bestimmen unsere Lebensbedingungen, sondern zunehmend ein Machtgeflecht, das politische Entscheidungsträger eingebunden hat und die wichtigsten Schaltstellen unserer westlichen Welt im eigenen Interesse synchron wirken lassen kann.

An messerscharfen Analysen und am philosophischen Gerüst mit guten Ratschlägen für eine stabile liberale Gesellschafts- und Wirtschaftsordnung hat es wahrlich zu keiner Zeit gefehlt. Nur wer sich die Zeit nimmt, über die Grundwerte des Mensch-sein nachzudenken, vermag zu erkennen, wie erschreckend weit wir in den letzten 30 Jahren von der liberalen Linie abgekommen sind – von der eines Liberalismus, der die *Freiheit des Individuums* ins Zentrum stellt. Könnte es sein, dass die große Mehrheit der Menschen mit der Demokratie nicht zurecht zu kommen vermag? Die Annahme drängt sich in den Vordergrund, der Mensch sei im Grunde gar nicht *demokratiefähig.* Ein Zitat aus „*WIRTSCHAFTaktuell*":

„Wahlen bekunden den Volkswillen, sagt man.
Leider sind westliche Demokratien heutigen Zuschnitts,
zumindest für die Wirtschaft, kein optimales System.
Dringend anstehende Reformen können nicht umgesetzt werden,
weil pflichtbewußte, ehrliche, dem Volk verpflichtete Politiker,
die ein notwendiges, aber unpopuläres Programm vorlegen,
entweder nicht gewählt oder bei nächster Gelegenheit
abgewählt werden."
Walter Hirt

137

Diese Antwort ist noch heute gültig, wenngleich sie nicht die ganze Bandbreite des Versagens abdeckt. Wir wissen, *daß der kraftvoll missbrauchte, pervertierte Kapitalismus unserer Tage an die Wand gefahren wird.* Seine Bänder für den Zusammenhalt sind dermaßen überdehnt, dass die Rückkehr in stabile „gesunde" Verhältnisse schlicht nicht mehr möglich ist. *Einschneidende Währungsreformen stehen vor der Tür,* man weiß nur nicht, wie weit offen diese schon steht. Wenn dereinst die globale „Liquidität" als nicht real gestützte Flut aus Papiergeld an den Klippen der Wahrheit brechen wird, lässt die hoch aufspritzende Gischt kein Auge trocken! Und aus dem Echo könnte uns *„Armageddon"* in den Ohren dröhnen.

Diese Sichtweise hat nichts mit *Pessimismus* zu tun, sie drängt sich in der Betrachtung aller auf, die dem Verstand noch nicht abgeschworen haben. Leider ist das eine kleine Minderheit! Auch das läppische Ausweichen auf sogenannte „Verschwörungstheorien" geht vielfach daneben, weil die Wahrheit mit Händen zu greifen und mit Fakten unterlegt ist – mindestens bei kritischem Nachdenken und gesundem Menschenverstand.

Einsichten – Wollen – Können – Versagen – Hoffen

Bedenklich ist, dass diese Entwicklungen *unter der Aegide des Kapitalismus* verlaufen sind. Und damit ist die Gefahr groß, dass dereinst, nach dem Zusammenbruch der Papierwährungen, mithin der Weltwirtschaft heutiger Prägung, die Schuld dem „Kapitalismus" zugewiesen wird. *Nicht der Kapitalismus hat versagt, sein Missbrauch durch die Hochfinanz mit deren Flutung der Märkte mit Papiergeld hat das Desaster verursacht.* Solange Politiker, Notenbanken und Finanzinstitute mit Unmengen von „fiat money" hantieren können, solange werden *eine prosperierende Wirtschaft, die Freiheit der Menschen und echter Wohlstand* nicht nachhaltig zurückkehren.

Wichtige Bücher zu dieser Thematik haben im deutschen Sprachraum zu wenige Spuren hinterlassen, insbesondere das herausragende Werk *„Entstaatlichung des Geldes"* („Denationalisation of Money") von *Friedrich A. von Hayek* scheint weiterhin unbekannt geblieben zu sein oder ist wieder in Vergessenheit geraten. Dessen eindringlicher

Appell ist von *Roland Baader* auf den Punkt gebracht worden: *„Wenn wir jemals wieder gesundes Geld haben wollen, wenn wir den wiederkehrenden Schüben von Inflation und Deflation, von Depression und Massenarbeitslosigkeit entkommen wollen, und wenn wir die ausufernden Budgetdefizite, die endlose Staatsverschuldung und den nationalistischen Staatsprotektionismus beenden wollen, dann müssen wir das Staatsmonopol über das Geld abschaffen, das Geld „entstaatlichen" und konkurrierendes Privatgeld einführen."*

Damit sind wir mitten drin im Dilemma um die Begriffe „Staatsgeld" und „Privatgeld". Da das „Federal Reserve System", die US-Notenbank, 1913 von privaten Aktionären gegründet worden und seither mehrheitlich in privatem Besitz geblieben ist, wird der Dollar gern und oft als „privates Geld" bezeichnet, das er mit Bezug auf die ernstzunehmende Literatur gar nicht sein kann, denn: *Sobald der Staat das Geld zum „gesetzlichen Zahlungsmittel", d.h. zum einzig zulässigen Mittel der Begleichung von Schulden erklärt, ist es – wie uns die Geschichte lehrt – um diese Währung früher oder später geschehen. Papiergeld kehrt immer, wie es Voltaire so schön formuliert hat, „zu seinem inneren Wert zurück – Null".* Man beachte deshalb: so papieren wie heute sind Währungen weltweit synchron (!) noch nie gewesen, angeführt vom Dollar und von den „Sonderziehungsrechten" (SZR) des IWF.

Der Dollar, basierend auf dem in privatem Besitz befindlichen Federal Reserve System, bildet das *Herzstück des gigantischen Machtgeflechts,* das über die Dollar-Geldschöpfung die globale Liquidität steuert; die Steuermänner der Finanz-Industrie diktieren den Geldumlauf, losgelöst von der Kraft der Volkswirtschaft und vom persönlichen Leistungsvermögen der Bürger. Mit unbegrenzt vorhandenen Dollars und dem Zwang für die Realwirtschaft, diese zu akzeptieren, kann die Hochfinanz sich nicht nur unbegrenzt in der Realwirtschaft bedienen, sondern auch das Machtgeflecht finanzieren und dadurch zusammenhalten – allerdings auf Kosten anderer.

Der Dollar ist nichts anderes als vom Staat monopolisiertes „Pseudo-Privat-Geld", das sowohl vom Staat als auch von der mächtigen Hochfinanz (mit Monopol-Power) auf schlimmste Weise entwertet wird. Dem Dollar ist es egal, ob er vom Staatsmonopol protegiert, manipuliert und missbraucht wird oder von der Hochfinanz. Wer die Protokolle über die *Gründung des Fed* liest[54], stellt unschwer fest, dass die Gründer ihren Dollar schon von Beginn weg zum einzigen vom Staat definierten gesetzlichen Zahlungsmittel haben wollten.

Hingegen bedarf echtes Privatgeld nicht nur einer Wertbindung in die reale Welt, eine private Währung darf auch nie als *„gesetzliches Zahlungsmittel"* deklariert werden, weil danach für Manipulationen durch den Staat selber, aber auch (und noch mehr) durch die zu Monopolgebilden herangewachsenen Unternehmen der Industrie und Finanzwelt die Tore zum Missbrauch weit offen stehen. ***Jedes private oder staatliche Geldmonopol ist zum Scheitern verurteilt.*** Wer sich in diese Thematik vertiefen möchte, dem seien die hervorragenden Bücher von **Roland Baader** empfohlen, darunter insbesondere **„Geld, Gold und Gottspieler"**[55].

Der Verfasser dieses Beitrags weiß aus absolut zuverlässiger Quelle, dass „hohe Stellen" (mindestens in der Schweiz) den Ernst der Lage endlich begriffen haben und sich auf den ***Zusammenbruch der Weltwirtschaft*** vorzubereiten versuchen. Wie eigenständig Staaten dabei zu handeln in der Lage sein werden, ist offen, denn der *IWF* und wohl auch die *BIZ* dürften unter Mitwirkung der *Hochfinanz* mitten in der Planung stecken, die für die angeschlossenen Notenbanken und Regierungen einzuhaltenden Regeln des Handelns aufgrund bereits bestehender Verträge auszuarbeiten.

Die Krux ist, dass ***der Wahn der Finanz-Industrie*** einerseits und ***der Menschen Lechzen nach Wohlstand*** andererseits (auch wenn dieser gepumpt und damit nur vermeintlich einer ist) sich auf derselben Schiene treffen. Es liegt also an den Menschen, diesen Betrug endlich zu durchschauen und jenen eine Abfuhr zu erteilen, von denen sie pausenlos missbraucht werden, und jenen gute Chancen zu geben, die *den Menschen und seine Entfaltung* ins Zentrum stellen. Auf dieser Gratwanderung werden wir ***Zerreißproben für unsere Gesellschaften und die Demokratie*** erleben müssen. Zu hoffen bleibt, dass der Vernunft der Menschen nach vielen Jahrhunderten endlich ein Durchbruch gelingt! Mit den Erfahrungen aus den letzten hundert Jahren und vor allem im Wissen um das verwerfliche (manchmal kriminelle) Verhalten vieler Verantwortlicher an zentraler Stelle, ist Optimismus nur mit besonderer Kraftanstrengung zu gewinnen.

Liste der Teilnehmer (13 Personen aus Deutschland)
Quelle: URL <www.bilderberg.org/2005.htm#part>

Honorary Chairman:
B, Davignon, Etienne, Suez-Tractebel

Rapporteurs:
GB, Micklethwait, R., John, United States Editor The Economist

Honorary Secretary General:
GB, Taylor, J. Martin, Goldman Sachs International

GB, Wooldridge, Adrian D., Foreign Correspondent The Economist

NL, Aartsen, Jozias J. van, Liberal Party (VVD)

PNA, Abu-Amr, Ziad, Birzeit University

D, Ackermann, Josef, Deutsche Bank AG

INT, Almunia Amann, Joaquin, European Commission

GR, Alogoskoufis, George, Minister of Economy and Finance

TR, Babacan, Ali, Minister of Economic Affairs

P, Balsemão, Francisco Pinto, CEO Impresa, Ex-Premierminister

INT, Barroso. José M. Durão, European Commission

S, Belfrage, Erik, Senior Vice President, SEB

I, Bernabè, Franco, Vice Chairman Rothschild Europe

F, Beytout, Nicolas, Editor-in-Chief, Le Figaro

A, Bronner, Oscar, Der Standard

GB, Browne, John, CEO BP plc

D, Burda, Hubert, CEO Hubert Burda Media

IRL, Byrne, David, Former Commissioner EU

F, Camus, Philippe, CEO, EADS

F, Castries, Henri de, CEO AXA

E, Cebrián, Juan Luis, CEO of PRISA

USA, Collins, Timothy C., CEO Ripplewood Holdings

F, Collomb, Bertrand, Chairman Lafarge

CH, Couchepin, Pascal, Head of Department of Home Affairs

GR, David, George A., Chairman Coca-Cola

F, Delpech, Thérèse, Atomic Energy Commission

GR, Diamantopoulou, Anna, Member of Parliament

USA, Donilon, Thomas E., Partner at O'Melveny & Myers

D, Döpfner, Mathias, CEO Axel Springer AG

DK, Eldrup, Anders, President DONG A/S

I, Elkann, John, Vice Chairman Fiat S.p.A.

USA, Feldstein, Martin S, CEO, Nat. Bureau of Economic Research

USA, Ford, Jr., William C., CEO, Ford Motor Company

USA, Geithner, Timothy F., President FED of New York

TR, Gencer, Imregul, Global Investment Holding

ISR, Gilady, Eival, Strategic Advisor to PM Sharon

IRL, Gleeson, Dermot, Chairman AIB Group

USA, Graham, Donald E., The Washington Post

N, Grydeland, Bjørn T., Ambassador to the EU

P, Guterres, António, Ex Prime Minister; Socialist International

USA, Haass, Richard N., President CFR

NL, Halberstadt, Victor, Leiden University

B, Hansen, Jean-Pierre, CEO Suez-Tractebel

A, Haselsteiner, Hans Peter, CEO Strabag

DK, Hedegaard, Connie, Minister for the Environment

NL, Her Majesty the Queen of The Netherlands

E, Her Majesty. the Queen of Spain

B, His Royal.Highness Prince Philippe

USA, Holbrooke, Richard C., Perseus

INT, Hoop Scheffer, Jaap G. de, Secretary General, NATO

USA, Hubbard, Allan, National Economic Council

B, Huyghebaert, Jan, CEO KBC Group

USA, Johnson, James A., Perseus LLC

INT, Jones, James L., Allied Commander Euope SHAPE

USA, Jordan, Jr.,Vernon E., Lazard Frères

USA, Keane, John M., President, GSI, LLC; General US Army

GB, Kerr, John, Shell, Rio Tinto, Scottish American Investment Trust

USA, Kissinger, Henry A., Chairman Kissinger Associates

D, Kleinfeld, Klaus, CEO Siemens AG

TR, Koç, Mustafa V., Koç Holding A.S.

D, Kopper, Hilmar, DaimlerChrysler AG

F, Kouchner, Bernard, „Santé et développement"

USA, Kravis, Henry R., Kohlberg Kravis Roberts & Co.

USA, Kravis, Marie-Josée, Hudson Institute

INT, Kroes, Neelie, Commissioner European Commission

CH, Kudelski, André, CEO Kudelski Group

F, Lamy, Pascal, Former Commissioner EU

USA, Ledeen, Michael A., American Enterprise Institute

FIN, Liikanen, Erkki, Bank of Finland

N, Lundestad, Geir, Nobel Institute; NobelCommittee

USA, Luti, William J., Deputy Under Secretary of Defense

DK, Lykketoft, Mogens, Chairman Social Democratic Party

CDN, Manji, Irshad, Author/Founder of „Project Ijtihad"

USA, Mathews, Jessica T., Carnegie Endowment for International Peace

CDN, Mau, Bruce, Bruce Mau Design

CDN, McKenna, Frank, Ambasssador to the US

USA, Medish, Mark C., Akin Gump Strauss Hauer & Feld

USA, Mehlman, Kenneth B., Chairman, Republican National Committee

D, Merkel, Angela, Chairman, CDU

SVK, Miklos, Ivan, Minister of Finance

F, Montbrial, Thierry de, IFRI

INT, Monti, Mario, Former Commissioner EU

CDN, Munroe-Blum, Heather, McGill University

N, Myklebust, Egil, CEO SAS

D, Nass, Matthias, Die Zeit

RUS, Nemirovskaya, Elena, Moscow School of Political Studies

PL, Olechowski, Andrzej, Leader Civic Platform

FIN, Ollila, Jorma, CEO Nokia Corporation

INT, Padoa-Schioppa, Tommaso, European Central Bank

E, Palacio, Loyola de, CFR, Partido Popular

GR, Papandreou, George A., Panhellenic Socialist Movement

USA, Pearl, Frank H., CEO Perseus

USA, Pearlstine, Norman, Time Inc.

FIN, Pentikäinen, Mikael, Sanoma Corporation

USA, Perle, Richard N., American Enterprise Institute

D, Pflüger, Friedbert, CDU/CSU Fraktion

CDN, Prichard, J. Robert S., CEO Torstar Corporation

IN'T, Rato y Figaredo, Rodrigo de, IMF

CDN, Reisman, Heather, CEO Indigo Books & Music Inc.

USA, Rockefeller, David, JP Morgan International Council

USA, Rodin, Judith, The Rockefeller Foundation

E, Rodriguez Inciarte, Matias, Grupo Santander

USA, Ross, Dennis B., The Washington Institute for Near East Policy

F, Roy, Olivier, Senior Researcher CNRS

P, Sarmento, Nuno Morais, Former Minister of State and of Presidency

I, Scaroni, Paolo, CEO Enel S.p.A.

D, Schily, Otto, Minister of the Interior

A, Scholten, Rudolf, Oesterreichische Kontrollbank AG

D, Schrempp, Jürgen E., DaimlerChrysler AG

D, Schulz, Ekkehard D., ThyssenKrupp AG
E, Sebastián Gascón, Miguel, Chief Economic Adviser to Prime Minister
ISR, Sharansky, Natan, Former Minister for Jerusalem & Diaspora Affairs
I, Siniscalco, Domenico, Minister for Economy and Finance
GB, Skidelsky, Robert, Warwick University
IRL, Sutherland, Peter D., Goldman Sachs International; BP p.l.c.
PL, Szwajcowski, Jacek, CEO, Polska Grupa Farmaceutyczna
FIN, Tiilikainen, Teija H., University of Helsinki
NL, Tilmant, Michel, Chairman ING N.V.
INT, Trichet, Jean-Claude, Governor European Central Bank
TR, Ülsever, Cüneyt, Columnist Hürriyet
NL, van Leeuwen, Arthur W.H., Netherlands Authority for Financial Markets
CH, Vasella, Daniel L., CEO Novartis AG
NL, Veer, Jeroen van der, Royal Dutch Shell Group
USA, Vinocur, John, International Herald Tribune
S, Wallenberg, Jacob, Investor AB; SEB
USA, Warner, Mark R., Governor of Virginia
GB, Weinberg, Peter, CEO Goldman Sachs International
D, Wissmann, Matthias, CDU/CSU Fraktion
GB, Wolf, Martin H., The Financial Times
INT/USA, Wolfensohn, James D., The World Bank
USA, Wolfowitz, Paul, The World Bank
USA, Zakaria, Fareed, Editor Newsweek International
D, Zumwinkel, Klaus, Deutsche Post AG

Prof. Dr. Eberhard Hamer

Der Steuerstaat in der Globalisierungsfalle

Die Globalisierung wird von Politikern und Medien als der große Fortschritt unseres wirtschaftlichen und gesellschaftlichen Lebens dargestellt. Nationale Gesichtspunkte sind nach Auffassung der Regierung überholt. Der deutsche Bundesbürger habe sich ohne nationale Identität in Europa und in die Welt einzufügen.

Europa- und Weltorientierung werden aber von der Politik nicht überall als Fortschritt gefordert, sondern auch bekämpft, vor allem dort, wo die Politik selbst den Schaden von der Globalisierung tragen muß, vor allem im Steuerstaat. Inzwischen hat nämlich auf breiter Front eine „Erosion der Steuerbasis" (Bundesbank), eine Auswanderung von Steuerschuldnern und Steuertatbeständen stattgefunden, also die Flucht der Steuerzahler aus Hochsteuersystemen in Steueroasen oder zumindest Niedrigsteuerländer, welche den Weg für nationale Höchstbesteuerung speziell in Deutschland kräftig begrenzt.

Schon seit Jahrzehnten lassen die großen internationalen Konzerne kaum noch Gewinne in Deutschland anfallen[75]. Sie haben durch Verrechnungspreise z.B. die Möglichkeiten, die Ölgewinne auf den steuerfreien Bahamas anfallen zu lassen, indem jeweils für die deutschen Ölfirmen so hohe Einkaufspreise genommen werden, daß ein Gewinn in Hamburg nicht anfällt.

Andere Firmen haben eigene Patentgesellschaften oder Dienstleistungsgesellschaften in Steueroasen verlegt, denen sie hohe Patentgebühren bzw. Honorare zahlen, um auf diese Weise ebenfalls ihre deutschen Steuern zu sparen bzw. zu verlagern.

Beliebt ist es auch, eine Holdinggesellschaft in die Schweiz zu verlegen, die dann nicht mit dem deutschen Höchststeuersatz von ca. 50%, sondern nur mit 8% besteuert wird. Seit langem haben auch Banken und Versicherungen den Dreh mit der Internationalisierung ihrer Gewinne höchstmöglich ausgenutzt und dadurch nationale Steuern im Höchststeuerland Deutschland eingespart, um die Gewinne in Niedrigsteuerländern nicht oder nur gering zu versteuern.

Der Erfolg: Die deutschen Kapitalgesellschaften zahlen insgesamt nur noch so wenig Körperschaftssteuer, daß ihr Anteil ca. 2,6% der Gesamtsteuern beträgt. Sie bekommen sogar seit Jahrzehnten mehr Subventionen als sie an Gewinnsteuern in Deutschland zahlen[76]. Kein Wunder, wenn die deutsche Großwirtschaft und ihre Verbände seit jeher das Loblied der Globalisierung anstimmen.

Die Politik hat diese Massenflucht der deutschen Konzerngewinne ins steuergünstigere Ausland eigenartigerweise kommentarlos mitgemacht bzw. hingenommen. Erst als auch der größere und kleinere Mittelstand die Globalisierungsbeschwörungen der Politik ernster nahm und ebenfalls Kapitalerträge und Gewinne vor den 24.000 gierigen öffentlichen Körperschaften und den deutschen Höchststeuern zu retten versuchte, wurde die Politik mobil. Was Konzerne dürfen, darf der Mittelstand noch lange nicht. Die Neidkampagne wurde mobilisiert, Steuervermeidung- und Steuerflucht des Mittelstandes wurden in allen sozialistischen Gazetten und Zirkeln als unmoralisch, kriminell und strafwürdig beschrieen. Die Finanzämter wurden mit mehr als 10.000 zusätzlichen Beamten verstärkt – nicht um den Konzerngewinnen nachzuspüren, sondern um den mittelständischen Unternehmern, den Kapitaleignern und den Ruheständlern nachzuspüren, ob sie etwa gleiches wie die Konzerne getan haben, nämlich ihre Gewinne nicht im Inland, sondern im Ausland haben anfallen und versteuern lassen.

Offenbar hört die von Politik und Medien beschworene Globalisierungsfreiheit dort auf, wo sie die Umverteilungsmöglichkeiten des Steuer- und Sozialstaates beschränkt. Daß Konzerne keine Steuern mehr in Deutschland abliefern, wurde noch hingenommen, daß aber immer mehr Mittelständler ebenfalls von den deutschen Höchststeuern in Gefilde mit niedrigeren Steuern flüchten, wurde zur Erosion der Steuerbasis, zum fühlbaren Steuerausfall vor allem bei der Einkommensteuer und damit zu einer Begrenzung des deutschen Steuer-, Umverteilungs- und Wohlfahrtsstaates.

Ludwig Erhard hat immer gesagt: Der Markt läßt sich nicht betrügen.

Auch im Steuersektor ist aber die Globalisierung ein zusätzlicher marktwirtschaftlicher Wettbewerb, welchen eine nationale Politik nicht mehr abschaffen kann. Sie wird auch immer weniger verhindern, daß der bisher steuertreue – sogar steuerdumme – Mittelstand diese Globalisierungschancen zur Steuerersparnis nutzt. Die nächste Generation unserer jungen Unternehmer denkt hier viel internationaler und hat die Mahnungen der Politik verstanden, daß man nicht mehr national denken dürfe. Sie denkt auch beim Steuerzahlen zunehmend immer weniger national. Seminare zur Internationalisierung unserer deutschen Steuerpflicht haben Hochkonjunktur. Mehr als 10 Millionen Menschen an der untersten Basis reagieren noch direkter: Sie sind nur noch fleißig, wenn keine Steuer mehr anfällt, also „schwarz".

Der Steuerstaat fängt sich so in seiner eigenen Globalisierungsfalle. Ein Höchststeuerland wird auf Dauer zwangsläufig eingeebnet, denn es wird so viele Steuerflüchtlinge als Zahler verlieren, bis die Politik nachgibt und ihre Steuern auf das internationale Wettbewerbsniveau senkt. Dies gilt für bürgerliche Regierungen ebenso wie für sozialistische, zwingt allerdings die Politik dann auch zu dem, was sie bisher krampfhaft vermieden hat: dem Abschlanken des Staates.

Abschlanken des Staates wäre nicht nur Reduktion der überbordenen Bürokratie, sondern Reduzierung des Sozialstaates, der mehr als die Hälfte aller öffentlichen Ausgaben in Anspruch nimmt.

Insofern zwingt globalisierter Wettbewerb in den nächsten Jahren in Deutschland zum Abbau des üppigsten Sozialsystems der Welt – ein Sozialsystem, das international so attraktiv ist, daß Hunderttausende pro Jahr dieses Sozialsystem mit hohen Schlepperkosten zu erreichen versuchen, weil jeder, der dieses erreicht, automatisch Mitglied der Sozialgesellschaft wird und Existenzsicherung gewinnt.

Selbst wenn also die Politik zur Korrektur unfähig und unwillig sein sollte; – sie hat im Globalisierungszeitalter wegen der Steuerflucht keine Möglichkeit mehr, auf Dauer Höchststeuerlastsysteme und Höchstbegünstigungssysteme aufrechtzuerhalten. Was man nicht aus politischer Voraussicht leisten will, muß dann eben aus dem Diktat leerer Kassen geleistet werden.

Nach der alten idealistischen Staatstheorie vom „contract social" beruht der Staat auf gemeinsamem Willen – Vertrag – seiner Bürger, welche damit auch die Kosten dieses Staates freiwillig übernommen haben. Steuerzahlen ist mit anderen Worten nicht nur notwendige, sondern auch moralische und akzeptierte Bürgerpflicht.

Diese Theorie ließ sich leicht begründen, solange der Staat den Bürgern für die öffentlichen Aufgaben nur 10% (Mittelalter) bis 13% (1913) des Sozialprodukts bzw. der persönlichen Erträge abnahm. Inzwischen aber liegt die Staatsabgabenquote um 50%, die des Mittelstandes über 60%, bleibt also dem Leistungsträger von der eigenen Leistung weniger übrig, als ihm davon die vielfältigen öffentlichen Hände abgreifen. Kein Wunder, daß mit steigender Abgabenbelastung die Zustimmung der ausgebeuteten Bevölkerung zu ihrem Staat nicht stieg, sondern – sogar überproportional – absank. Der Staat ist heute nicht mehr die akzeptierte und unterstützenswerte gemeinsame Organisationsform, sondern er ist der große Räuber, welcher immer gieriger und hemmungsloser nach Lohn und Einkommen, nach dem Vermögen und nach Erbschaften der Bürger greift.

Kein Wunder, daß die ausgebeuteten Bürger in Massen versuchen, ihren Wohlstand durch Steuervermeidung, aber auch durch Steuerflucht und Steuerhinterziehung zu retten. Allein die Massenbewegung der Schwarzarbeit mit mehr als 10 Mill. Beteiligten zeigt, daß die Toleranzgrenze der Bürger gegenüber den öffentlichen Zwangsabgaben erreicht ist, daß sie sich vor ihrem Staat retten wollen, statt ihn zu unterstützen. Mehr als 10.000 Unternehmer flüchten mit ihren Unternehmen bzw. Vermögen jährlich aus demselben Grund aus Deutschland.

Zwei Fehlentwicklungen haben den unmäßigen öffentlichen Finanzbedarf zu Lasten der Leistungsträger verursacht:

1. die Steuerflucht der global players und
2. die politische Korruption der Sozialwahlgeschenke.

Schon Anfang der achtziger Jahre des vorigen Jahrhunderts hat eine Studie im Mittelstandsinstitut Niedersachsen nachgewiesen, daß die großen deutschen Kapitalgesellschaften per Saldo seit Jahren mehr Subventionen vom Staat erhielten, als sie selbst an Steuern zahlten[77]. Diese Entwicklung hat sich im Zuge der Globalisierung, der Freiheit der Kapitalerträge und der Ansiedlungsfreiheit verstärkt. Praktisch kein global player versteuert die Gewinne noch dort, wo sie hoch besteuert werden. Er transferiert sie in die Steueroasen. Die globalisierte Konzernwirtschaft fällt deshalb als Steuerzahler auf Dauer netto aus.

Ebenso ist die Arbeitnehmerschaft inzwischen Nettonehmer öffentlicher Finanzen, weil die an sie gehenden Sozialtransfers höher sind als der Steuer- und Abgabenbeitrag, den die Arbeiterschaft selbst noch aufbringt. Auch dies hat die vorerwähnte Studie des Mittelstandsinstituts Niedersachsen erbracht.

Der Widersinn dieser Sozialtransfers liegt darin, daß bei steigendem Wohlstand der Bevölkerung die Sozialleistungen zu- statt abnahmen. Der Grund liegt darin, daß die Sozialleistungen immer weniger der Nothilfe dienten, sondern die Parteien vor Wahlen sich gegenseitig damit überboten, ihren Wählern zusätzliche Sozialleistungen zu versprechen, um sie zur Stimmabgabe für sich zu bringen. So schaukelten sich die Sozialtransfers nicht nur vom Volumen her immer höher, sondern erreichten auch immer mehr Bevölkerungsgruppen, die gar nicht bedürftig waren, diese angenehmen Gaben aber mit der Zeit als Ansprüche verstanden. Hinzu kam der Globalisierungssog des offenen Sozialsystems: Wer deutschen Boden erreichte, wurde in irgendeiner Form Mitglied des deutschen Sozialsystems, dem ging es besser als zu Hause. Und weil diese dauerhaften Sozialleistungen mit der Zeit als Sozialansprüche verstanden wurden, waren sie nicht mehr reduzierbar, konnte die zusätzliche Unterstützung von Wählern nur noch mit Zusatzleistungen erkauft werden.

Wenn die Obergruppe aus dem Steuerstaat flüchtet, die Untergruppe sich auf Sozialleistungen verläßt, muß der Mittelstand zahlen, muß er überproportionale Steuerlast tragen. So ist das Umverteilungssystem mit Subventionen zugunsten der Konzerne und Sozialleistungen zugunsten der Arbeiterschaft inzwischen ein Ausbeutungssystem gegen den Mittelstand geworden, das wiederum dazu führte, daß der Mittelstand, der nicht auswandern, nicht Steuern hinterziehen kann, zunehmend die Lust an eigener Leistung verliert. Mehr als 30.000 Unternehmer geben in Deutschland jährlich auf.

Mit steigendem Finanzbedarf von Staat und Sozialkassen bei steigendem Bedarf an Sozialleistungen, aber mit sinkender Zahl von Leistungsträgern und Leistungserträgen kommt der Staat immer mehr in die Klemme, seine freiwillig übernommenen Umverteilungsverpflichtungen noch erfüllen zu können. **Als Ausweg hat die öffentliche Verschuldung gedient, welche allerdings ebenfalls an ihre verfassungsmäßigen Grenzen stößt und nicht nur wegen dieser Verfassungsgrenze, sondern auch wegen ihrer Zinslast nicht mehr dauerhaft steigerbar ist. Staat und Sozialkassen sind also trotz höchster Steuern und höchster Sozialbeiträge in höchster Finanznot.**

In der Globalisierung hat man sich einen Wettbewerb der Steuer- und Finanzsysteme versprochen, daß nämlich durch das Nebeneinander von Hochsteuer- und Niedrigsteuerländern entsprechende Wanderungsbewegungen der Unternehmen stattfinden und so das Hochsteuerland aus Vernunft die Steuern senken muß, um die Unternehmen nicht abwandern zu lassen, sondern im Land zu halten. Der Globalisierungsdruck hätte also die Länder eigentlich zwingen müssen, durch Steuer- und Sozialkostensenkung die einheimischen Standortbedingungen nicht wesentlich ungünstiger werden zu lassen als in den Nachbarländern, um damit die Abwanderung von Betrieben, Personen und Finanzquellen zu vermeiden.

Solche Vernunftreaktion aus Wettbewerbszwang gibt es nicht im öffentlichen Sektor der Zwangsabgaben, sondern nur im privaten bei den Personen und Unternehmen, welche die Wettbewerbsfreiheit der Steuerflucht bzw. der Verlagerung durch Globalisierung nutzen können. Für Kapitalgesellschaften beispielsweise ist es gleichgültig, wo deren Holding oder Firmensitz und damit das Gewinnzentrum liegt. Diese mit Mutter- und Tochtergesellschaften verzweigbaren und deshalb steuerfluchtmöglichen Kapitalgesellschaften haben tatsächlich die nationale Finanzpolitik zu gewissen Anpassungen gezwungen. Deshalb wurde vor allem die Körperschaftsteuer gesenkt – allerdings im Nachlauf, sodaß praktisch dennoch insgesamt keine höheren Körperschaftsteuern erzielt wurden, weil die legale Steuerverlagerung in Konzernen immer noch lohnte.

Wer als globalisierter Konzern steuerlich auswandern kann, kann nationale Finanzminister erpressen. Dies haben die Banken und Versicherungen 2003 genutzt, indem sie der Regierung die in anderen Ländern bestehende Möglichkeit zum steuerfreien Verkauf von Finanzbeteiligungen ebenfalls in Deutschland abverlangten. So wurde einer Handvoll Banken und Versicherungskonzernen ein zweistelliges Milliarden-Steuergeschenk kommentarlos zugeschanzt.

Mittelständische Personalunternehmen können dagegen das Erpressungsargument der Globalisierung gegenüber den Finanzbehörden nicht nutzen. Ein Inhaberbetrieb funktioniert nur, wenn der Inhaber vor Ort im Geschäft ist[79]. Ein Personalunternehmen kann zwar im Ausland Filialen gründen, nicht aber die Steuern dorthin verlagern. Sie bleiben Einkommensteuern des im Land lebenden Unternehmers. Der Unternehmer müßte also selbst mit Familie ins Ausland ziehen, um sich den deutschen Höchststeuern zu entziehen. Dagegen sind in den vergangenen Jahrzehnten eine Fülle von Gesetzen, Verordnungen, Verfahren und Urteilen entstanden, um die Steuerflucht der Unternehmer zu verhindern.

Zu Zeiten des Wirtschaftswunders und der boomenden Wirtschaft der Nachkriegsjahrzehnte sprudelten soviele Steuern und Sozialabgaben in die öffentlichen Kassen, daß die wachsende öffentliche Bürokratie und Umverteilung damit finanziert werden konnte. Inzwischen aber haben wir Wirtschaftsabschwung und beginnende Krise, stehen Staat und Sozialkassen trotz Höchsteinnahmen wegen immer noch höherer Ausgabeverpflichtungen mit dem finanziellen Rücken an der Wand. Dies hat nicht nur zu immer schärferen Steuergesetzen, sondern auch zu wachsender Steuerbürokratie und vor allem Sozialbürokratie geführt. Irgendwann ist aber die wachsende Staats- und Soziallast von immer weniger verdienenden und ärmeren Mittelständlern immer schwerer zu finanzieren. Es ist dadurch ein Steuerkampf zwischen dem gierigen Steuerstaat einerseits und den immer unwilliger steuerzahlenden Bürgern und mittelständischen Unternehmen gekommen. Die Steuerzahler zahlen nicht mehr gern und freiwillig, sondern nur noch unter Zwang, widerwillig unter Protest, sie fühlen sich vom Staat ausgeplündert.

In dieser Situation kann ein Steuersystem nicht mehr die Zustimmung der Bürger voraussetzen. Folglich gehen Finanzpolitik, Finanzverwaltung und Finanzgerichte inzwischen nicht nur von der Unwilligkeit des Steuerzahlers aus, sondern sehen in ihm den potentiellen Steuerhinterzieher. Oder anders gesagt: Ein moralisch nicht mehr akzeptiertes Steuersystem kann nur noch durch Zwang durchgesetzt werden und kriminalisiert alle diejenigen, welche ihrer Zwangsausplünderung entgehen wollen.

Für den Steuerstaat sind die Bürger längst nicht mehr die Souveräne zu deren Gunsten und in deren Interessen er handelt, sondern sie sind „mutmaßliche Steuersünder, die er nur noch zwangsweise entreichern kann". Die Folge sind immer stärkere Kontroll-, Verwaltungs- und Zwangsmaßnahmen des Staates gegen die Bürger, mit welchen der Staat den Bürgern ihre Erträge entziehen will. Beispiele: Schon seit April 2003 ist jedes Kreditinstitut in Deutschland verpflichtet, Kundenstammdaten aller Konten mit Kontonummer, Art des Kontos, Namen und Geburtsdatum des Inhabers, Tag der Konteneinrichtung und -auflösung, Name und Geburtsdatum eines wirtschaftlich Berechtigten oder Verfügungsberechtigten u.a. der Bafin (Bundesanstalt für Finanzdienstleistungsaufsicht) zur Verfügung zu stellen.

Durch Verordnungen wurde weiterhin präzisiert, daß die Daten technisch so bereitgestellt werden müssen, daß die Bafin innerhalb von 30 Minuten darauf zugreifen kann, die Bank aber selbst den Zugriff nicht merkt. Mit diesem anonymen Zugriff steht das Bafin auch Gerichten, Bundeskriminalamt (BKA), Bundesnachrichtendienst (BND) und den Strafverfolgungsbehörden zur Verfügung.

Zum April wurde diese Finanzkontrolle noch einmal verschärft: Seitdem dürfen alle Behörden der Finanzverwaltung, Finanzämter, Arbeitsämter, Sozialämter, Wohnungsämter, Bafög-Ämter u.a. auf die Kundenkonten der Banken zugreifen, ohne daß irgendwelche Hürden – etwa Straftaten – überwunden werden müssen.

Ab 2006 soll jeder Deutsche eine Steueridentifikationsnummer erhalten, mit welcher er lebenslang von allen staatlichen und Sozialämtern überwacht werden kann. Ein Bankgeheimnis gibt es zwar noch im Gesetz (§ 30 AO), aber nicht mehr in der Praxis.

Der gläserne Steuerbürger wird aber nicht nur in Deutschland umfassend und zeitgleich kontrolliert, sondern international. Mit der EU-Zinsinformations-Richtlinie sind alle Geldinstitute innerhalb der EU (Ausnahme: Belgien, Lichtenstein, Luxemburg, Monaco, Österreich und Schweiz) verpflichtet, Kapitalerträge und Kapitalbewegungen dem jeweiligen Wohnsitz oder Staat per Kontrollmitteilungen zu melden.

Darüber hinaus wurde der Bargeld-Grenzverkehr immer stärker kontrolliert und beschränkt.

Während also den Konzernen eine immer größere Kapitalverkehrsfreiheit und Gewinnfluchtmöglichkeit zugewachsen ist, wurden die Personen (Bürger und Personalunternehmen) mit ihren Kapitalbewegungen, Kapitaleinkünften, Finanztransaktionen immer stärker verwaltet, kontrolliert, beschränkt und besteuert.
Begründet wurde diese überfallartige Kontrollexplosion staatlicher Finanzverwaltung zuerst mit angeblicher Bekämpfung der Schwarzarbeit, dann mit internationaler Kriminalität (Geldwäsche), schließlich

aber mit dem in den USA ausgegebenem neuen Überwachungsargument: „Terrorismusbekämpfung". Seitdem werden 500 Mill. Konten und Depots in Deutschland überprüft, ohne daß wesentlicher Protest dagegen aufkam. Die Bürger sind offenbar Freiheitsentzug schon so gewöhnt, daß sie dies mit Untertanengeist hinnehmen.

Die abnehmenden Möglichkeiten des Steuerstaates könnten, wenn sich die Globalisierung weiter durchsetzt, zu einer Überlagerung der alten nationalen Steuersysteme mit einem ganz neuen globalen Steuersystem führen: dem Monopolpreissystem.

Neue Formen globaler Besteuerung

Die im Zuge der Monopolisierung sich bildenden Weltmonopole können schon jetzt weltweit Produzenten oder Verbraucher zu Zwangsabgaben heranziehen, die nicht Steuer sind, sondern Kartellpreise, Monopolpreise, Lizenzgebühren oder Organisationsbeiträge. Z.B.
• Ölpreissteigerungen,
• Lizenzgebühren oder Nachbaugebühren für durch Patente monopolisiertes Saatgut,
• Monopolpreisgewinne aus kartellierten oder monopolisierten Rohstoffen wie Diamanten, Gold, Eisenerz, Zink, Vanadium, Uran, Öl und künftig Wasser,
• Zwangsbeiträge der Vasallenstaaten erst zu militärischen Operationen der Weltmacht und dann zum Wiederaufbau der in diesen Operationen zerstörten Länder,
• Entreicherung von Ländern, Völkern, Wirtschaftssektoren und Finanzanlagen durch Geld- und Währungsmanipulationen der Hochfinanz.

Das Monopolpreissystem hat den Vorteil, daß die Sonderabgaben für die Monopolisten zahlenden Völker, Volkswirtschaften, Unternehmen und Bürger die Monopolgewinne nicht als Sonderabgaben, sondern als „Marktpreise" empfinden, vor allem wenn den Menschen durch Börsennotierungen und die Monopolpresse eine marktwirtschaftliche statt Monopolpreisbildung vorgegaukelt wird.

Jedenfalls ist der Steuerwiderstand bei staatlichen Steuern höher als bei Monopolpreisen. Der Staat selbst hat sich ja deshalb auch bereits mit der Mineralölsteuer, Sektsteuer und anderen Verbrauchssteuern an die Monopolpreisbildung angehängt, weil diese Besteuerung eleganter, unsichtbarer, kostengünstiger und einnahmesicherer als die veralteten Lohn- und Ertragsteuersysteme scheint.

Mit dem Niedergang der Staaten, ihren in der Globalisierung sinkenden Besteuerungsmöglichkeiten und mit der zunehmenden Macht von Weltfinanz-, Weltrohstoff- und Weltproduktionsmonopolen könnte sich ein dauernder Systemwechsel von der alten Nationalsteuer zum neuen Monopolpreiseinnahmesystem nicht nur für die Monopole, sondern auch für die sich an dieses System anhängenden Staaten ergeben.

Fazit:
1. **Die Globalisierung hat zu einem zwiegespaltenen nationalen Steuersystem geführt:**
   - **Die global players verlagern ihre Gewinne in Steueroasen, sind also für Hochsteuerländer nicht mehr greifbar.**
   - **Die Arbeiterschaft kann den Steuerausfall der Konzerne nicht tragen, weil sie ebenfalls mehr Sozialleistungen bekommt, als sie selbst an Steuern und Sozialabgaben aufbringt.**
   - **Folglich richten sich die Steuerstaaten auf die Ausbeutung des Mittelstandes, der standorttreu dem Steuerstaat nicht ausweichen kann.**

2. Der wachsende Moloch Staat, die Subventionierung der Konzerne und die wachsenden Sozialleistungen durch Wahlgeschenke an immer mehr Haushalte führen zu steigenden Ausgaben des Staates, die nur beim Mittelstand „gegenfinanziert" werden können. Der Mittelstand wird deshalb nicht nur steuerlich ausgeplündert; wo immer der Mittelstand dagegen durch globale Verlagerung seines Kapitals, seines Vermögens oder durch persönliche Flucht reagieren will, wird er im Gegensatz zu den Konzernen daran gehindert, diskriminiert, kriminalisiert und immer totaler überwacht.

3. Möglicherweise zwingt die Globalisierung zu völliger Neuorientierung des Steuerstaates; – dass nämlich die Bürger nicht mehr durch teure und ineffektive Steuerverwaltung zu Abgaben gezwungen werden, sondern dass die Monopole – auch der Staat – sich über Monopolpreise finanzieren, wie sie dies bereits mit Benzinsteuer u.a. in immer größerem Maße begonnen haben.

Eberhard und Eike Hamer

Globalisierung der Arbeitsmärkte

Arbeit ist zwar nach der Wirtschaftstheorie wie Boden oder Kapital ein Produktionsfaktor; – im Unterschied zu den Sachgütern handelt es sich aber um Menschen. Deshalb ist eben „Arbeit" nicht nur ein Produktionsfaktor, sondern im humanitären Sinne ein Produktionsfaktor mit besonderer gesellschaftlicher Bedeutung und von einzigartigem sozialem Wert.

Heute gilt arbeitsrechtlich und politisch weithin noch das alte sozialistische Grundraster vom angeblich notwendigen Kampf zwischen Arbeitgebern (Kapitalisten) und Arbeitnehmern (Gewerkschaften), obwohl wir nach dem letzten Weltkrieg in einer dominierend mittelständischen sozialen Marktwirtschaft diesen Gegensatz weithin überwunden zu haben glaubten:

- In 96% aller unserer Unternehmen stehen nicht Arbeitnehmer in einer Kapitalgesellschaft einem anonymen, ausschließlich auf Rendite programmierten Kapital gegenüber, sondern 96% unserer Unternehmen sind Personalunternehmen, in denen der Inhaber und die Mitarbeiter nicht gegeneinander, sondern als Team miteinander stehen und sogar die Mitarbeiter der Arbeit in der betrieblichen Gemeinschaft von Inhaber und Kollegen den höchsten Zufriedenheits-, Motivations- und Humanwert zuerkannten[80].
- Dagegen sind die nicht einmal 20% Gewerkschaftsmitgliedschaften unserer Wirtschaft vorwiegend in den öffentlichen und Kapitalgesellschaften konzentriert, nicht aber in der Masse der mittelständischen Unternehmen. Die Gewerkschaften vertreten also nur eine Minderheit der Arbeitnehmer in einer kleinen Minderheit von Unternehmen, nämlich vor allem in den beiden im Humanwert geringerwertigen bürokratischen Betriebstypen der öffentlichen und Kapitalgesellschaften[81].
- Aber auch die Arbeitgeberverbände werden mit Ausnahme dort, wo es sich ausschließlich um mittelständische Branchen (Handwerk, freiberufliche Verbände) handelt, in der Regel von der Minderheit der Kapitalgesellschaften beherrscht und setzen deshalb die Arbeitsbedingungen nach den Kriterien der Kapitalge-

sellschaften fest, sogar auf Kosten und gegen die Interessen der Masse ihrer mittelständischen Mitgliedsunternehmen.

Die Mittelstandsökonomie behauptet deshalb, daß die Arbeitswelt längst gespalten ist: Ein Arbeitskampf zwischen Arbeitgebern und Arbeitnehmern findet heute nur noch in den beiden bürokratischen Betriebstypen der Kapitalgesellschaften und öffentlichen Unternehmen statt. In der Masse der unbürokratischen mittelständischen Personalunternehmen aber gibt es schon lange keinen Gegensatz von Inhaber und Mitarbeitern mehr, sondern Arbeits-, Interessen- und Lebensgemeinschaft, die sowohl von den Unternehmern wie auch von ihren Mitarbeitern mit höchsten Zufriedenheitswerten bezeichnet werden[82].

Diese Unterscheidung ist wichtig für die neue Globalisierung in der Arbeitswelt: Nach liberalen Grundsätzen sollen nämlich die Arbeitsmärkte durch internationale Öffnung und internationalen Wettbewerb von Restriktionen, von Bürokratie, von Gewerkschaftsmacht und von der Macht des Kapitals befreit werden. Die Arbeitnehmer sollen international ihre optimale Beschäftigung und umgekehrt die Arbeitgeber international die optimalen Mitarbeiter suchen dürfen.

Solche Arbeitsmarktliberalisierung stößt überall dort auf Zustimmung, wo der Arbeitsmarkt überreguliert, durch Gewerkschaften kartelliert, durch gutgemeinte Sozialvorschriften marktfremd oder durch Soziallasten zu teuer geworden ist. Insbesondere die deutsche Großwirtschaft verspricht sich von Globalisierung durch Import billigerer ausländischer Arbeitnehmer (Gastarbeiter bzw. Greencard-Inhaber) eine Lohnsenkung[83] sowie durch Produktionsverlagerungen in Billiglohnländer Lohnkostenersparnisse.

Globalisierung soll also die Arbeitsmärkte nicht nur national liberalisieren, sondern zugleich auch grenzenlose Konkurrenz herbeiführen, eine Konkurrenz zwischen den Arbeitskräften und Arbeitsplätzen der verschiedenen Nationen überall auf der Welt.

Als Vorbild für die gewünschte grenzenlose Konkurrenz auf den Arbeitsmärkten dient die grenzenlose Freiheit des Kapitals. Das Kapital kann längst überall zu fast gleichen Bedingungen investieren, produzieren oder Gewinne erzielen. Es richtet sich dabei ausschließlich nach der höchsten Rentabilität des Kapitals. Diese ist ceteris paribus dort zu erzielen, wo die geringsten Lohnkosten herrschen.

Im Unterschied zu den bisher national geschlossenen und in der Regel von Gewerkschaften beherrschten Arbeitsmärkten dreht sich durch Wegfall der nationalen Arbeitsmarktgrenzen das Machtverhältnis in den Hochlohnländern zugunsten der Arbeitgeber um. Wo nämlich die Grenzen gefallen sind und sich rund um das nationale Hochlohnland in Billiglohnländern billigere Arbeitskräfte anbieten, haben die Kapitalgesellschaften die Möglichkeit, entweder durch Import von Billigarbeitskräften oder durch Export von Produktionskapazitäten und Arbeitsplätzen die Hochlohnarbeitsplätze durch Billigarbeitsplätze zu ersetzen. Es findet dabei eine um so größere Arbeitsplatzverlagerung in Billiglohnländer statt, je höher die Differenz zwischen den Arbeitskosten im Hochlohnland und denen im Billiglohnland sind. Wenn z.B. in Deutschland die Bruttostundenlöhne über 30,– Euro kosten, in Polen aber nur ca. 10,– Euro und in Lettland ca. 3,– Euro, ist es für Investoren und Kapitalgesellschaften günstiger, in den europäischen Billiglohnländern statt im Hochlohnland Deutschland arbeiten zu lassen. Entsprechend sind in den letzten Jahren mehr als eine Million Arbeitsplätze durch Konzerne aus Deutschland in Billiglohnländer verlegt worden und haben entsprechende Arbeitslosigkeit im Hochlohnland Deutschland hinterlassen.

Die Gewerkschaften haben hiergegen keinerlei Machtmittel mehr, weil sie nur national organisiert sind und ihre ausländischen Kollegengewerkschaften gerade daran interessiert sind, die Arbeitsplätze den deutschen Gewerkschaften abzujagen. Eine Solidarität zwischen internationalen Gewerkschaften findet nicht statt. Entsprechend haben auch die Gewerkschaften durch die Liberalisierung der Arbeitsmärkte entscheidende Machtverluste erlitten.

Sobald nun die Arbeitsmärkte weltweit miteinander konkurrieren, vollziehen sich in diesem globalen Arbeitsmarkt die Verlagerungswirkungen der Arbeitsplätze nicht nur regional – etwa in der EU –, sondern global. So hat z.B. die Lufthansa ihre gesamten Abrechnungsarbeitsplätze in Deutschland abgebaut und nach Indien verlagert, wo die gesamten Abrechnungen heute für die Lufthansa von tausenden von Billiglohnbuchhaltern durchgeführt werden. Hemden werden schon lange nicht mehr in Bielefeld oder anderen Textilzentren Deutschlands hergestellt. Die Arbeitsplätze dort sind verwaist. Dafür werden in den asiatischen Ländern und China fleißige Textilwerker für ein Zehntel des europäischen Lohns beschäftigt. Die Beispiele lassen sich fortsetzen.

Nicht nur die tatsächliche Arbeitsplatzverlagerung in die Billiglohnländer wirkt sich als Arbeitslosigkeit im Hochlohnland (wenn auch als Zusatzbeschäftigung im Billiglohnland) aus; – allein schon durch Drohung einer Verlagerung können die Konzerne heute auch ihre einheimischen Arbeitskräfte zu Lohnzugeständnissen – Lohnsenkung – zwingen. Die Globalisierung der Arbeitsmärkte bringt also nicht nur wachsende Arbeitslosigkeit im Hochlohnland Deutschland, sondern zusätzlich permanente Lohnsenkungen.

Nach liberalistischer Theorie sollen sich ja gerade durch Globalisierung die Löhne international angleichen. **Das bedeutet für Hochlohnländer nicht nur Abschmelzen der hohen Löhne, sondern entsprechender Rückgang der Einkommensquote der Volkswirtschaft, der Konsumquote und Schrumpfung bis zur Verarmung auf internationales Niveau.** Der Wegfall von Arbeitsmarktgrenzen wirkt sich zwischen Ländern unterschiedlicher Lohnhöhen immer aus wie eine Verbindung zwischen zwei übereinander liegenden Teichen aus: Werden diese Teiche miteinander verbunden und die Sperren beseitigt, fließt immer der obere Teich in den unteren, kommt es zwar im unteren Teich zu Wasserzuwachs, im oberen Teich aber zur Wasserleere. Ähnlich wirken zwei nationale Arbeitsmärkte unterschiedlicher Lohnhöhen, wenn sie miteinander verbunden werden.

Der Verfasser hat in diesem Sinne schon seit Jahren vor der Osterweiterung der EU ohne vorübergehende Zwischenbarrieren gewarnt. Schon ein Jahr nach dieser Osterweiterung zeigt sich heute, daß der Hochlohnarbeitsmarkt der Alt-EU vor dem Zustrom von Billiglöhnern aus dem Osten und gleichzeitig vor der Abwanderung von Arbeitsplätzen aus den Hochlohnländern in die Billiglohnländer nicht mehr zu retten ist. Eine unwissende Politik hat ohne Rücksicht auf Warnungen Lohndumpingbedingungen geschaffen, denen wir uns jetzt nicht mehr entziehen können, die nun zwangsläufig immer stärker zu Desinvestition, Arbeitsplatzabbau und Lohnniveausenkungen in Deutschland führen mußten, weil die Investitionen und Arbeitsplätze in die Billiglohnländer abwanderten und allerdings dort zu mehr Beschäftigung, mehr Einkommen, Wirtschaftswachstum und langsam steigenden Löhnen sorgten.

Nach den Vorstellungen der Globalisierungstheoretiker soll solche Angleichung der Löhne durch weltweiten Arbeitsplatzwettbewerb und globale Verlagerungen in die jeweiligen Billiglohnländer so lange zu Lohnsenkungen in den Hochlohnländern führen, bis ein globales Billiglohnniveau erreicht ist.

Anders ausgedrückt bedeutet dies: Die Konzerne wollen mittelfristig weltweit ihr Kapital, ihre Investitionen und die Arbeitsplätze dorthin verlagern, wo sie jeweils den Faktor Arbeit am billigsten einkaufen können, wo sie die geringsten Löhne zu zahlen haben. **Globalisierung wirkt damit als weltweites Lohndumping.**

Die einzelnen Nationen haben bei solcher internationaler Arbeitsliberalität nur die Alternative, entweder den Auszug von Konzernbetrieben und Arbeitsplätzen aus ihrem Land hinzunehmen oder die Lohnbedingungen so anzupassen, daß die Rentabilität der Arbeit international für die Konzerne wieder stimmt.

Letzteres aber ist in Deutschland unmöglich, wo die gesamten Soziallasten auf den Faktor Lohn aufgesattelt sind. Von den mehr als 30,– Euro Stundenlohnkosten eines Mitarbeiters bekommt der Mitarbeiter selbst keine 10,– Euro. **Nicht die Direktlöhne sind es also, welche Deutschland zum Höchstlohnkostenland gemacht haben, sondern die Lohnnebenkosten, die vom Staat auf die Löhne aufgeschlagenen Sozialbeiträge, Steuern und Bürokratiekosten, die höher sind als anderswo in der Welt.**

Nach liberaler Theorie müßte infolge des Globalisierungszwanges eigentlich in Deutschland eine hektische Tätigkeit in den Parlamenten ausbrechen, um die Lohnnebenkosten auf internationales Niveau zurückzufahren, um deutsche Arbeitskosten wieder wettbewerbsfähiger zu machen. Praktisch haben sich aber z.B. die Sozialkosten unter den Lohnnebenkosten in den letzten 5 Jahren in einzelnen Branchen wie üblich wieder erhöht, handeln Polit- und Sozialfunktionäre nicht wettbewerbsgemäß, sondern kontraproduktiv und kurzsichtig fiskalistisch. Die Berufsgenossenschaften haben sogar mit der Gewerkschaft verdi einen „Antisparpakt" abgeschlossen, daß bei Rationalisierungen, Zusammenlegungen und Verlagerungen kein Mitarbeiter im Lohn reduziert, entlassen oder gegen seinen Willen versetzt werden darf. Dabei brauchen die Berufsgenossenschaften schon für das eigene

Wohlleben 20% des gesamten Beitragsvolumens, zehnmal so viel wie die Betriebskrankenkassen. Daran zeigt sich, daß der theoretisch aus dem Wettbewerb erwartete Anpassungsdruck von Hochlohnländern nicht funktioniert, wenn monopolistische Sozialfunktionäre ihren üppigen Sozialfeudalismus trotz zusammenbrechender Arbeitsmärkte und Unternehmen und trotz schrumpfenden Volkswohlstandes verteidigen.

Aber nicht nur die Jobverlagerung in Billiglohnländer zehrt am Arbeitsmarkt eines Hochlohnlandes; auch ein Massenansturm von Billiglöhnern in Hochlohnländer sind die regelmäßige Folge globalisierter Arbeitsmärkte bei unterschiedlichem Lohnniveau und zieht eine Lohndumpingtendenz herbei.

In Deutschland hat sich die globalisierte Immigration von Arbeitskräften in mehreren Schritten vollzogen:

- In den siebziger und achtziger Jahren warben die deutschen Konzerne Millionen von Gastarbeitern aus allen möglichen Ländern mit dem Lockmittel von Hochlöhnen an.
- Als sich Deutschland als Sozialparadies im Ausland herumgesprochen hatte, drängten weitere Millionen von illegalen Arbeitskräften und Arbeitslosen unter verschiedenen Vorwänden (z.B. „Asyl") nach.
- Nach der Wiedervereinigung setzten sich auch etwa 1,6 Mill. neue Bundesbürger aus dem Niedriglohngebiet Ost in das Hochlohngebiet West in Bewegung.

Es war absehbar, daß der Massenansturm ins Hochlohnland schon bald nicht mehr dem Arbeitskräftebedarf entsprach, sondern den Arbeitsmarkt überschwemmt hatte.

Inzwischen sind nicht nur Millionen von Immigranten in Deutschland auf deutsche Kosten arbeitslos, sondern entstehen bereits erste Unruhen, weil deutsche Arbeitslose nicht dulden wollen, daß ausländischen Gastarbeitern hier Arbeit gegeben wird, während wir Millionen arbeitslose Deutsche haben. Wir haben tatsächlich eine importierte Arbeitslosigkeit, hätten keine, wenn wir nationalen Arbeitsplatzvorrang hätten.

Die Großwirtschaft und ihre Verbände haben das Thema der importierten Arbeitslosigkeit zum Tabu erklärt, behaupteten fälschlicherweise, daß die Massenimmigration volkswirtschaftlicher Nutzen statt Schaden sei und haben mit roten und grünen „Multikultiparolen" nicht nur die Folgen der Immigration, sondern auch die Diskussion über die Nationalität des Arbeitsmarktes schon seit 20 Jahren erstickt. Insofern ist die heutige Globalisierung im Arbeitsmarkt nur eine Fortsetzung der von den Konzernen und ihren Verbänden schon seit 30 Jahren entwikkelten Arbeitsimportpolitik.

Ab und zu flammt noch Widerspruch auf, wenn z.b. die EU mit einer „Dienstleistungsrichtlinie" auch Dienstleistungsfreiheit nach dem Herkunftslandprinzip verordnet, daß also die Arbeitskräfte aus den Billiglohnländern nach den Bedingungen ihres Herkunftslandes auch überall in Europa arbeiten dürfen. Die Bundesregierung hat erst, nachdem sie dieser Dienstleistungsrichtlinie routinemäßig zugestimmt hatte, gemerkt, was sie damit angerichtet hat und versuchte dann nachträglich wieder zurückzurudern – was die EU wiederum verhindert.

Die Globalisierung des Arbeitsmarktes wird also voraussichtlich weitergehen. Der Gewinner dieser Entwicklung ist nämlich das flexible Großkapital, insbesondere Banken, Versicherungen, Konzerne und Finanzindustrie, welche zu den Gewinnen ihrer Finanz- und Investitionsfreiheit auch noch die Produktions- und Arbeitskräftefreiheit gewinnen.

Verlierer dagegen sind alle, die im Hochlohnland bisher als Anbieter ihrer Arbeitskraft überdurchschnittlich entlohnt wurden und deren Löhne durch Globalisierung unter Dumping geraten, die also mit oder ohne Arbeit zunehmend verarmen. Dies gilt auch für die Arbeitnehmer des Mittelstandes, für die leitenden Angestellten, deren Mehrverdienst unter die Walzen des internationalen Arbeitskräftewettbewerbs gerät und die ebenfalls in ihren Gehältern, Einkommen und ihrem Lebensstandard absinken werden.

In einem Streitgespräch des Verfassers mit dem verantwortlichen EU-Kommissar konterte dieser den durch Öffnung der Arbeitsmärkte für Arbeitnehmer und mittelständische Unternehmer im Hochlohnland Deutschland entstehenden Schaden mit der lapidaren Bemerkung, man müsse eben akzeptieren, daß sich die Löhne auf ein gemeinsames Niveau in den nächsten 10 Jahren einpendeln würden, dann hätten alle wieder gleiche Chancen. **Daß aber in der Zwischenzeit mehr als hunderttausende deutscher Betriebe daran sterben und Millionen**

deutscher Arbeitsplätze vor allem entlang der deutschen Ostgrenze im Wettbewerb mit der östlichen Billigkonkurrenz inzwischen verloren gehen, störte das Wohlbefinden des EU-Funktionärs nicht.

Aufzuklären wird noch sein, weshalb die Gewerkschaften als bezahlte Vertreter der deutschen Arbeitnehmer und als Verfechter von Hochlöhnen die Öffnung der Arbeitsmärkte in Europa sowie die Globalisierung und das dadurch zwangsläufige Lohndumping zu Lasten ihrer Mitglieder mitbetrieben haben, statt es zu verhindern oder zumindest zeitlich zu strecken, um notwendige Anpassungsübergangszeit zu finden.

Fazit:
1. Nach der Theorie soll die Globalisierung die Arbeitsmärkte weltweit befreien, also allen Menschen überall Arbeitsmöglichkeiten und den Investoren überall in der Welt Chancen zur Nutzung der billigsten Arbeitskräfte bieten.
   In der Praxis jedoch ist nur der Faktor Kapital voll mobil, nicht jedoch der Faktor Arbeit. Und soweit er mobil ist, schafft er durch Wanderung gesellschaftliche Spannungen und Lohndumping in Hochlohnländern. Grenzenlose Konkurrenz des Faktors Arbeit liegt also zumindest nicht im Interesse der Arbeitnehmer in Hochlohnländern.

2. Globalisierung wirkt als weltweites Lohndumping, weil die Konzerne ihr Kapital, ihre Investitionen und die Arbeitsplätze jeweils dorthin verlagern, wo der Faktor Arbeit am billigsten ist. Ein Hochlohnland verliert also ständig Investitionen und Produktionskapazitäten. Die Lohnkosten gehen jedoch z.B. im Hochlohnland Deutschland zu zwei Drittel auf öffentliche Lasten (Steuern, Sozialabgaben, Bürokratie) zurück, sind also nur absenkbar, wenn der Staat sich zurücknehmen würde. Solches tut er allerdings nur zuletzt und unter äußerstem Zwang, weil dies zu drastischen Einschnitten im öffentlichen Haushalt und in den Sozialsystemen führen müßte.

Folglich bleibt nur übrig, den Wegzug der bestehenden Produktionskapazitäten durch die Konzerne dadurch zu hindern zu versuchen, dass der Staat die Konzerne zur Rückzahlung aller bisher gegebenen Subventionen verpflichtet, wenn sie die subventionierten Kapazitäten ins Ausland verlagern. Da nämlich die Konzerne seit Jahrzehnten mehr Subventionen bekommen als sie selbst Steuern zahlen, würde eine Rückzahlung von Subventionen ihnen den Wegzug ihrer Kapazitäten unmöglich machen oder jedenfalls teurer gestalten als die Lohnkostenersparnisse im Ausland.

Zuzüglich dürfte der Staat keine Verlagerungen ins Ausland mehr steuerlich begünstigen (Abschreibungsvorteile). Dass solche Maßnahmen bisher nicht diskutiert bzw. durchgesetzt wurden, hängt mit der Macht der internationalen Konzerne in den einzelnen Staaten zusammen.

3. Jeder Staat wird sich auch die Frage beantworten müssen, für wen der Arbeitsmarkt zur Verfügung stehen soll. Wer einen begrenzten Arbeitsmarkt den Arbeitnehmern der ganzen Welt zur Verfügung stellt (Arbeitskräfteimmigration), wird wachsende Arbeitslosigkeit und ständiges Lohndumping zwangsläufig dadurch in Kauf nehmen müssen. Dies wäre nur zu verhindern, wenn gesetzlich bestimmt wird, dass Inländer Arbeitsplatzvorrang vor Ausländern haben und dass arbeitslose Ausländer das Gastland wieder verlassen müssen, damit nicht das Gastland die Kosten derer Arbeitslosigkeit auf Dauer tragen muss.

Wer solche Vorschläge ablehnt, nimmt zwangsläufig ein Absinken des deutschen Lohnniveaus auf internationales Billiglohnniveau in Kauf – mit allen daraus für Staat, Sozialsysteme und Verarmung der Bevölkerung entstehenden Konsequenzen.

Eberhard und Eike Hamer

Global offene Sozialsysteme halten nie!

Die Sozialsysteme sind nach wie vor national geordnet. Es gibt bisher auch kein Konzept, etwa die nationalen Sozialsysteme global zusammenzufassen.

Die dezentralen Sozialsysteme sind deshalb je nach Staat unterschiedlich organisiert. In ihnen spiegeln sich besondere gesellschaftliche und politische Verhältnisse des jeweiligen Landes, aber auch die speziellen Vorsorgebedürfnisse der Menschen der einzelnen Staaten wieder.
Drei Säulen lassen sich im gesamten Sozialsystem unterscheiden und sind in der Regel auch unterschiedlich organisiert:

1. Das Gesundheitssystem
2. Das Alterssicherungssystem
3. Das Transfersystem für Leistungsnehmer

1. Innerhalb der verschiedenen Gesundheitssysteme lassen sich zwei vorherrschende Organisationsprinzipien unterscheiden:

• Die gesetzliche Krankenvorsorge mit gesetzlichen Beiträgen, gesetzlicher Umverteilungspflicht und gesetzlichen Ansprüchen an die Gesundheitsvorsorge. Praktisch handelt es sich um ein Umlagesystem, dessen Kosten jeweils – in der Regel auf die Erwerbstätigen – umgelegt werden.
• Private Krankenvorsorge wird durch freie Versicherungen gewährleistet. In einigen Ländern ist dieses System vorherrschend, in anderen nur additiv. Die privaten Krankenversicherungen haben vorher festgelegt, was sie an Risiken abdecken, nehmen entsprechende Risikoprämien und haben diese Risikoprämien nicht nach Einkommen, sondern nach Risikokategorie (Alter, Vorkrankheiten, evtl. Geschlecht) abzudecken.

Letztere privaten Krankenversorgungssysteme sind von einer Globalisierung praktisch nicht betroffen. Würde nämlich die private Krankenversorgung international ausgedehnt, würden die Risiken nach den gleichen Grundsätzen berechnet und würde das die Altkunden weder begünstigen noch belasten.

Anders ist dies mit dem Umlagesystem der gesetzlichen Krankenversorgung, weil gesetzliche Krankenkassen gesetzlich gehalten sind, alle Restrisiken aufzunehmen und abzudecken, welche nicht anderweitig bereits – etwa bei den privaten Krankenkassen – abgedeckt sind. Diese Problemrisikogruppen sind es vor allem, welche zum Sprengsatz der gesetzlichen Krankenversorgungen in den Industrieländern geworden sind, weil die Zwangsbeiträge an das Arbeitseinkommen gekoppelt – also nur auf die Leistungsträger bezogen – sind, während die Versorgungsleistungen für jeden gelten, der Mitglied der gesetzlichen Krankenversorgung ist oder Anspruch darauf hat, hieraus versorgt zu werden. Letzteres gilt insbesondere für die Kranken, oder Zuwanderer, die nie irgendwelche Beiträge selbst geleistet haben und selbst leisten werden, für die auch der Staat keine Beiträge zahlt, sondern deren Versorgungsleistungen von den übrigen zwangsversicherten Arbeitnehmern mit übernommen werden müssen. Insofern hat die gesetzliche Krankenversorgung erhebliche Globalisierungsrisiken:

Je mehr die Sozialimmigration in die Hochlohnländer bzw. in die offenen Sozialsysteme steigt, desto höher werden die Kosten der gesetzlichen Krankenversorgung, desto höher werden die Beiträge für die Beschäftigten, desto höher werden die Lohnnebenkosten für die Betriebe, desto weniger wettbewerbsfähig werden die Betriebe wegen der sozialen Nebenkosten im internationalen Wettbewerb.

In Deutschland hat eine kurzsichtige Gesetzgebung darüber hinaus auch Krankenversorgungsexport gesichert für alle diejenigen, die Angehörige eines in Deutschland Beschäftigten sind oder waren und die damit auch im Ausland Krankenversorgungsansprüche gewonnen haben. Es ist kein Geheimnis, daß damit dem Massenmißbrauch Tor und Tür geöffnet wurde. Die Kosten jedenfalls müssen ebenfalls in erhöhten Beiträgen abgedeckt oder durch Minderversorgungsleistungen an alle Mitglieder aufgefangen werden.

Die vorstehenden Globalisierungsnachteile der gesetzlichen Krankenversorgung sind allerdings nicht globalisierungsbedingt, sondern beruhen auf einer falschen und kurzsichtigen Gesetzgebung, die glaubte, daß am deutschen Sozialwesen die Welt genesen könne. In anderen Ländern ist die Öffnung der gesetzlichen Krankenversorgung begrenzt, unterbunden, und sind damit auch die Globalisierungsnachteile beschränkt worden.

2. Die gleiche Aufteilung zwischen gesetzlicher und privater Vorsorge gibt es auch bei der Altersvorsorge.

• Die privaten Alterskassen finanzieren sich nach dem Kapitalsammelsystem, geben also Alterssicherungszusagen entsprechend den vom Versicherten bezahlten Beiträgen. Es spielt prinzipiell keine Rolle, ob diese privaten Versicherungssysteme international geöffnet oder geschlossen bleiben, weil sie auch im Falle der Öffnung nach gleichem System ausgedehnt würden. Insofern spielt die Globalisierung für die private Altersversorgung keine Vorteils- oder Nachteilsrolle.

• Ganz anders ist es mit der gesetzlichen Altersvorsorge. Sie ist nach dem Umlagesystem aufgebaut, basiert also im Sinne einer Sozialsteuer auf Zwangsbeiträgen der Beschäftigten für Altersleistungen, welche der Staat für die Berechtigten festlegt.

Seit Jahrtausenden war immer die Familie die Alterssicherung der Eltern und Großelterngeneration. Eigentlich sollten auch zwei Säulen die neue Umlage – Altersversorgung tragen: die Regenerationsrate und der Pflichtbeitrag. Der Streit hat in den vergangenen Jahrzehnten aber immer dem Pflichtbeitrag gegolten, der ständig stieg, weil die Renten – vor allem vor Wahlen – regelmäßig erhöht wurden. So hat sich mit der Zeit aus der Doppelsäule eine Einzelsäule entwickelt: die Beiträge bestimmten die Alterssicherung allein.

Dieses System wies Fehler auf, welche das System auf die Dauer sprengen mußten:

1. Da die Renten gemäß den Beiträgen versprochen wurden, war es für immer größere Bevölkerungskreise rentabel, nicht mehr eigene Kinder aufzuziehen, sondern rentenberechtigter Beschäftigung nachzugehen. So veränderte sich die Bevölkerungsstruktur aus der Normalität einer Familie mit Kindern zur Anormalität von einem Drittel Singel-Haushalten, einem

weiteren Drittel Dinki-Haushalten (double income, no kids) und nur einem Drittel Eltern. Während also die Kinder erziehenden Eltern nur mit einer einzigen Familienrente im Alter rechnen konnten, bekamen die kinderlosen Ehepaare Doppelrenten, wurden also für die Kinderlosigkeit gleichsam prämiert. Das führt jetzt mit zunehmendem Kindermangel in der Gesellschaft zu Mangel an Nachwuchszahlern für die Beiträge und zu einer sich immer stärker ausweitenden Schere zwischen sinkenden Beitragseinnahmen einerseits und wachsenden Rentenansprüchen andererseits. Schon aus diesem Grunde stand der Kollaps des Systems vor der Tür.

2. Zusätzlich zur vorstehenden Fehlentwicklung hat die Politik hunderttausendfach Fremdrentenansprüche an unterschiedliche ausländische Bevölkerungsgruppen verteilt. Diesen Fremdrenten standen nie Beitragseinnahmen gegenüber, sie mußten also von der Versichertengemeinschaft mitübernommen werden.

3. Auch bei der Wiedervereinigung kamen über eine Million Rentner aus den neuen Bundesländern mit Rentenansprüchen auf die Versichertengemeinschaft zu, weil im Sozialismus die Gewerkschaften (FDGB) mit ihren Beiträgen zugleich die Rentenkasse bildeten, diese Ost-Gewerkschaft sich aber auflöste, die Aktiva dem Deutschen Gewerkschaftsbund übertrug, die Passiva (Rentenansprüche) aber der Rentenkasse hinterließ.

4. Wer Rentenrecht in Deutschland hat, kann diese Rente nicht nur im Inland, sondern auch im Ausland genießen. Hunderttausende deutscher Rentner haben diese Niederlassungsfreiheit genutzt, um sich in kostengünstigeren und wärmeren Gegenden niederzulassen, um dort mit deutscher Rente ein gesichertes Alter zu genießen.

Insofern ist die gesetzliche Rentenversorgung nicht mehr wie bei der privaten eine geschlossene Zahler-Empfängergemeinschaft, sondern erheblich personell und international ausgeweitet. Dadurch entstehen immer größere Spannungen, weil die Zahl der Leistungsberechtigten immer größer und die Leistungen höher, die Zahl der Leistungsträger und deren Leistungsfähigkeit (Lohnquote) immer geringer wird.

3. Die Transfersysteme sind staatliche Sozialleistungen an bedürftige Personen. Bei der Frage nach der Berechtigung zu solchen Sozialleistungen sind die Länder der Welt unterschiedliche Wege gegangen. Manche Staaten haben nur einheimischen Bürgern und auch nur für eine gewisse Zeit eine vorübergehende Existenzsicherung zugestanden. Andere Staaten haben Dauerleistungen versprochen. Deutschland hat sogar Sozialhilfeberechtigung an alle normiert, welche irgendwie deutschen Boden erreichen. Gleichzeitig bot Deutschland international Spitzensozialleistungen, sodaß es für die Armen der Welt attraktiver wurde, ins deutsche Sozialsystem überzuwandern, als zuhause einer bezahlten Arbeit nachzugehen. Es begann folgerichtig eine Völkerwanderung von Leistungsnehmern aus der ganzen Welt auf das offene Sozialsystem, welches sie besser und bequemer versorgte als sie es zuhause mit Arbeit erreichen konnten.

Hieran zeigt sich, daß offen gestaltete Sozialsysteme nur dann aufrechtzuerhalten sind, wenn die Sozialleistungen international vergleichbar wären. Höchstleistungssysteme ziehen immer international die Leistungsnehmer an. Die Folge aber ist zwangsläufig, daß ein überfordertes Sozialleistungsnetz die Leistungen mindern muß, daß also offene Systeme sicher international angleichen, nivellieren, was zur Verarmung der Sozialleistungsnehmer in den reichen Ländern führen muß. Die Öffnung der Sozialsysteme ist also nicht durchzuhalten und wird die kommende Weltwirtschaftskrise jedenfalls am wenigsten überleben, wenn die Massen der Armen der Welt zu den höheren sozialen Sicherungen drängen.

Die Sozialsysteme in Demokratien dienen aber nicht nur dazu, Krankheit, Alter und Not abzudecken, sondern sind von der Politik darüber hinaus auch als Wahlkampfinstrument mißbraucht worden. Vor Wahlen werden immer zusätzliche Sozialleistungen versprochen, um zusätzliche Wähler für sich zu gewinnen. Nur dadurch ist es erklärbar, daß inzwischen drei Viertel aller Haushalte in Deutschland soziale Leistungen bekommen – obwohl sie keineswegs alle bedürftig sind – und daß sich die Sozialleistungen in den vergangenen 20 Jahren versechzehnfacht haben.

Der Zusammenbruch des immer üppigeren offenen Sozialstaates mit immer mehr Sozialberechtigten, immer mehr Sozialfunktionären, aber immer weniger Sozialleistungszahlern ist vorprogrammiert und wird spätestens in der kommenden Weltwirtschaftskrise ausbrechen.

Eine Freizügigkeit werden künftige gesetzliche Sozialsysteme nicht mehr halten können, solange ein Sozialsystem über internationalem Niveau liegt, denn dann wird automatisch die Sozialimmigration in das Land mit der Höherversorgung so lange anhalten, bis entweder das Sozialleistungsniveau international angeglichen oder der berechtigte Kreis gesetzlich begrenzt ist. Wenn letzteres durch internationale Vorschriften verhindert wird, ist das Absinken des Sozialniveaus auf internationales Niveau nicht zu verhindern.

Globalisierung bedeutet für die Sozialsysteme also immer Nivellierung auf ein gemeinsames, niedrigeres Niveau. Die Verlierer sind die Bürger in den bisher höher versorgten Systemen, die ihren Vorsprung verlieren.

Fazit:
1. Offene Sozialsysteme ziehen um so größere Sozialimmigration an, je höher die Differenz der Sozialversorgung gegenüber anderen Systemen ist. Die Zusatzkosten der Sozialimmigration treiben die Lohnnebenkosten für die Betriebe in die Höhe, vermindern deren internationale Wettbewerbsfähigkeit.

2. Insbesondere sind offene Rentensysteme immer explosionsgefährdet, wenn die Politik wachsende Fremdrentenansprüche schafft, Zuwanderern ohne Beiträge Rentenrechte zubilligt und auch Rentenexport ins Ausland zuläßt. Wer also das Rentensystem international öffnet, legt damit den Sprengsatz zu seiner Zerstörung.

3. Auch für die Sozialleistungshöhen gilt, dass Hochversorgungssysteme nur gegenüber der Zuwanderung von Leistungsnehmern aus der ganzen Welt zu sichern sind, wenn sie national geschlossen werden, wenn also die Berechtigung zu Sozialleistungen national begrenzt wird. Als offenes Sozialsystem bleibt es für die Armen der Welt zur Einwanderung attraktiv, wird sich dann durch Überforderung reduzieren müssen und weltweit nivelliert.

Wer also hohe Sozialversorgung national erhalten will, darf – wie die USA – den Zuwanderern keine Sozialleistungen gewähren, muß also die Sozialfreizügigkeit beenden.

Reinhard Uhle-Wettler

Militärische Geostrategien

Die sichtbare Faust des Militärs

In der einschlägigen Literatur über Globalisierung wird erstaunlicherweise kaum auf die militärpolitischen und militärstrategischen Aspekte eingegangen. Dabei kann uns das täglich mit den Nachrichten aus aller Welt auf den Tisch des Hauses gelieferte aktuelle Geschehen bei einiger Aufmerksamkeit davon überzeugen, daß Ausübung von Waffengewalt und der Versuch, sie einzuhegen oder sich dagegen zu schützen zum globalen Alltag gehören. Paul Kennedy sagt in der Einführung zu „Aufstieg und Fall der großen Mächte", daß „sich dieses Buch mit dem Zusammenspiel von Strategie und Ökonomie beschäftigt." Jean Ziegler gar zitiert in seiner zeitkritischen Streitschrift „Die neuen Herrscher der Welt" den ehemaligen Sonderberater der Außenministerin Madeleine Albright unter der Regierung Clinton, Thomas Friedmann wie folgt: „Wenn die Globalisierung funktionieren soll, darf sich Amerika nicht davor fürchten, als die unüberwindliche Supermacht zu handeln, die es in Wirklichkeit ist (…). Die unsichtbare Hand des Marktes wird ohne sichtbare Faust nicht funktionieren. McDonald's kann nicht expandieren, ohne McDonnel Dougles, den Hersteller der F-15. Und die sichtbare Faust, die die globale Sicherheit der Technologie des Silicon Valley verbürgt, heißt US-Armee, US-Luftwaffe, US-Kriegsmarine und US-Marinekorps." Damit soll gesagt sein, daß es ein grundsätzlicher Fehler wäre, Globalisierung lediglich als technologischen, ökonomischen, finanzpolitischen und ökologischen Vorgang wahrzunehmen. Vielmehr muß sie als ein Phänomen betrachtet werden, das alle Bereiche der Politik erfaßt und maßgeblich beeinflußt, insbesondere den des Militärischen.

Wenn wir hier bewußt den umfassenderen Begriff der Sicherheitspolitik vermeiden, nehmen wir den Vorwurf unzulässiger Beschränkung in Kauf. Demokratische Gesellschaften huldigen dem Wohlstand und pflegen nur allzu gern den in bestimmten Lagen nach wie vor erforderlichen Einsatz militärischer Mittel hinter einem moralistischen Nebel sicherheitspolitischer Floskeln im Sinne von Orwells „Neusprech" zu verdrängen und zu verbergen. Da wird anstatt von Krieg von „humanitären", friedenstiftenden oder friedenerhaltenden Interventionen gesprochen, und aus getöteten Opfern durch Kriegseinwirkung werden

Kollateralschäden. Bekannte Begründungen aus der jüngeren Vergangenheit zur allgemeinen Beschwichtigung lauteten zum Beispiel: „Frieden schaffen mit immer weniger Waffen" (Helmut Kohl) oder „Kämpfen können um nicht kämpfen zu müssen" (ehemaliger Leitsatz der Bundeswehr). Das hat übrigens zur Folge, daß diese Gesellschaften manipuliert werden müssen, um sie für militärische Maßnahmen konditionieren zu können. Berühmte Beispiele dafür sind die planvolle Inkaufnahme der Versenkung des mit vielen amerikanischen Bürgern besetzten und mit Munition beladenen, ansonsten nahezu ungeschützten Passagierdampfers Lusitania durch ein deutsches U-Boot im I. Weltkrieg, die Verhinderung der Alarmierung der amerikanischen Streitkräfte in Pearl Harbor angesichts der abgehörten Planung des japanischen Überfalls sowie die Nichtverhinderung des Anschlages auf das World Trade Center am 11.9.2001 in Manhattan, dessen dunkle Begleitumstände zumindest den Schluß zulassen, hier sei das Versagen der Abwehr Teil eines Planes gewesen. Jeder dieser Fälle hat wesentlich dazu beigetragen, eine nicht kriegswillige Bevölkerung für einen Weltkrieg bereit zu machen. Immerhin wird man einer solchen Politik zwar keine moralische Entlastung gewähren können, aber eine gewisse Rationalität nicht absprechen. Präsident F.D. Roosevelt mußte die ihn deutlich einschränkende Neutralitätsgesetzgebung ausheben, um die USA in den Krieg gegen Japan und das Deutsche Reich zu führen und G.W. Bush hätte nie das Plazet von Senat und Kongreß für den „dritten Weltkrieg" („we are at war!" G.W.Bush) ohne den oben erwähnten Terroranschlag erhalten. Demokratische Gesellschaften sind wohl anders nicht für das Ziel der Weltherrschaft zu begeistern.

Die Folgen solcher Politik sind kaum abschätzbar. Jean Ziegler führt dazu aus: „Seit der Ausrufung des ‚weltweiten Krieges gegen den Terrorismus' wecken die Erklärungen Bushs finstere Erinnerungen: Entweder ihr seid mit uns und damit Parteigänger der Privatisierung der Welt, oder ihr seid gegen uns und werdet bombardiert." (…) Über die Militär-/Rüstungsausgaben ist sodann wenig später zu lesen: „2002 entfallen allein auf die USA über 40% der globalen Summe der Militärausgaben, die von allen Staaten der Welt insgesamt getätigt werden. Im Jahre 2003 wird sich der ordentliche Haushalt des Pentagons auf 379 Milliarden Dollar belaufen. Die von Präsident Bush 2002 geforderte und erwirkte Erhöhung des Haushalts (für 2003) beläuft sich auf 48 Milliarden Dollar, die stärkste Erhöhung der Militärausgaben in den letzten zwanzig Jahren."

Dies läßt nur den Schluß zu, daß die Annahme der „westlichen Wertegemeinschaft", Demokratien wären grundsätzlich friedlich gestimmt und bestrebt, Konflikte durch Verhandlungen zu lösen, keineswegs zutrifft. Selbst der von vielen Deutschen heute gerühmte über 60 Jahre währende Frieden ist doch, bei allen ansonsten zu machenden Einschränkungen, nur durch die gewaltsame Zerschlagung des Deutschen Reiches und die dauerhafte Entmachtung der Deutschen zustande gekommen, und dies in dem „Dreißigjährigen Krieg des zwanzigsten Jahrhunderts", den nicht nur Deutschland, sondern ganz Europa verloren hat. So wenigstens urteilt Raymond Aron, Autor des tiefgründigen Werkes „Frieden und Krieg" aus dem Jahr 1962.

Geopolitische Aspekte

Die militärische Globalisierung ist nicht ohne Kenntnis der geopolitischen Grundlagen wirklich zu verstehen. Geopolitik ist eine Grenzwissenschaft zwischen Staatenkunde, Geschichte und Geographie (F. Buck). Die Amerikaner haben sie in erstaunlich umfassender Weise in ihre Außenpolitik integriert und zu hoher Wirksamkeit weiterentwickelt. Darüber gibt das jedes praktische Hand- und Lehrbuch qualitätsmäßig übertreffende Werk von Professor Zbigniew Brzezinski, ehemaliger Sicherheitsberater des amerikanischen Präsidenten Carter, mit dem bekannten und vielsagenden Titel: „Die einzige Weltmacht" nüchtern und unverblümt Auskunft. Danach ging das europäische Zeitalter während des zweiten Weltkrieges zu Ende. Die Vereinigten Staaten und die Sowjetunion lösten Europa im Streit um die globale Herrschaft ab. In der Einleitung lesen wir: „Inwieweit die USA ihre globale Vormachtstellung geltend machen können, hängt aber davon ab, wie ein weltweit engagiertes Amerika mit den komplexen Machtverhältnissen auf dem eurasischen Kontinent fertig wird und ob es dort das Aufkommen einer dominierenden, gegnerischen Macht verhindern kann. Folglich muß die amerikanische Außenpolitik den geopolitischen Aspekt der neuentstandenen Lage im Auge behalten und ihren Einfluß in Eurasien so einsetzen, daß ein stabiles Gleichgewicht mit den Vereinigten Staaten als Schiedsrichter entsteht. Eurasien ist somit das Schachbrett, auf dem sich auch in Zukunft der Kampf um die globale Vorherrschaft abspielen wird." Und weiter unten: (…) „lautet das Gebot, keinen eurasischen Herausforderer aufkommen zu lassen, der den eurasischen Kontinent unter seine Herrschaft bringen und damit auch für Amerika eine Bedrohung darstellen könnte. Ziel dieses Buches ist es deshalb, im Hinblick auf Eurasien eine umfassende und in sich geschlossene Geostrategie zu entwerfen."

Spätestens hier sollte jedem Leser klar geworden sein, daß die militärische Globalisierung alltägliche Wirklichkeit ist und wir uns alternativlos auf sie einstellen müssen. Es bleibt allerdings die wichtige Frage offen, wie wir mit dieser Tatsache umgehen und ob es nicht überlebensnotwendig ist, die militärische Globalisierung einzuhegen, um sie zu beherrschen.

Die Einhegung militärischer Gewalt

Die europäische Geschichte des 20. Jahrhunderts lehrt uns leider, daß die konkreten Versuche, Kriege zu verhindern und Streitigkeiten durch Verhandlungen zu lösen, schmachvoll gescheitert sind. Der Völkerbund hat den zweiten Weltkrieg nicht verhindern können, die Abrüstungsverhandlungen zwischen den Kriegen sind gescheitert, die demokratischen Siegermächte des I. Weltkrieges haben die demokratischen Grundsätze einschließlich des Selbstbestimmungsrechtes der Völker auf Kosten der Besiegten durch ihre Friedensdiktate schmählich verraten und die Vereinigten Staaten haben den Krieg gegen das III. Reich nicht etwa durch Friedensinitiativen zu verhindern versucht, sondern seinen Ausbruch tatkräftig und erklärtermaßen gefördert. Als Erben des britischen Weltreiches und als europäische Vormacht befestigten sie ihre Herrschaft in Europa nach 1945 durch das Militärbündnis der NATO und weltweit durch ein System, das Brzezinski wie folgt beschreibt: „Als Teil des amerikanischen Systems muß außerdem das weltweite Netz von Sonderorganisationen, allen voran die internationalen Finanzinstitutionen, betrachtet werden. Offiziell vertreten der Internationale Währungsfond (IWF) und die Weltbank globale Interessen und tragen weltweit Verantwortung. In Wirklichkeit werden sie jedoch von den USA dominiert, die sie mit der Konferenz von Bretton Woods im Jahre 1944 aus der Taufe hoben." Inzwischen ist aus der einstigen Weltmacht die „einzige Weltmacht" geworden, die zu Recht den Beinamen „Das neue Rom" trägt und deren Hegemonie zutreffend mit „pax americana" charakterisiert wird.

Die Vereinten Nationen (VN), für die als Gründungsdatum der 24. Oktober 1945 gilt, haben – wie schon der Völkerbund nach dem I.

Weltkrieg – die in sie gesetzten Hoffnungen nicht wirklich erfüllen können. Statt des erhofften Weltfriedens folgten der Katastrophe des II. Weltkrieges Hunderte von großen und kleinen Kriegen sowie mit Waffengewalt ausgetragene Konflikte. Abermillionen an Toten, Vermißten und Verstümmelten, unermeßliche Zerstörungen zivilisatorischer Einrichtungen und die Vernichtung zahlreicher, unersetzlicher Kulturgüter sind zu beklagen. Hier sei beispielhaft an den Korea- und den Vietnamkrieg, an die Golf- und Balkankriege, an Afghanistan und an die Kriege im Nahen Osten erinnert, an denen vornehmlich England, Frankreich, Ägypten, Israel und dessen Nachbarn beteiligt waren. Dabei übergehen wir die fürchterlichen Kriege auf dem afrikanischen Kontinent, die der Journalist Peter Scholl-Latour in seinem Buch „Afrikanische Totenklage" so eindrucksvoll beschrieben hat. Den VN fehlt ein mit allen militärischen Vollmachten und Gewalten ausgestattetes Organ, das notfalls mit Waffengewalt Frieden erzwingen und Krieg verhindern kann. Sollte dieser Mangel künftig auch nur teilweise behoben werden, wäre ein großer Fortschritt auf dem Wege einer globalen Friedensordnung errungen. Voraussetzung ist allerdings unter anderem eine grundlegende Reform der VN, deren Organisation überholt ist und den gegenwärtigen Machtverhältnissen keineswegs Rechnung trägt. Die alliierten Siegermächte des zweiten Weltkrieges, die in dem ausschlaggebenden Sicherheitsrat sitzen und zugleich Atommächte sind, verteidigen jedoch den Status Quo und blockieren so die anstehenden Reformen. Dies zeigt, daß die nationalen Vorrechte nach wie vor mit äußerster Härte, um nicht zu sagen Borniertheit, verteidigt werden. Dessen ungeachtet sollte nüchtern eingeräumt werden, daß der Friede des Hegemons (pax americana) immerhin dem allgemeinen Chaos, das ohne denselben ausbrechen würde, durchaus vorzuziehen ist.

Bündnispolitik

Die Tatsache der nationalen Egoismen legt den Schluß nahe, daß nicht die Auflösung der Nationen, sondern die Erweiterung und Vertiefung von Bündnissystemen Erfolg bei der Einhegung von Krieg und Gewalt und der Bewahrung des Friedens versprechen. Dies ist auch offensichtlich allgemeiner Konsens und Gegenstand praktischer Politik. So gesehen ist die Erweiterung der NATO und der Europäischen Union grundsätzlich richtig, wenn auch der dabei ins Auge gefaßte Zeitraum für erforderliche Anpassungen und Vorbereitungen neuer Mitglieder viel zu kurz bemessen ist und angesichts des überholten Regelwerks zu schweren Rückschlägen führen kann. Zudem ist zu bedenken, daß die Gefahr der Überdehnung, wie sie Paul Kennedy für die Großen Mächte so überzeugend beschrieben hat, natürlich auch den Bündnissystemen droht, vor allem, wenn sie nicht von starken, führenden Kräften geleitet werden. Die Selbstbehauptung Europas gegenüber den Welt- und Großmächten und den Interessen der globalen Mitspieler erfordert eine Bündelung der militärischen Aktivitäten und Kräfte. Das hat zu der erklärten Absicht der EU-Staaten geführt, eine gemeinsame Außen- und Sicherheitspolitik zu betreiben.

Das globale Spiel der Kräfte

Das globale Spiel der Kräfte wird überzeugend und umfassend von Samuel P. Huntington in seinem berühmten Buch: „The Clash of Civilizations", deutscher Titel: „Kampf der Kulturen" beschrieben. Nach seiner Theorie werde künftig die globale Politik mit Konflikten zwischen Gruppen unterschiedlicher Zivilisationen (Kulturen) und nicht mehr zwischen einzelnen Nationen konfrontiert werden. Dabei unterscheidet er im Wesentlichen sechs global relevante Kulturkreise: den sinischen Kulturkreis mit dem Kernstaat China, den japanischen Kulturkreis, den hinduistischen Kulturkreis mit dem Kernstaat Indien, den islamischen Kulturkreis, den westlichen Kulturkreis mit den USA und Europa als Kernregionen und den orthodoxen Kulturkreis, in dem Rußland den ersten Rang einnehmen wird. Die Vormachtstellung des christlich geprägten westlichen Kulturkreises werde nun zunehmend durch den sinischen und islamischen Kulturkreis in Frage gestellt, da diese selbst nach Hegemonie strebten. Diese Bedrohung werde durch die westliche Dekadenz noch entscheidend erhöht. Die „One-World"-Konzeption sollte durch eine global zu verstehende multikulturelle Konzeption ersetzt werden, in der jeder Kulturkreis seine eigene Identität erhält und pflegt. Der Westen müsse zur Wahrung seiner kulturellen Identität den Multikulturalismus, den eine kleine, aber einflußreiche Minderheit von linken Intellektuellen und Publizisten propagiere, verwerfen. Anders ausgedrückt: der Westen müsse wieder auf kulturelle Homogenität setzen, sonst sei der Bestand des westlichen Kulturerbes ernsthaft gefährdet. Nur durch eine Rückbesinnung auf die überkommenen christlichen Werte und Traditionen ließe sich dem Expansionismus anderer Kulturkreise Einhalt gebieten. Unübersehbar ist die dem eigenen Land gewidmete Kritik. Die USA könne dem großsprecherisch angemeldeten Weltführungsanspruch auf Dauer nicht gerecht werden. Die militärischen Ressourcen reichten nicht aus, und die Bevölkerung werde größere Verluste an Mensch und Material bei Interventionen nicht hinnehmen. Die USA sollten sich von ihrer Menschenrechtsideologie (die die Rolle als Hegemon rechtfertigt) lösen und sich den realen machtpolitischen Interessen des Westens zuwenden. Dabei sei ein enges Zusammengehen mit dem „alten Europa" und die Besinnung auf die tradierten Werte unerläßlich. Ohne dieselben werde sich die USA zu einem „hohlen Hegemon" entwickeln. Huntingtons globale Konflikttheorie erscheint realistisch und ist für einen friedlichen Ausgleich offen. Dem steht allerdings die derzeitige Entwicklung der amerikanischen Außenpolitik zu nacktem Imperialismus entgegen. Ohnehin ist Francis Fukuyamas Diktum vom „Ende der Geschichte" aufgrund des weltweiten Siegeszuges der liberalen Demokratie schon längst in das Reich der Märchenwelt entschwunden. Dem gegenüber haben sich Huntingtons Analysen der Kulturkreise als fruchtbar und weiterführend erwiesen. Über China lesen wir: „Analytiker vergleichen das Auftreten Chinas mit dem Aufstieg des wilhelminischen Deutschland zur dominierenden Macht in Europa Ende des 19. Jahrhunderts. Das Entstehen neuer großer Mächte wirkt immer destabilisierend, und Chinas Entwicklung zur Großmacht wird, wenn sie eintritt, jedes vergleichbare Phänomen der letzten 500 Jahre in den Schatten stellen." Was aber den islamischen Kulturkreis angeht, so genügt die eigene Beobachtung des Bogens von Nordafrika einschließlich des Sudans über den Iran bis nach Indonesien, um die Gefahren für Stabilität und Frieden durch religiösen und ethnischen Fundamentalismus auszumachen. Wir können daher folgern, daß die verschiedenen Kulturkreise der Welt und ihr Kampf um die Lebensinteressen eine ernste Herausforderung für die Regelung des Zusammenlebens in der globalisierten Welt darstellen.

Globale Waffentechnik

Der rasante Fortschritt in der Waffentechnologie hat die militärische Globalisierung entscheidend vorangetrieben. Das III. Reich eröffnete 1944 in Peenemünde mit dem erfolgreichen Start der Großrakete V2 die Nutzung des Weltraums für Trägerraketen mit großer Zerstörungskraft. Damit war der Weg für die Bekämpfung von Zielen rund um den Globus über Tausende von Kilometern vorgezeichnet, ohne daß dagegen eine wirksame Abwehr möglich war. Etwa zur gleichen Zeit produzierten die USA die ersten Atombomben und setzten sie auch gleich versuchsweise über zwei japanischen Großstädten mit der fürchterlichen Zerstörungskraft ein, die bis auf den heutigen Tag durch Strahlenschäden nachwirkt. Inzwischen ist es gelungen, mit Hilfe der Stationierung zahlreicher Satelliten in Erdumlaufbahnen nicht nur jeden Punkt der Erde dauerhaft und ununterbrochen aufzuklären und zu beobachten, sondern mit land- oder seegestützten Interkontinentalraketen als Trägersystemen für Gefechtsköpfe jedes lohnende Ziel zu bekämpfen und zu zerstören. Außerdem hat die Entwicklung der elektronischen Datenverarbeitung und der elektronischen Kriegsführung ein weiteres waffentechnisches Kampfgebiet eröffnet, dessen Beherrschung möglicherweise jede künftige kriegerische Auseinandersetzung entscheidet. Darüber hinaus haben neben der schon seit dem II. Weltkrieg eingeführten Funkmeßverfahren (Radar) Infrarot-, Wärmebild- und Lasertechnik Einzug in das militärische Waffenarsenal gehalten, und rechnergestützte Führungssysteme gehören zum militärischen Alltag. Neue zielsuchende, intelligente Waffensysteme kommen zum Teil ohne eine bisher erforderliche Besatzung aus. Die USA haben inzwischen ihre moderne Waffentechnik in den beiden von ihnen geführten Golfkriegen praktisch erprobt und sind damit allen anderen Nationen waffentechnologisch bis auf weiteres uneinholbar überlegen. Der Einsatz ihrer Kriegsflotte und das System ihrer Stützpunkte für Army und Air Force erfolgt rund um den Globus in Verbindung mit hochleistungsfähigen Abhörstationen und sogar Unterwassermikrophonen auf dem Meeresgrund, geführt von regionalen Kommandozentralen und abgestützt auf regionale Pakt- und Bündnissysteme.

Über die Technologie von atomaren, biologischen und chemischen Waffen erfährt die Öffentlichkeit in der Regel kaum etwas, es sei denn, der Haupteigentümer, die USA, beschuldigen und bedrohen irgendeinen „Schurkenstaat" wegen Erforschung und Besitzes solcher Waffen und – demzufolge wegen Verstoßes gegen internationale Vereinbarungen zur Nichtverbreitung (Nonproliferation) von Massenvernichtungswaffen beziehungsweise gegen den A-Waffen-Sperrvertrag. Aus Erkenntnissen, die dem Zusammenbruch der Sowjetunion entstammen, weiß die Öffentlichkeit aber ziemlich genau, daß Rüstung und Forschung auch auf diesem Gebiet weit fortgeschritten sind, allerdings strengster Geheimhaltung unterliegen. Wie hoch die Gefahren durch Massenvernichtungswaffen tatsächlich eingeschätzt werden, haben wir durch die Begründungen für den IRAK-Krieg zur Beseitigung des Regimes von

Saddam Hussein erfahren und erleben wir derzeitig in der politischen Auseinandersetzung der USA mit dem Iran und Nordkorea wegen der Herstellung oder des Besitzes von A-Waffen. Wie bereits dargestellt, ist die Welt seit dem Ende des zweiten Weltkrieges keineswegs friedlicher geworden. Die Waffentechnik kann inzwischen mit zuvor unerreichter Zerstörungskraft jeden Punkt der Erde erreichen und den Bestand der Menschheit mit Massenvernichtungswaffen ernsthaft gefährden. **Daher ist es der Politik aufgegeben, schon aus Gründen der Selbsterhaltung, aber auch um des Überlebens der Menschheit willen, die Gefahren der militärischen Globalisierung einzudämmen. Alle Mittel für Abschreckung und Abwehr des Einsatzes von Massenvernichtungswaffen sind in Erwägung zu ziehen und möglichst zu nutzen. Darüber hinaus müssen die einst mit großem Aufwand betriebenen Abrüstungs- und Rüstungsbegrenzungsverhandlungen mit den Großmächten wieder aufgenommen werden, um die Sicherheit zu erhöhen.**

Die neuen Kriege

Herfried Münkler, dessen Buchtitel als Überschrift dieses Abschnittes gewählt worden ist, vertritt die Ansicht, daß der klassische Staatenkrieg ein Auslaufmodell sei. Ganz ähnlich argumentiert der israelische Militärhistoriker Martin van Creveld in seinem Buch: „Die Zukunft des Krieges", indem er sagt: „Die neue Form des Krieges im 21. Jahrhundert ist der Terrorismus." Daran schließt sich das Diktum des französischen Publizisten Alain de Benoist nahtlos an, das da lapidar lautet: „Der 11.09. 2001 markiert den Ausbruch des ersten Krieges der Globalisierung." Außerdem spricht er von der Verwischung des Krieges, was nichts anderes sagen will, als daß Krieg und Frieden sich vermischen und nicht mehr sauber voneinander geschieden werden können.

Kennzeichen der neuen Kriege ist der Kampf der „Terroristen" oder – je nach Standpunkt – der Freiheitskämpfer mit den Mitteln des Untergrund- und Partisanenkampfes, des Terrors und der verdeckten Gewalt sowie der Aufopferung durch Selbstmordattentäter;

Zum Wesen der neuen Kriege gehören:
– Globalisierung: „Die Welt ist das Kriegstheater" (F. Uhle-Wettler)
– Entstaatlichung des Krieges und Verschwinden des tradierten Kriegsvölkerrechts;

Zivilbevölkerung als Zielgruppe von Gewalt, Auflösung des staatlichen Gewaltmonopols;
- Privatisierung und Kommerzialisierung von Gewalt durch private Akteure, lokale Kriegsherren (war lords), weltweit operierende Söldnerfirmen, internationale Terrornetzwerke, Guerillas, Kommandoeinheiten, Kriegsunternehmer und Großkonzerne;
- Autonomisierung (Verselbständigung); fehlende Regulierung durch politische Kontrolle;
- globaler Waffenhandel, billiger Waffenmarkt, offener und verdeckter Zugriff auf hochwirksame Waffensysteme durch organisierte Kriminalität;
- Kriminalisierung durch Geheimdienste und mafiose Strukturen;
- Asymetrisierung als Strategie, nicht mehr nur als taktisches Element, ungleichartige Militärstrategien und politische Konzepte; David gegen Goliath: Unterlaufen von A-Waffen und überlegener Waffentechnik;
- Konturlosigkeit, keine Grenzen, keine Fronten, Netzwerke, Verwischung von Freund und Feind, Kombattanten und Nichtkombattanten;
- die Kamera als Waffe: globale Aufmerksamkeit und Beeinflussung;
- die Rückkehr der Ideologie des „gerechten Krieges" und der Kreuzzugsmentalität; Kampf des Guten gegen das Böse, („Schurkenstaaten", „Achse des Bösen", Kriegsverbrecher);
- die Verkündung des heiligen Krieges gegen die Ungläubigen.

Die neuen Kriege sind freilich sogenannte „Low intensity wars" (M. van Creveld), in denen moderne Streitkräfte aufgrund ihrer Übertechnisierung meist nicht angemessen agieren können, wie das Beispiel des nicht enden wollenden IRAK-Krieges, aber auch der Tschetschenienkrieg anzeigt. Außerdem ist das globale Sicherheitsrisiko der neuen Art Krieg zu führen, durch die opferreichen Anschläge von Manhattan, Madrid, Moskau und andernorts drastisch offenbart worden.

Als Folgerung des eingangs genannten Autors Münkler wird die Wiederherstellung der Staatlichkeit gefordert, um „die Verwurzelungsmöglichkeiten für terroristische Netzwerke systematisch zu minimieren und auf diese Weise die Existenz- und Operationsbedingungen von Terroristen zu beschränken." Die etatistische Kernaufgabe: Schutz der Bürger nach innen und außen müsse gewährleistet werden, kurz: mehr Staat, weniger Privatisierung! Das erscheint plausibel und könnte eine Renaissance des Nationalen bedeuten, die in der Staatenwelt der ehemaligen Sowjetunion längst Wirklichkeit geworden ist und für die

Europäische Union als Europa der Vaterländer die einzig realistische und erstrebenswerte Konzeption ist.

Gesamtstrategie

Dieser Begriff wird – wohl eher aus massenpsychologischen Gründen – heutzutage meist durch den „friedlicher" klingenden Begriff der Sicherheitspolitik ersetzt. Wir halten dennoch daran fest, da er den existentiellen Gehalt dessen, worum es hier geht, und das Erfordernis, sich damit zu befassen, klarer ausdrückt. Stets geht es dabei um Macht und ihre „freundliche demokratische Schwester: Einfluß (E. Bahr). Brzezinski übersetzt diesen Sachverhalt konkret in seinem schon erwähnten Buch wie folgt: „Kein Nationalstaat dürfte sich mit den USA in den vier Schlüsselbereichen der Macht (militärisch, wirtschaftlich, technologisch und kulturell) messen können, die gemeinsam die entscheidende globale politische Schlagkraft ausmachen." Der unentbehrlichen Macht der USA stellt er das Potential einer weltweiten Anarchie gegenüber: Bevölkerungsexplosion, Armutsmigration, Urbanisierung, ethnische und religiöse Feindseligkeiten, Verbreitung von Massenvernichtungswaffen. Zur Bewältigung der Folgen und zum Erhalt der fragilen geopolitischen Stabilität sei zusätzlich zum Engagement Amerikas das Grundgerüst der Nationalstaaten erforderlich. Das entspricht durchaus dem, was H. Münkler – wie oben ausgeführt – zur Einhegung der neuen Kriege vorgeschlagen hat. Eine auf Harmonie und Konsens gegründete „Neue Weltordnung", womöglich ohne Grenzen, ist jedenfalls nicht in Sicht. Im Gegenteil! Das globale Gewaltpotential wächst bei gleichzeitiger Veränderung ständig. Somit nimmt die Gefährdung des friedlichen Zusammenlebens unaufhörlich zu. Es ist daher zweckmäßig, einen kurzen Blick auf die historisch gewachsene Theorie des Krieges zu werfen, um die Einflußmöglichkeiten der Politik einschätzen zu können.

„Der Krieg ist nichts, als eine Fortsetzung des politischen Verkehrs mit Einmischung anderer Mittel." Diese Feststellung des Generals Carl von Clausewitz in seinem weltberühmten Buch „Vom Kriege" ist nach wie vor richtungsweisend. Der daraus abzuleitende Primat der Politik ist geltende Lehre der Militärstrategie. Diese kann immer nur Teilstrategie sein. „Über ihr steht die Gesamtstrategie, für deren Führung der Staatsmann verantwortlich ist. Er integriert sie aus den Teilstrategien (wirtschaftlich, finanziell, psychologisch usw. und natürlich besonders die militärische), ihr Ziel ist über den >ordinären< Sieg hinaus der brauch-

bare Frieden (was weder nach 1918 noch nach 1945 funktioniert hat)"
(Vizeadmiral a.D. Prof. F. Ruge). Dem sei angefügt, was Generaloberst
Ludwig Beck als ehemaliger Chef des Generalstabes in einer seiner
Denkschriften Ende 1938 gesagt hat: „Dem heute zum Ausdruck
gebrachten Streben nach Erhaltung des Friedens und nach Ausschaltung
des Krieges als Mittel der Politik braucht eine ausschlaggebende Bedeutung nicht beigemessen zu werden. Die letzte Probe hat eine derartige
Tendenz noch nie bestanden und wird sie auch in Zukunft nicht bestehen." Dem entsprechen die inzwischen erfolgte weltpolitische Entwicklung und ihre Beurteilung durch alle bedeutenden Militärtheoretiker
vollkommen. Dabei ist zugrunde zu legen, daß eine Gesamtstrategie alle
Einflußfaktoren der Macht und des Einflusses im Daseinskampf konkurrierender Interessengruppen einkalkulieren muß und sich Krieg und
Frieden nicht mehr eindeutig voneinander trennen lassen. Vielmehr ist
davon auszugehen, daß die aus feudalen Zeiten stammende Übung der
förmlichen Kriegserklärung sowie die Beendigung des Streites durch
einen sorgsam ausgehandelten Friedensvertrag unter prinzipiell gleich-
berechtigten Vertragspartnern in demokratischen Gesellschaften obsolet
geworden sind. Dies haben die Konflikte der jüngeren Vergangenheit
einschließlich des ersten und zweiten Weltkrieges gezeigt.

Der nun von G.W. Bush verkündete Krieg gegen den Terrorismus –
was auch immer das sei – wird als globaler Kreuzzug in göttlicher Mis-
sion gegen das Böse schlechthin geführt. Das schließt einen Friedensvertrag aus und erfordert eine Aburteilung der gegnerischen Führer als
Kriegsverbrecher. Im übrigen ist niemand mehr sicher. Die USA sind
global so stark und überlegen, daß sie glauben, sich von allen übernatio-
nalen Vereinbarungen freihalten zu können. Dies betrifft das Kriegsvöl-
kerrecht, UN-Vereinbarungen und NATO-Vertrag gleichermaßen. Das
Recht, einen Präventionskrieg zu führen, ist noch von dem Anspruch
auf Präemption überboten worden, das heißt, selbst eine mögliche oder
nur vermutete, noch nicht wirklich eingetretene Bedrohung kann krie-
gerisch ausgeschaltet werden. Der dadurch eingetretene Gesichtsverlust
der Vereinigten Staaten als Hort von Freiheit, Demokratie und Menschenrechten ist ein sehr hoher Preis für den Gewinn von strategischen
Positionen und militärischen Stützpunkten im Kampf um die Weltherrschaft und die Ressourcen der Erde. Diese Entwicklung hat – unabhängig von der jeweiligen Regierung – eine große Kontinuität. Sie ist in
dem jährlich vom Präsidenten vorzulegenden „National Security
Report" niedergelegt. Hier sind besonders die nationalen Interessen der

USA, zu denen die nationale Sicherheit, die weltweite Vorherrschaft und der uneingeschränkte globale Freihandel gehören, unmißverständlich und für Jedermann zugänglich nachzulesen. Die USA sind somit durchaus ein berechenbarer Hegemon. Nur träumerische Wirklichkeitsverweigerer können sich über die nüchternen und harten Analysen amerikanischer Außenpolitik aus der Feder Brzezinskis aufregen.

Natürlich beteiligen sich an diesem gefährlichen Schachspiel noch weitere bedeutende „Global Players" wie China und Rußland. Beide sind jedoch, wie auch andere, zur Zeit noch so sehr mit eigenen Problemen beschäftigt, daß sie den USA kaum Paroli bieten können. West- und Mitteleuropa wird, um aus der von Brzezinski festgestellten Rolle eines Protektorates der USA herauszukommen, erst seine Einigung so weit vorantreiben müssen, daß es in Fragen der Gesamtstrategie mit einer Stimme sprechen kann. Bis dahin werden seine Teile den Status tributpflichtiger Vasallen behalten. Im übrigen sind sich die wenigen deutschen strategischen Köpfe von Gewicht darin einig, daß Deutschland eine aktive Friedenspolitik, abgestützt auf die UNO, das Völkerrecht und die Fortsetzung seiner bewährten Mitgliedschaft in der NATO und anderen politischen Zusammenschlüssen betreiben muß. Das bedeutet vor allem die Übernahme von gesamteuropäischer Mitverantwortung für Sicherheit und Zusammenarbeit im Rahmen der EU. Dem tragen die verteidigungspolitischen Richtlinien des Bundesministeriums für Verteidigung vom 21. Mai 2003 in einer Weise Rechnung, die noch vor wenigen Jahren von ihren heutigen Propagandisten als militaristisch und kriegstreiberisch zurückgewiesen worden wäre. Es heißt dort unter anderem: „Für die Bundeswehr stehen Einsätze der Konfliktverhütung und Krisenbewältigung sowie zur Unterstützung von Bündnispartnern, auch über das Bündnisgebiet hinaus, im Vordergrund." An anderer Stelle wird von der „internationalen" Konfliktverhütung und Krisenbewältigung und von kooperativen Strategien zur multilateralen Risikovorsorge und zu internationalen Konfliktlösungen gesprochen. Weiter wird ausgeführt: „Die Vielfalt der Aufgaben erfordert eine gesamtstaatliche Sicherheitspolitik mit flexiblen und aufeinander abgestimmten Instrumenten, *die mittelfristig in einer nationalen Sicherheitskonzeption gebündelt werden müssen.* Ein andere Kernaussage lautet: Deutsche Verteidigungspolitik wird maßgeblich durch drei Faktoren geprägt:
 – die multinationale Einbindung der Bundeswehr im Rahmen einer auf europäische Integration, transatlantische Partnerschaft und globale Verantwortung ausgerichteten Außenpolitik;

– das veränderte Einsatzspektrum der Bundeswehr und die gewachsene Anzahl an internationalen Einsätzen;
– die verfügbaren Ressourcen.

Die militärische Globalisierung ist also längst Wirklichkeit geworden. Wie die wirtschaftliche Globalisierung bedarf auch sie der Einhegung und Steuerung. Ohne planvolle und zielgerichtete Begrenzung und Beschränkung breitet sie sich krebsartig aus und wird durch Mißbrauch oder Maßlosigkeit zur allgemeinen Gefahr. Der organisierte, weltweite Widerstand von Globalisierungsgegnern droht schon gegenwärtig bei besonderen Anlässen wie Weltwirtschaftskonferenzen bürgerkriegsähnliche Formen anzunehmen. Ob nun aber die hochzivilisierten Völker die Kraft und die Vitalität wenigstens zur Selbstbehauptung im Sinne der oben beschriebenen Richtlinien aufbringen, ist nicht sicher. Gerade Deutschland hat sich durch Leistungsverweigerung, Selbstgeißelung und Nachwuchsverweigerung nachhaltig gelähmt und von vielen Spitzenplätzen, welche die Kriegsgeneration mit schier unglaublichem Aufbauwillen erkämpft hatte, innerhalb weniger Jahrzehnte abhängen lassen. Ganz offensichtlich hat hier die politische Klasse vollständig versagt, denn das im Grunde willige Volk braucht Führung. Die Globalisierung nimmt darauf keinerlei Rücksicht. Wer sich im globalen Spiel der Kräfte abhängen läßt, wird noch getreten. „Schluß mit lustig" ruft der bekannte Fernsehkorrespondent und Theologe Peter Hahne in seinem Buch über das Ende der Spaßgesellschaft. Um dies zu verstärken, fügen wir eine wichtige Feststellung des scharfsichtigen und weitblickenden Staatsrechtlers Professor Carl Schmitt aus seinem Text „Der Begriff des Politischen" an: „Dadurch, daß ein Volk nicht mehr die Kraft oder den Willen hat, sich in der Sphäre des Politischen zu halten, verschwindet das Politische nicht aus der Welt. Es verschwindet nur ein schwaches Volk."

Prof. Dr. Eberhard Hamer

Big Brother is watching you

Die Zeiten sind glücklicherweise vorbei, in denen die Untertanen der ehemals kommunistischen Länder in einer ständigen Angst vor der staatlichen Kontrolle lebten, Angst davor, irgendetwas gemacht oder gesagt zu haben, was Staat und Partei als Vorwand nehmen könnten, um die Einzelperson auszugrenzen, zu verfolgen, einzusperren oder zumindest intensiv zu überwachen. Der Wunsch nach Freiheit aus dem Sozialismus war im vergangenen Jahrhundert vor allem der Wunsch nach persönlicher Sicherheit vor den Kontrollen der Staatsapparate, das Abschütteln des Zwangs zur allseitigen sozialistischen „political correctness", sich also ohne Furcht vor staatlichen Eingriffen so verhalten zu können und das sagen und denken zu können, was man selbst und nicht die Funktionärsclique wollte.

Die Überwachung und Kontrolle durch mächtige Staatsapparate wie Staatssicherheit (Stasi), Militär und Partei u.a. hat dennoch nicht ausgereicht, die Volksbewegungen in Polen oder 1989 in der DDR zu verhindern. Offenbar war die Flut der einkommenden Berichte, Meldungen, Kontrollen und Daten so groß, daß die Kontrollapparate dieser Flut nicht mehr Herr wurden, daß sie immer weniger zur Überwachung und Kontrolle kamen, weil sie schon mit der Sichtung und Registratur der einkommenden Berichte, Kontrollmeldungen und Daten überfordert waren.

In den freien westlichen Demokratien ist die Entwicklung umgekehrt gelaufen: Von Jahrzehnt zu Jahrzehnt wurden die Freiheiten der Bürger im ehemals freiesten Staat, den wir je hatten, beschränkt, kontrolliert, gesteuert und zur Unfreiheit von Untertanen reduziert. Inzwischen lebt der Bürger in Deutschland in wachsender Angst nicht nur vor den privaten Gefahren, der ihn bedrohenden, global operierenden Verbrecherbanden, gegen welche der Staat vorsätzlich oder fahrlässig zu wenig unternimmt, sondern auch in Angst vor dem Staat selbst, dem eigentlich seine Zustimmung gelten sollte, nämlich in Angst

- vor der Ausbeutung vor allem der Leistungsträger durch einen immer härteren Zugriff des wachsenden Steuer- und Sozialstaates, der immer mehr Leistungserträge von immer weniger Leistungsträgern zur Umverteilung an immer mehr Leistungsnehmer braucht,

- vor einer die Freiheit des Bürgers immer stärker eingrenzenden Gesetzesflut und Bürokratie, welche inzwischen nahezu jede Handlung – zumindest im gewerblichen Bereich –, jedes Unterlassen und die Umfeldbedingungen regeln, vorschreiben, dirigieren und nicht nur die Freiheit des Normalbürgers, sondern vor allem auch die erforderliche Freiheit des für Marktwirtschaft und Wohlstand unverzichtbaren Unternehmers zur Untertänigkeit reduziert haben,
- vor einer sogar neuen Inquisition der Meinungsherrschaft, welche Abweichler von der vorgeschriebenen „political correctness" als Gefahr empfinden, mit öffentlichen Mitteln aufspüren lassen, politisch isolieren, brandmarken und sogar einsperren.

Die bürgerliche Freiheit der liberalen Demokratie ist unter der sozialistischen Welle des zwanzigsten Jahrhunderts mit Kommunismus, nationalem Sozialismus, internationalem Sozialismus und Umverteilungssozialismus zum Wunschbild entschwunden. Der Bürger hat längst nicht mehr die Freiheit, das zu tun, was er will, sondern ihm wurde das, was er zu tun hat, immer mehr durch Gesetze, durch Behörden, durch die herrschenden Netzwerke politisch, publizistisch, wirtschaftlich und gesellschaftlich vorgeschrieben. Und damit der Bürger die Wünsche der Funktionäre bzw. der von internationalen Netzwerken gesteuerten nationalen Obrigkeit auch erfüllt, haben die Staaten durch undemokratische supranationale Einrichtungen immer mehr Kontrollen, Handlungszwänge, Freiheitsbegrenzungen und Vermögenszugriffe eingeführt, die inzwischen eine so bedrohliche gesellschaftliche Gesamtdimension erreicht haben, daß von der ursprünglich demokratischen Souveränität des Bürgers nicht mehr viel geblieben ist, vielmehr er längst zum Untertanen anonymer obrigkeitlicher Willensbildungen geworden ist.

Für die zunehmenden Schritte der Überwachung, Gängelung, Meinungsbildung und wirtschaftlichen Ausplünderung der Bürger werden unterschiedliche Begründungen auf nationaler oder supranationaler Ebene herangezogen, die allerdings immer die gleiche Richtung zunehmender Freiheitseinschränkung hatten:

- Auf unterer Ebene eigneten sich die angeblichen Gefahren von „Nationalismus", „Fremdenfeindlichkeit", „Antisemitismus" oder „Volksverhetzung" zur Erzwingung einer „political correctness" der Untertanen.

- Im wirtschaftlichen Bereich wurden Schlagworte wie „soziale Gerechtigkeit", „Solidarität", „Zusatzlast der starken Schultern" oder „sozialer Ausgleich" zur Ausbeutung des Mittelstandes nicht nur zugunsten der unteren Schichten des Proletariats, sondern ebenso für die Subvention an die Konzerne benutzt.
- Auf oberer internationaler Ebene wurden Scheingefahren wie „Terrorismus", „internationale Geldwäsche", „Antisemitismus", „Antiamerikanismus" oder „Steuerflucht" benutzt, um sogar weltweit Durchgriff auf den einzelnen Bürger und Zwang nicht nur auf sein Vermögen, sondern auch auf seine Meinung auszuüben.

In diesem Sinne ist die Globalisierung nicht in ihrem eigentlichen Sinn zu einer Ausdehnung der Freiheit der Menschen in der Welt geworden, sondern zur Ausdehnung weltweiter Kontrolle über die Menschen, zu neuen Dimensionen der Untertänigkeit der Menschen nicht nur unter ihre nationalen Regierungen, sondern auch unter internationale Organisationen, Netzwerke und Weltmächte. Dazu einige Beispiele:

1. Der gläserne Steuerzahler
Am Beispiel der deutschen Steuerpolitik läßt sich die Entwicklung vom ehrlichen Steuerbürger, dessen Erklärung man prinzipiell glaubt, hin zum „mutmaßlichen Steuersünder", dem potenziellen Steuerhinterzieher, den man immer gläserner kontrollieren muß, weil man ihm grundsätzlich nicht mehr glaubt, aufweisen.

Dies war sicher nicht nur Vorsatz, sondern auch blanke Finanznot. Je mehr die Konzerne ihre Betriebe und Firmensitze in die Steueroasen verlegten und deshalb netto schon seit Jahrzehnten keine Steuerzahler mehr waren, desto stärker mußten die noch der nationalen Steuerherrschaft unterliegenden Leistungsträger des Mittelstandes herangezogen werden, um für die wachsende Umverteilung an die Sozialklientel der Parteien die notwendigen Mittel heranzuschaffen. Der Mittelstand trägt in Deutschland mehr als 80% netto aller Abgaben, weil er mit seinen Kleinbetrieben nicht flüchten, seinen Firmensitz nicht ins Ausland verlegen und sich selbst ebenfalls nicht durch Wegzug ins Ausland der höchsten Steuerlast in Europa entziehen kann.

Schon seit April 2003 war jedes Kreditinstitut in Deutschland verpflichtet, Kundenstammdaten aller Konten mit Kontonummer, Art des Kontos, Name und Geburtsdatum des Inhabers, Tag der Kontoeinrichtung und -auflösung, Name und Geburtsdatum eines wirtschaftlich Berechtigten oder Verfügungsberechtigten u.a. der Bundesanstalt für Finanzdienstleistungsaufsicht (BaFin) zur Verfügung zu stellen. Die Daten mußten technisch so bereit gestellt werden, daß die BaFin innerhalb von 30 Minuten darauf zugreifen, die Bank selbst aber diesen Zugriff nicht bemerken kann. Mit solchem automatisiertem anonymem Zugriff steht das BaFin Gerichten, Bundeskriminalamt (BKA), Bundesnachrichtendienst (BND), Strafverfolgungsbehörden, aber indirekt über die Nachrichtendienste auch dem amerikanischen CIA und dem israelischen Mossad zur Verfügung.

Zum April 2005 wurde die Finanzkontrolle noch einmal verschärft: Seitdem können auch alle Behörden der Finanzverwaltung, Finanzämter, Arbeitsämter, Sozialämter, Wohnungsämter, Bafög-Ämter u.a. auf die Kundendaten der Banken zugreifen, ohne daß irgendwelche Voraussetzungen – etwa Straftaten – erfüllt sein müssen.

Zuzüglich gibt es Kontrollmitteilungen auf EU-Ebene über Kapitaleinkünfte, insbesondere bei grenzüberschreitenden Finanztransaktionen.

Begründet wurde dies ursprünglich mit der Bekämpfung der Schwarzarbeit, dann mit der internationalen Kriminalität (Geldwäsche) und schließlich mit dem neuen, von den USA ausgegebenen Generalüberwachungsargument: „Terrorismusbekämpfung". Seitdem werden 500 Mill. Konten und Depots in Deutschland überprüft, ohne daß den Staat dies etwas kostet, denn die Kosten müssen die Banken tragen – letztlich also der Bürger wiederum selbst.

Das Überraschende an dieser finanziellen Totalkontrolle der Bürger war: Wesentlicher Protest hat sich dagegen nicht erhoben. Die Bürger sind offenbar Freiheitsentzug schon so gewöhnt, daß sie dies mit Untertanenmentalität hinnehmen.

Weltweite Personenkontrolle
Eigentlich sollte in einer echten Demokratie der selbstverantwortliche Bürger frei und ohne Kontrolle leben dürfen. Diese Idealvorstellung trifft

schon lange nicht mehr zu. Immer stärker haben nicht nur die Nationalstaaten, sondern zunehmend auch darüber hinaus die „einzige Weltmacht" und die hinter ihr stehenden Finanzmächte internationale, globale
Kontrollmechanismen über die Menschen eingerichtet. Schon in seinem
1835 erschienenen Buch „Über die Demokratie in Amerika" schreibt Ale-
xis de Tocqueville: „Ich erblicke eine Menge einander ähnlicher und
gleichgestellter Menschen, die sich rastlos im Kreise drehen, um sich
kleine und gewöhnliche Vergnügungen zu verschaffen, die ihr Gemüt
ausfüllen. Jeder steht in seiner Vereinzelung dem Schicksal aller anderen
fremd gegenüber. Über diesen erhebt sich eine gewaltige, bevormunden-
de Macht, die allein dafür sorgt, ihre Genüsse zu sichern und ihr Schicksal zu überwachen. Sie ist unumschränkt, ins Einzelne gehend, regelmäßig, vorsorglich und mild. Sie wäre der väterlichen Gewalt gleich, wenn
sie wie diese das Ziel verfolgte, die Menschen auf das reife Alter vorzubereiten; stattdessen aber sucht sie bloß, sie unwiderruflich im Zustand
der Kindheit festzuhalten. Auf diese Weise macht sie den Gebrauch des
freien Willens mit jedem Tag wertloser und seltener; sie beschränkt die
Betätigung des Willens auf einen kleinen Raum, und schließlich entzieht
sie jedem Bürger sogar die Verfügung über sich selbst.

Nachdem der Souverän auf diese Weise den einen nach dem anderen
in seine mächtigen Hände genommen und nach seinem Gutdünken
zurechtgeknetet hat, breitet er seine Arme über die Gesellschaft als
Ganzes aus. Er bedeckt ihre Oberfläche mit einem Netz verwickelter,
äußerst genauer und einheitlicher kleiner Vorschriften, die die
ursprünglichsten Geister und kräftigsten Seelen nicht zu durchbrechen
vermögen, um sich über die Menge hinauszuschwingen; er bricht ihren
Willen nicht, aber er weicht ihn auf und beugt und lenkt ihn; er zwingt
selten zu einem Tun, aber er wendet sich fortwährend dagegen, daß
man etwas tue; er zerstört nicht, er hindert, daß etwas entstehe; er
tyrannisiert nicht, er hemmt, er drückt nieder, er zermürbt, er löscht
aus, er stumpft ab[84]. Mit dieser Schilderung meinte Tocqville nicht etwa
ein sozialistisches, nationalsozialistisches oder kommunistisches Herrschaftssystem, sondern die seit fünf Generationen führende Demokratie, die heutige „einzige Weltmacht".

Offensichtlich ist entgegen aller Freiheitsfanfaren Macht immer mit
Kontrolle, Gängelung und Untertänigkeit verbunden. Der Mächtige
kann insbesondere seine Macht nur erhalten, stärken und nutzen, wenn
er die Kontrolle über seinen Machtbereich hat.

Die Kontrolle setzt wiederum Überwachung voraus, um rechtzeitig Gegner zu entdecken und für die Macht gefährliche Entwicklungen rechtzeitig zu erkennen.

Solche Überwachung haben früher die sozialistischen oder National-staaten in ihrem Bereich durch nationale Geheimdienste gewährleistet; im Zeitalter der Globalisierung ist deshalb auch der Geheimdienst der „einzigen Weltmacht" weltweit tätig (CIA) und muß deshalb auch welt-weit überwachen.

In Deutschland bestehen praktisch zwei Überwachungsebenen: Die Bundesbehörden dürfen mit einzelrichterlicher Genehmigung Telefo-nate abhören oder sogar mit Genehmigung einer großen Strafkammer Lauschangriffe gegen Bundesbürger durchführen. Obwohl auch diese Ausforschung auf inzwischen jährlich über 20.000 Fälle angestiegen ist, blieb sie national doch bisher unter Richtervorbehalt. Immerhin: Eine einzige richterliche Überwachungsanordnung führt durchschnitt-lich zum Abhören von ca. 1.400 Gesprächen. Bei 22.000 Anordnungen im Jahre 2002 waren dies 31 Mill. abgehörte Gespräche. Nur in 15% aller Fälle wurden die Beteiligten über die Maßnahme informiert, obgleich das Gesetz dies grundsätzlich verlangt[85].

Wo die deutschen Überwacher wegen etwa notwendiger gerichtlicher Anordnungen oder wegen des Datenschutzes noch Hemmungen haben, geht die weltweite amerikanische Überwachung hemmungslos vor:

1. Im März 2000 berichtete das Amt zur Bewertung von Technikfolgen des Europaparlaments, daß kein Telefonat, kein Fax –sowohl über Festnetz als auch mobil – und keine e-mail vor dem Abhören durch den amerikanischen Geheimdienst national security agency (NSA) gesichert sei. Die NSA unterhält nämlich das weltweite Überwa-chungssystem „Echolon", mit welchem sie rund um die Uhr die welt-weite Telekommunikation belauscht. Das Echolon-System soll in der Lage sein, jeden Tag über 3 Mrd. Telefongespräche, Faxe und Inter-netverbindungen auf Schlüsselwörter zu kontrollieren[86]. Hoch ent-wickelte Speicher-Erkennungsprogramme können dann mit Hilfe einprogrammierter „Stimmabdrücke" (voice prints) automatisch die Zielpersonen von Telefongesprächen identifizieren, selbst wenn die Personen ihre Stimme verstellen sollten. Die Echolon-Anlage in Bad Aibling ist kraft Besatzungsrecht exterritorial, also deutschem Recht

und deutschen Kontrollen nicht zugänglich. Neun weitere Abhörstationen rund um den Globus filtern jegliche Telekommunikation.

Das europäische Parlament hat sich mit der Frage beschäftigt, in welchem Maße die USA und Großbritannien mit Hilfe des Echolon-Systems Wirtschaftsspionage gegenüber ihrer europäischen Konkurrenz betreiben. Der britische Journalist Duncan Cambell, der im Auftrage des EU-Parlaments zwei Echolon-Berichte verfaßt hat, schätzt, daß rund 40% der US-Geheimdienst-Aktivitäten wirtschaftlicher Natur sind, daß hunderte von US-Firmen mit Echolon-Unterstützung Aufträge gegen kontinental-europäische Konkurrenz erreichen konnten, darunter Großaufträge bis zu mehreren Milliarden Dollar (Enron, Boeing). Der Spionageschaden durch Echolon wird im gleichen Bericht allein für Deutschland mit jährlich 4 Mrd. Dollar angegeben[87]. Vor allem aber verschafft sich die US-Wirtschaft mit Hilfe von Echolon durch Abhören der europäischen Forschungs- und Entwicklungsabteilungen technologische Insider-Kenntnisse in jährlich zweistelligen Milliardenwerten.

Das Echolon-System wirkt wie ein großer Staubsauger und reagiert auf bestimmte sensible Worte. Wer immer dieses Wort telefonisch per Fax oder o.a. benutzt, wird damit von Echolon weltweit erfaßt und gezielt abgehört.

Darüber hinaus wird das Echolon-System wegen der „doppelten Loyalitäten" (Brzesinski) vieler seiner Mitarbeiter auch vom israelischen Mossad-Geheimdienst sowohl politisch wie auch wirtschaftlich genutzt.

Praktisch werden wir also weltweit mit der gesamten Telekommunikation vom „großen Bruder" abgehört, werden unsere Gespräche aufgezeichnet, ausgewertet und bei Bedarf zu Maßnahmen gegen uns Bürger genutzt, ohne daß wir davon wissen und ohne daß wir hier oder ein Gericht dies hindern können.

Auf Grund der Vielseitigkeit der Echolon-Anlagen sind diese zu einem großen integrierten System verknüpft und in Überwachungsbereiche wie z.B. Deutschland, Europa, Afrika, Westrußland o.a. unterteilt. Spezielle Abhöreinrichtungen zapfen die Intelsat- und Inmarsat-Satelliten an, zapfen durch U-Boote mit

Tiefseetaucheinrichtungen sogar die Unterseekabel mit Hilfe von Langzeitrekordern und Signalverstärkern an und versuchen mit Hilfe des internationalen „Enfopol" die internationale Gesetzgebung und Telekommunikationstechnologie auf Abhören zu trimmen – z.b. die Deutsche Telekommunikations-Überwachungsverordnung oder die Handy-Technologie.

Wo die nationalen Parlamente zögern, werden die supranationalen Organisationen vorgeschickt – z.b. die EU, welche durch Richtlinie die Produktion und den Besitz abhörsicherer Handys verbot.

Auf Druck der US-Regierung mußte sich sogar die Deutsche Lufthansa bequemen, dem neuen US-Gesetz für Flugreisen in die USA zu entsprechen und ihr Buchungssystem „amadeus" zur Kontrolle der Passagiere zur Verfügung zu stellen. Durch die vorbereiteten „biometrischen Pässe" wird dieses Überwachungssystem international weiterhin verfeinert und verallgemeinert. Gemäß Vorgaben der UN-Behörde ICAO sollen nun auch in der Europäischen Union Paßbilder als biometrisches Merkmal auf einem Ship gespeichert werden. Optional darf ein Land den Fingerabdruck oder sogar die Iris zusätzlich abspeichern. Mittelfristig sollen die Rohdaten des Gesichts sowie die Personenbeschreibung in einem neuen Standard mit Speichergröße für den kontaktlosen Ship von 32 KB vorgeschrieben werden, um standardisierte und Massenüberwachung zu erleichtern.

Ein Problem, welches schon die kommunistischen Geheimdienste hatten, kann aber offenbar auch der FBI nicht lösen. Er war im Herbst 2004 mit 123.000 Stunden Auswertung der abgehörten Gespräche im Rückstand. Die Möglichkeiten der Überwachung übertreffen bereits die Kapazitäten.

Die neue Inquisition
Fragt man sich, weshalb die „einzige Weltmacht" einen so weltumspannenden, mehr als hunderttausend Agenten umfassenden Geheimdienst und Überwachungsapparat geschaffen hat, so können die offziellen Begründungen dies eigentlich nicht rechtfertigen:

- „Kampf gegen Kriminalität" klingt nicht mehr glaubhaft, seit der CIA schon während der Kriegszeit eng mit der italienischen Mafia zusammenarbeitete und sich angeblich zu 80% aus dem internationalen Drogengeschäft finanziert[88]. Im übrigen wäre die Bekämpfung der Kriminalität eher eine Polizei- statt eine Geheimdienstaufgabe.

• „Kampf für Menschenrechte und Demokratie" ist ebenfalls ein Schlagwort, unter dem Aktionen der CIA laufen, wie z.B. die „Orange-Revolution der Ukraine", durch welche unter Führung einer ehemaligen US-Außenministerin ein stellvertretender CIA-Chef mit Milliardenbeträgen und angeblich mehr als 10.000 CIA-Helfern den Machtwechsel von einem rußlandfreundlichen zu einem den USA nahestehenden Regime bewirkt hat.

• Auch der „Kampf gegen den Terrorismus" scheint ein eher vordergründiges Argument, wenn man bedenkt, wer jeweils wann zum Terroristen erklärt wurde, z.B. der von der US-Regierung mit Geld, Waffen gegen den Iran und mit Freundschaftsgrüßen ausgezeichnete Diktator Saddam Hussein, der Terrorist wurde, als er mit chinesischen, französischen und deutschen Ölfirmen statt nur mit englischen und amerikanischen Ölverträge abschloß und sogar die Allgemeingültigkeit des Dollar angriff, durch Abschluß von Öllieferverträgen in Euro.

• Danach hat wieder Israel etwas eher als die USA zwei neue Nachbarstaaten als neue Terroristen ausgemacht: den Iran und Syrien. Auch der Iran verletzt amerikanische Interessen durch seine Ölgeschäfte mit China und Rußland sowie durch seine Abkehr vom Dollar für die Ölgeschäfte.

• Selbst wenn es stimmen sollte, daß fundamentale Araber um den vorher von den USA verhätschelten Scheich Bin Laden die Attentate vom 11. September begangen haben, wäre dies eigentlich ein inneramerikanisches Problem. Es ist schwer erklärlich, weshalb daraufhin plötzlich die „eurasischen Vasallen" (Brzesinski) und anderen Bündnisstaaten der USA dieses Ereignis zum Anlaß nehmen mußten, im angeblichen „Kampf gegen den Terrorismus" die Grundrechte ihrer Bürger drastisch zu beschneiden, deren Überwachung zu verschärfen, neue Terrorismusgesetze einzuführen und sich global „der Führung der USA im Kampf gegen den Terrorismus" zu unterstellen. Wenn der Kampf gegen den Terrorismus der Grund für das größte und weltumfassendste amerikanische Überwachungs- und Kontrollsystem gewesen sein sollte; warum bestand dieses Überwachungssystem schon vor Beginn des Kampfes gegen den Terrorismus? Ist der „Kampf gegen den Terrorismus" etwa nur benutzt worden, um das Überwachungs- und Kontrollsystem zu verschärfen und die Welt zu zwingen, sich ihnen einzugliedern?

• Sinn würde eine totale Überwachung und weltweite Kontrolle im Sinne von „political correctness" über die Bürger machen, wenn es um die Durchsetzung einer Ideologie ginge. Schon immer haben sich Ideologien in ihrem Einflußbereich der Überwachung und Kontrolle bedient, um Dissidenten oder „Ketzer" oder „Gottesleugner" ausfindig zu machen, um sie gnadenlos zu bestrafen und damit ihre ideologischen Anhänger durch Furcht zu beherrschen. Dies war im Islam nicht anders als in der mittelalterlichen katholischen Kirche, in der Revolution Cromwells, der französischen Revolution, in allen sozialistischen Herrschaftssystemen und möglicherweise eben auch im Weltherrschaftssystem der US-Hochfinanz.

Es geht um „political correctness". Nur wer politisch richtig programmiert ist, jubelt den jeweiligen Herrschern auf dem richtigen Bein zu. Nur „politisch richtige" Staaten, Regierungen und Parteien und Bürger sind dem jeweiligen Herrschaftssystem förderlich, sind als Vasallen verläßlich.

Wer dagegen die herrschende Macht in Frage stellt, kritisiert oder gar bekämpft, muß neutralisiert werden, wird meist gnadenlos verfolgt.

Dies war zu Zeiten der alten Inquisition des 16. und 17. Jahrhunderts ebenso wie bei der Verbreitung des Islam, des Christentums in Mittelamerika und zu Zeiten sozialistischer Herrschaftsphasen vor allem in Osteuropa, China, Burma oder Afrika.

In diesem Sinne macht die weltweite Überwachung und Kontrolle aller Bürger neben ihren militärischen und monopolkapitalistischen Zwecken auch ideologischen Sinn: Sie soll die Gegner aufspüren, um sie in einer neuen Inquisition zu bekämpfen, auszuschalten, zu vernichten.

Es gibt inzwischen allein in Deutschland eine ganze Reihe von Beispielen, wie Abweichler von der herrschenden politischen Meinung bespitzelt, denunziert, verfolgt, verbannt oder verurteilt worden sind[89]. Das Beispiel des Abgeordneten Martin Hohmann steht für viele: Ein dem Christentum verpflichteter Mahner und Warner hatte die unbequeme Frage nach dem Verbleib des deutschen Goldes bzw. seinem Verschwinden in den USA gestellt und sogar noch behauptet, es gäbe kein „Tätervolk", auch kein deutsches, worauf ihm unter Verdrehung seiner tatsächlichen Aussagen mit der Totschlagskeule „Antisemitismus" seine politische Karriere vernichtet worden ist.

• Im Zuge von Regierungswechseln ist es inzwischen notwendig geworden, daß auch die entsprechenden Wirtschaftsverbände ihre Repräsentanten austauschen und der neuen Farbe anpassen, weil die Regierung sonst die Geschäftsführer oder Präsidenten nicht zu empfangen bereit ist.

• Als der Verfasser selbst einmal einen illegal bauenden jüdischen Bauspekulanten angriff, schlug dieser sofort zurück, der Verfasser habe „antisemitische Äußerungen gemacht". Alle Beteiligten konnten dies bestreiten und der Verfasser nachweisen, daß seine Eltern Juden im Keller versteckt und dadurch lebend durch den Krieg gebracht hatten. Nur dadurch blieb die Antisemitismuskeule wirkungslos.

• „Im Universitätsbereich führen völlig aus der Luft gegriffene Intrigen mit Diffamierung und öffentlicher Denunzierung zur Absetzung von Hochschullehrern, welche der Abweichung gegenüber der herrschenden Ideologie verdächtigt worden waren. Forscher, die sich um eine Professorenstelle bewerben, werden aus den Bewerbungslisten gestrichen, weil sie ihren Arbeiten nicht die gewünschte Zielrichtung gegeben bzw. sie nicht entsprechend umgeändert haben[90]"

• Das Wort „Antifaschismus" hat Stalin im Rahmen seines Kampfes gegen den echten Faschismus geprägt und benutzten die kommunistischen Parteien dazu, die bürgerlich-kapitalistische Gesellschaft zu beschuldigen, dem Totalitarismus den Boden zu bereiten. Damit sollte nachgewiesen werden, daß die liberalen Demokratien „soziale Verräter und potenzielle Verbündete des Faschismus seien". Heute trifft aber genau das Gegenteil zu. Der „Antifaschismus" dient zur Zeit all denen als Alibi, die sich dem Einheitsdenken und dem herrschenden System angeschlossen haben und sich damit eine neue Tugend zulegen wollen. Wenn der „Faschismus" das absolute Übel ist und sie das absolute Übel verurteilen, dann können sie selber nicht absolut schlecht sein, denn sie sind ja dagegen. Zugleich suggerieren sie, daß ihre Gegner dafür seien. Folglich sind sie schlecht[91].

- „Indem die neue Inquisition" die Ansicht vertritt, daß der „Faschismus" überall, d.h. nirgendwo ist, behauptet sie dagegen, daß die Menschen vor allem das sind, was sie verbergen – und das will sie entdecken. Sie rühmt sich also jenseits des äußeren Scheins zu suchen und zwischen den Zeilen zu lesen, um besser zu enttarnen und zu entlarven. Die Unterstellung kennt dann keine Grenzen. Man entziffert, man entschlüsselt, man spürt das „Ungesagte, nicht Ausgesprochene" auf. Auf gut deutsch: Man denunziert und brandmarkt die Autoren nicht für das, was sie geschrieben, sondern für das, was sie nicht geschrieben haben, aber möglicherweise schreiben wollten. Man boykottiert nicht den Inhalt ihrer Bücher, der ohnehin nie beachtet wird, sondern die Intensionen, die man darin zu erraten glaubt. Die Gedankenpolizei wird zu einer Hintergedankenpolizei[92].

- Zur neuen Inquisition gehört auch die Bestrafung von Menschen, die sich nicht politisch korrekt ausdrücken oder sogar nicht politisch korrekt denken. Dafür gibt es einen eigenen „Volksverhetzungsparagraphen" (§ 130 StGB), den Kanzler Kohl auf höheren Befehl eingeführt hat und der auch in den meisten anderen westlichen Demokratien inzwischen in irgendeiner Form eingeführt ist. Israel hat sogar ein Gesetz verabschiedet, welches Holocoust-Leugnung auch dann unter Strafe stellt, wenn die Tat von Ausländern und irgendwo in der Welt begangen wurde. Ebenso hat US-Präsident Bush ein Gesetz unterzeichnet, das eine weltweite Überwachung antisemitischer Tendenzen durch das Außenministerium in Washington und einen jährlichen Bericht mit einer Bewertung des Verhaltens der Satelliten-Länder zu dieser Frage mit Konsequenzen vorsieht.

Die neue Inquisition ist offenbar keine hetegorene Erscheinung, sondern homogen und zentral global gelenkt.

Sie ist zugleich Ursache für

- eine globale Finanz- und Geldkontrolle im Sinne des „gläsernen Bürgers",

196

- eine weltweite Überwachung und Kontrolle aller Personen und
- eine Überwachung, welche Personen politisch korrekt oder nicht korrekt sind, um letztere in einer Art neuer Inquisition zu verfolgen und auszuschalten.

So ist das globale Überwachungssystem eigentlich ein Herrschaftsmittel, mit welchem „die einzige Weltmacht" ihre imperialistischen, politischen und militärischen Zwecke im Interesse der dahinterstehenden globalen Wirtschaftsimperialisten verfolgt.

Fazit:
Die eigentlich liberale Kategorie der Globalisierung hat nur den herrschenden Weltmächten und global players die „Freiheit über den Wolken" aller Gesetze und Regeln gebracht, den Bürger und insbesondere den Mittelstand aber immer stärker in seiner Freiheit begrenzt durch

- immer härteren Zugriff mit immer stärkeren Kontrollen der inzwischen „gläsernen" Leistungsträger des Mittelstandes durch den wachsenden Steuer- und Sozialstaat, weil dieser seine steigenden Umverteilungsleistungen wegen der Flucht der Konzerne von immer weniger Leistungsträgern erpressen muss.
- Dazu hat eine die persönliche Freiheit immer stärker eingrenzende Gesetzesflut und Bürokratie den Freiraum des Normalbürgers und insbesondere des Unternehmers immer mehr eingegrenzt und zur Untertänigkeit reduziert.
- Zusätzlich wurde auch die Meinung der Bürger durch monopolistische Medien „politisch korrekt" gesteuert und durch einen nie da gewesenen weltweiten Kontrollapparat überwacht, um alle Widerstände gegen die befohlene Meinung und die herrschenden Weltmächte aufzuspüren, zu denunzieren, zu verfolgen, zu verbannen und zu verurteilen.
- Eine globale Finanz- und Geldkontrolle soll für die herrschenden Weltfinanzmächte deren Finanz- und Währungsmonopol sichern helfen.

Was früher nationaler Geheimdienst, nationale Kontrolle und nationale Überwachung war, ist inzwischen globalisiert, weltweit nicht nur über Bürger, sondern auch über Regierungen, über Wirtschaft, Unternehmen und Finanzinstitutionen durchgesetzt. Die herrschenden Netzwerke können dank moderner Technik jeden unserer Schritte und jede unserer Äußerungen kontrollieren. Sobald sie darin Gefahr wittern, schlagen sie zu, ganz gleich unter welcher Begründung.

Prof. Dr. Eberhard Hamer

Entdemokratisierung durch Zentralisierung

Ist „Globalisierung das Ende der Demokratie" (Jean Guéhenno)? Oder dient umgekehrt die Globalisierung „der Verbreitung von Freiheit, Menschenwürde und Demokratie"? Die Antwort auf diese gegensätzliche Frage liegt in dem Verhältnis von dezentraler oder zentraler politischer Macht.

Die Demokratie ist schon in der Antike und im Mittelalter als dezentrales bürgerliches Freiheitssystem gegen die zentralisierte Macht einer Diktatur oder des Adelsfeudalismus entstanden. Das politische Stichwort für die bürgerliche Freiheitsidee hieß: Selbstbestimmung, Mündigkeit. Dieser Anspruch auf Selbstbestimmung stand immer im Widerspruch zu allen hierarchischen Systemen, welche den Anspruch erheben, zentral als Vormund über andere bestimmen zu können. Wer über andere bestimmen will, läßt ihnen keine eigene Freiheit und keine Selbständigkeit. Der bürgerliche, selbstverantwortliche Mittelstand kann aber ohne eigene Entscheidungsfreiheit, ohne Selbstbestimmung und ohne Selbständigkeit nicht existieren. Ein politisches System des Mittelstandes mußte also auf Eigenverantwortung und auf einen am politischen Leben mitverantwortlichen, mündigen Bürger gegründet werden. Ausdruck für diese Entscheidungsfreiheit war das Wahlrecht mit einem dezentralen statt zentralen Aufbau des Staatswesens durch Wahlentscheidung souveräner Bürger. In diesem Sinne ist die Demokratie eine dezentrale, von der Souveränität der Einzelmenschen ausgehende und die Kompetenz von unten nach oben delegierende Staatsform, welche Selbstbestimmung, Selbstverantwortung und Entscheidungsfreiheit für den Einzelbürger garantieren soll. Die politische Macht in der Demokratie wird also im Namen der selbstverantwortlichen und wählenden Bürger ausgeübt. Diese können deshalb auch jederzeit die Machtinhaber korrigieren oder ablösen.

Die aus der dezentralen Kompetenz aufgebaute Demokratie beruhte gleichzeitig auf dem Grundsatz der Rechtsgleichheit aller Bürger. Vorrechte und Machtansprüche oder Untertänigkeitsverhältnisse darf es deshalb definitionsgemäß nicht geben. Insofern ist jede „Diktatur des Proletariats" im sozialistischen und gewerkschaftlichen Sinne und jede feudalistische oder monopolistische Macht der wirtschaftlichen Kollektive von Verbänden oder Konzernen antidemokratisch.

Der bürgerliche Mittelstand, dessen Staatsform Demokratie ist, steht deshalb in einer ständigen Abwehrstellung gegenüber den beiden kollektiven Machtansprüchen der Kapitaleliten einerseits und der Sozialfunktionäre andererseits, um seine individuelle Freiheit, Mündigkeit und Rechtsgleichheit ihnen gegenüber zu verteidigen. Den beiderseitigen kollektiven Versuchen der oberen oder unteren Randgruppe, mit Vormundschaftsansprüchen die Herrschaftsmacht über die bürgerliche Gesellschaft zu erringen, kann in einer Demokratie nur wirksam begegnet werden, wenn ein starker Mittelstand Garant für die bürgerliche Freiheit, Selbstverantwortung und Selbstverwirklichung bleibt. Ohne einen starken Mittelstand konnte schon bisher in der Geschichte eine Demokratie nicht entstehen, nicht überleben. Ein starker selbstverantwortlicher Mittelstand ist ebenso die Voraussetzung einer starken Demokratie, wie umgekehrt auch die Demokratie das politische Freiheitssystem für das Überleben eines selbstverantwortlichen Mittelstandes ist.

Zwischen funktionierender Demokratie und dem, was sich alles als Demokratie bezeichnet, bestehen aber grundsätzliche Unterschiede. Die von der UNO festgestellten etwa 200 „demokratischen Staaten" haben zwar irgendwelche demokratischen Formalia wie Parlamente, mehr oder weniger eingeschränkte Wahlrechte oder Gleichheitsgrundsätze; – nur in einem Viertel von ihnen gibt es aber einen halbwegs tragfähigen Mittelstand und damit dezentrale politische Machtstrukturen. Die Demokratie ist also ein Minderheitensystem in der Welt. Es funktioniert nur in bürgerlichen, entwickelten Gesellschaften, die überhaupt in der Lage sind, mit Wahlrecht, Parteien, Parlamenten und selbstverantwortlichen Freiheiten umzugehen.

Globalisierung ist allerdings ebenfalls eine Freiheitskategorie, welche ex definitione dem Freiheitssystem der Demokratie entsprechen müßte. In diesem Sinne bringt auch ein Teil der Literatur die Globalisierung in Verbindung mit einer Befreiung der Völker und Gesellschaften von totalitären, korrupten, militärischen oder anderen autoritären Herrschaftssystemen.

Wie wenig aber nur die Ablösung politischer Machtgruppen eine Demokratie etablieren kann, zeigt das Beispiel der Ukraine. Der Jubel der Welt über die Ablösung der alten Machthaber hat nicht etwa eine Demokratie und Selbstverantwortung der Bürger gebracht, sondern nur den Ersatz einer rußlandhörigen Zentralherrschaft durch eine mit Hilfe der USA installierte, internationalen Konzernen hörige Marionettenregierung. Das Wahlrecht der Bevölkerung wurde nur zum Austausch der Potentaten mißbraucht. Zu sagen hat das Volk vorher wie nachher genauso wenig.

Globalisierung bewirkt also nicht automatisch Demokratisierung, ist bestenfalls neutral. Die Globalisierung kann tatsächlich demokratiefördernd wirken, wenn sie den Völkern wirtschaftliche, gesellschaftliche und politische Freiheit von Zentralherrschaften bringt. Andererseits kann aber die Globalisierung sich auch demokratieauflösend auswirken, wenn sie über die Demokratien zentrale Machtstrukturen schafft, in welchen die eigentlichen Entscheidungen fallen.

In diesem letzteren Sinne hat sich die Globalisierung leider zu einem Kampf von Weltmachtorganisationen gegen oder über Demokratien entwickelt, wobei erstere den letzteren immer mehr Souveränitäts- und Freiheitsrechte entzogen und bei sich zentralisiert haben.

- So reguliert die WTO (World Trade Organisation) inzwischen souverän den Handel mit Waren und Dienstleistungen und kann verbindliche Beschlüsse für die Nationen vorschreiben.
- Internationale Finanzinstitutionen wie IMF, Weltbank und BIZ regeln global Währungs- und Finanzfragen, welche dann die untergeordneten politischen Ebenen und Staaten zu vollziehen haben.
- Vereinbarungen zum Umwelt- und Artenschutz, wie z.B. das Kyoto-Protokoll, werden durch Unterschrift für die Staaten wie Gesetze verbindlich.
- Kooperationen der großen Industriestaaten, wie z.B. die Gipfeltreffen der G 7 (7 Geldgeberstaaten) regeln internationale Beziehungen mit globaler Wirkung über die Köpfe der Bürger hinweg.

Solche globalen nicht-staatlichen, aber herrschenden Akteure haben zumeist keine demokratische Legitimation. Sie beruhen nicht auf dem Willen oder der Teilhabe der Bürger, Körperschaften und anderer Institutionen am Zustandekommen der Vorschriften, die sie erlassen. „Global governance" könnte damit zunehmend zu einer autokratisch verselbständigten Expertokratie werden und den Weg zu einer weltweiten

Oligarchie der Finanz- und Politeliten ebnen[93]. Globalisierung verlagert also die Macht von unten vom Bürger über nichtstaatliche, aber mit politischer Macht ausgestattete Organisationen zugunsten der diese Organisationen steuernden politischen und wirtschaftlichen Oligarchien (Netzwerke).

Zwangsläufige Folgewirkung jeder Zentralisierung der politischen Macht im Zuge der Globalisierung ist immer dann die entsprechende Entmachtung der nationalen Staaten und die Erosion derer Parlamente.

„Die Entgrenzung der Staaten erschwert die Prozesse der demokratischen Willensbildung und politischen Identifikation. Sie erleichtert zugleich aber auch Prozesse bürokratischer Machtbildung und Entscheidungsfindung jenseits nationalstaatlicher Politik[94]".

„Die Entmächtigung der Staaten führt unmittelbar in das beschriebene Demokratie-Dilemma, aus dem es so leicht kein Entkommen gibt: Während im Rahmen der demokratisch legitimierten, nationalstaatlichen Politik zunehmend Nicht-Entscheidungen politisch legitimiert werden, werden im transnationalen Rahmen der „Nicht-Politik" nicht demokratisch legitimierte Entscheidungen von transnationaler Reichweite und Durchschlagskraft getroffen[95]". Die eigenständigen internationalen Handlungsebenen sind dabei dem Einfluß des einzelnen Staates weithin entzogen. Verantwortlichkeit, die Grundlage jedes demokratischen Prinzips, wird so diffundiert".

Anders drückt dies Kielmansegg aus[96]: „Für die Demokratie sind Grenzen konstitutiv, weil Gemeinwesen nur innerhalb von Grenzen jene Identität ausbilden können, die es ihnen möglich macht, sich demokratisch zu regieren – die Wir-Identität eines sich als politisches Subjekt begreifenden Volkes. Die Staaten aber, die das begrenzende Gehäuse der Demokratie sind, verlieren die Kontrolle über die Politik. Ihre durch das Prinzip der Territorialität begrenzten Handlungsmöglichkeiten greifen immer weniger in einer sich immer stärker vernetzenden, globalisierenden Welt. Die Politik wandert aus dem Staat aus und die Demokratie, die an den Staat gebunden ist, kann ihr nicht folgen... Der Staat wird irrelevant[97]". Der Staat verliert sein Politikmonopol. Über den Staaten bauen sich Staaten, Organisationen, Regime, internationale Agenturen auf, in welche die Staaten eingebunden sind und mit denen sie teilen müssen. Neue Ebenen und neue Räume politischen Handelns öffnen sich. Bisher ist aber für diesen neuen, die Staaten überwölbenden Raum des Politischen nur eine bürokratische, nicht aber eine demokratische Verfassung gefunden worden. Das bedeutet, daß die ständig fortschreitende Internationalisierung nicht nur die nationalen Staaten erodiert, sondern auch deren Demokratie entleert.

Welchen Demokratiewert haben angesichts der globalen Zentralisierung der politischen Machtstrukturen noch die Parlamente? Denn „eine Entmachtung des Parlaments führt unvermeidlich zur Delegitimation einer Staatsform, die auf dem Prinzip politischer Selbstbestimmung der Bürger beruht[99]". Schon das Bundesverfassungsgericht hat im Maastricht-Urteil eine „substantielle Entleerung des Wahlrechts" gesehen, „wenn die Abwanderung seiner Kompetenzen auf andere Entscheidungsträger einen Grad erreichte, daß die unverzichtbaren Mindestanforderungen demokratischer Legitimation nicht mehr erfüllt würden". Insofern geht mit einer Entparlamentarisierung immer auch eine Entdemokratisierung einher.

Tatsächlich hat die Globalisierung zu immer stärkerer Einbindung der ehemals souveränen Staaten in immer engmaschiger gewordene supranationale Abhängigkeiten und Vertragsbeziehungen geführt. Die Staatenwelt wurde eingegrenzt. Gleichzeitig schrumpften Souveränität und Handlungsmöglichkeiten der Einzelstaaten. Es gibt eine beispiellose normative Verdichtung und Institutionalisierung der internationalen Beziehungen bis hin zur Bildung von Organisationen mit eigener hoheitlicher, insbesondere Rechtssetzungsgewalt oder doch entsprechendem faktischem Einfluß: Angefangen von den Vereinten Nationen und ihren zahlreichen Unterorganisationen über den internationalen Währungsfonds, die Weltbank und die Welthandelsorganisation, die NATO oder den ASEAN-Pakt als regionale Ordnungsmächte bis hin zur supranationalen Europäischen Union[100].

Zwischen den europäischen Nationalstaaten und den globalen Organisationen steht als Beispiel einer supranationalen Organisation die Europäische Union. Diese Union ist Dank dem Prinzip der Supranationalität von oben nach unten aufgebaut worden. Die Supranationalität hat sich dadurch entwickelt, daß die Staaten immer mehr Souveränität und Kompetenzen an die EU abgegeben haben. Zustimmungen zum Beitritt sowohl für den Europarat (1950) als auch für die Pariser Verträge (1954), für die Bildung der EWG durch die „römischen Verträge"

1957 und für die Erstarkung der EWG zur Europäischen Union (EU 1992) haben nur die jeweiligen Parlamente gegeben. Die Völker wurden selten selbst gefragt, das deutsche Volk nie, obwohl wesentliche Hoheitsrechte an die EU übertragen worden sind:

• die Gebietshoheit (Asylgesetz, Schengener Abkommen),
• die Wehrhoheit (NATO und EU),
• die Wirtschaftshoheit,
• die Währungshoheit (Deutsche Mark wurde durch Euro abgelöst),
• die Zollhoheit.

Inzwischen ist in einem Gremium nicht gewählter Delegierter eine „EU-Verfassung" ausgearbeitet worden, welche der EU weitere Kompetenzen übertragen soll. Mehr als hundert liberale Wirtschaftswissenschaftler haben gegen diesen „Verfassungsentwurf" protestiert, weil sie die Distanz zwischen den Bürgern und denen, die in ihrem Namen Macht ausüben, vergrößere, die politischen Entscheidungen nicht nur zentralisiere, sondern auch fernab von den Bürgern treffe, es den europäischen Institutionen ermögliche, das dichte Netz der staatlichen Regulierungen enger zu knüpfen, weil zudem die Zentralisierung der Macht zu einer entsprechenden Entmachtung der angehörigen Staaten führe und weil die machtausübenden Personen nicht gewählte Vertreter, sondern wie im kommunistischen Rätesystem „Politkommissare" ohne eigentliche demokratische Kontrolle seien.

Die EU ist also aus einem bloßen Vertragswerk zur Wirtschaftsförderung zu einem mächtigen gemeinsamen Wirtschafts-, Finanz-, Währungs-, Außen- und Sicherheitsblock wie ein Staat mit einer gemeinsamen Gesetzgebung, Verwaltung und Justiz geworden, ein allmächtiger Moloch mit allem, was ein Staat beinhaltet. Echte Mitsprache oder Teilnahme an der staatlichen Gewalt haben aber weder die Bürger noch die von ihnen gewählten Abgeordneten des mehr formalen als wirklichen „Europaparlaments".

Inzwischen kommen 80% aller Regulierungen aus Brüssel und haben die Parlamente der Nationalstaaten diese von den Regierungschefs gemeinsam abgenickten „Richtlinien" nur noch „umzusetzen", also nachzuvollziehen. Die eigentliche Macht liegt nicht mehr bei den nationalen Staaten, sondern in Brüssel bei der nichtdemokratisch legitimierten EU-Kommission.

Nicht nur die europäische Politkommission hat den Nationalstaaten immer mehr Souveränität abverlangt, für sich reklamiert. Institutionen wie z.B. der Europäische Gerichtshof haben ebenso kräftig beigeholfen, die Zentralisierung zugunsten Europas voranzutreiben. Der Europäische Gerichtshof ist kraft Satzung nur zuständig für Streitigkeiten über den gemeinsamen Vertrag oder zwischen Mitgliedsländern untereinander. Entgegen dieser Kompetenzbegrenzung hat er seine Kompetenzen aber immer stärker ausgedehnt und entscheidet inzwischen hemmungslos auch über Fälle ausschließlich nationalen Rechts. So hat der Europäische Gerichtshof z.B. entschieden, daß auch Frauen in der Bundeswehr dienen dürfen. Statt daß die Regierung eine solche Einmischung in das innerdeutsche Staatsrecht zurückgewiesen hätte, hat ein naiver Verteidigungsminister sofort gehorcht und sich damit zu Unrecht der Kompetenz des Europäischen Gerichtshofes unterworfen.

Inzwischen bemängelt sogar das deutsche Bundesverfassungsgericht, daß der Europäische Gerichtshof ohne entsprechende Kompetenz in seinem Rechtsbereich wildere.

Gefragt wurde das Volk absichtlich nicht, ob es diese Entmachtung seines Staates wollte. Originalton Kohl: „Wo kommen wir hin, wenn die Bevölkerung über so wichtige Dinge selbst entscheiden soll?" Nur durch solche Selbstherrlichkeit der die demokratische Mitwirkung der Bürger verachtenden politischen Funktionäre sind wichtigste Entscheidungen gegen den Willen der Bürger zustande gekommen:

- Der Vertrag von Edinburgh, welcher Deutschland als Hauptzahler der EU zu dauernden Tributen für die meisten anderen europäischen Länder verpflichtet hat.
- Die Entmachtung der zur Stabilität verpflichteten Bundesbank mit der Abschaffung der harten DM zugunsten einer politisch kontrollierten Euro-Bank und eines zunehmend aufweichenden Euro.
- Aufnahme von fünf armen osteuropäischen Ländern, deren Hauptlast nun der deutsche Mittelstand zu tragen hat.
- Beitrittsverhandlungen mit der Türkei auf Druck der USA, obwohl 80% der Bürger in Deutschland und den meisten anderen EU-Ländern dies ablehnen würden, wenn sie selbst zu entscheiden hätten.
- Auch die Aufnahme der armen Länder Rumänien und Bulgarien mit Freizügigkeit für 4,5 Mio. Zigeuner wurde gegen den Mehr-

heitswillen der Bevölkerung von den EU-Politkommissaren selbstherrlich beschlossen.

Die Aushöhlung der nationalen demokratischen Selbstbestimmung durch die Europäische Union und durch die supranationalen Organisationen ist nur der letzte Schritt auch entscheidender innerpolitischer Veränderungen, welche die bürgerliche Mitbestimmung längst unterlaufen haben:

- Die Gewaltenteilung wird dadurch unterlaufen, daß die Minister gleichzeitig auch Abgeordnete sind, weil sie auf die Doppeldiäten nicht verzichten wollen. So kontrollieren sie sich als Abgeordneter selbst mit.
- Echte parlamentarische Kontrolle der Regierung setzt voraus, daß die Parlamentsmehrheit die Regierung an Übergriffen und an Mehrausgaben hindern will. Dies ist aber längst nicht mehr der Fall, denn die Regierung ist jeweils von der Mehrheit getragen. Wenn also die Regierung etwas vorschlägt, hat die Mehrheit wie im Notariat abzusegnen statt zu kontrollieren. Nur wenn die Regierung neutral bestellt würde, hätte das Parlament und die Parlamentsmehrheit eine echte neutrale Kontrollfunktion.
- Auch die Parteien haben sich in Deutschland entgegen dem Grundgesetz zum Verfassungsorgan hochgejubelt. Eigentlich sollten sie nur bei der Willensbildung mitwirken. Inzwischen aber haben sie eine solche Macht, daß praktisch die Parteifunktionäre auch die Politik bestimmen. Das hängt wesentlich mit dem Recht auf Zweitstimmen und Parteilisten zusammen. Die Hälfte der Abgeordneten wird nämlich nicht von der Bevölkerung, sondern von den Parteifunktionären auf einer Liste abgesichert, muß also nicht den Wählern, sondern der Partei für seine Wahl dankbar sein. Entsprechend verfügen die Parteien über die Abgeordneten und ihr Stimmverhalten aus der stärkeren Position.

Fazit:
Der Bürger wird in wichtigen Dingen überhaupt nicht mehr gefragt. Nicht mehr der Bürger, nicht mehr von ihm gewählte Abgeordnete, sondern von ihm unabhängige Parteien und supranationale Politkommissare entscheiden immer mehr darüber,

- worüber bei Wahlkämpfen national noch gestritten werden soll,
- was dem Bürger überhaupt zur Entscheidung noch vorgelegt wird,

- was besser ohne den Bürger politisch entschieden wird, um kein Risiko für das Ergebnis einzugehen,
- mit welchen unwichtigen Themen stattdessen die Medien und die Parteien national beschäftigt werden
- und was am besten ohne Bürger in den geschlossenen Zirkeln des Brüsseler Politbüros von den Kommissaren zur Regelung der Lebensumstände innerhalb Europas und extern gewünscht, geregelt und den Bürgern aufgezwungen wird.

Die mit der Globalisierung einhergehende Zentralisierung der politischen Macht hat also in den vergangenen 30 Jahren

- die Demokratie bei uns und vielen anderen Staaten weitgehend ausgehöhlt, nämlich die Staaten entstaatlicht, die Völker „multikultiviert", die Parlamente entmachtet, den Staaten immer mehr Souveränitäts- und Hoheitsrechte entzogen
- und sie dafür mit supranationalen und internationalen Regelungen neu geordnet, die nicht den Wünschen der Bevölkerung, sondern den Interessen von supranationalen Funktionären und Machtgruppen entsprachen.
- Der Nationalstaats- und Demokratieverlust traf vor allem den Mittelstand, welcher dieses dezentrale System zum Schutze seiner eigenen Selbstverantwortung und Selbstbestimmung geschaffen hatte. Der Mittelstand ist folglich durch die Entdemokratisierung ebenfalls entmachtet, zentralen Willensbildungen unterworfen und abhängig geworden.

Die eigentlichen Machthaber der zentralisierten Gewalt sind aber nicht einmal die nationalen Regierungen oder EU-Politfunktionäre, sondern die noch mächtigeren Netzwerke der internationalen Wirtschafts- und Politinteressen vor allem der „einzigen Weltmacht", die ihren Willen hierarchisch von oben nach unten in der Welt durchsetzt und den Völkern, Staaten und internationalen Organisationen immer weniger Eigenverantwortung und Mitbestimmung läßt.

Diese Entwicklung ist gefährlich, weil sie die Zustimmung der Bürger zu dem politisch ausgehöhlten System der Demokratie riskiert. Schon jetzt gehen nur noch die Hälfte der Bürger überhaupt zu Wahlen, weil sie behaupten, damit ohnehin nicht mehr viel zu bewirken. Die Entdemokratisierung durch Zentralisierung ist also bereits im Bewußtsein der Bevölkerung weit fortgeschritten. Würde eine globale Krise die Menschen wiederum wie bei der ersten Weltwirtschaftskrise in Not stürzen[101], dann könnte die Wut über die globalen Fehlentwicklungen bei der Bevölkerung auch zur Wut über das Versagen der Restdemokratie führen und wiederum ganz andere politische Strukturen begünstigen.

Die Globalisierung hat also praktisch zur globalen Zentralisierung der politischen Macht geführt. Damit wurden ebenso die Demokratie wie auch das Selbstbestimmungsrecht der Menschen ausgehöhlt. Ohne wirkliche demokratische Selbstbestimmung und Selbstverantwortung wurde der Bürger immer mehr zum Untertan. So vollzog sich ein schleichender Systemwandel und eine Entdemokratisierung hin zur Zentralisierung der politischen Macht zugunsten einer kleinen Clique von Politfunktionären (Oligarchie) und darüber hinaus zu einer globalen Polit-, Wirtschafts- oder Finanzdiktatur.

Prof. Dr. Rainer Gebhardt

Verwaltungszentralisierung infolge der Globalisierung

Zusammenfassung

In den letzten dreißig Jahren hat sich die Verwaltung stärker verändert als in den einhundert Jahren davor. Das gilt nicht nur für die Informationstechnologien, mit Hilfe derer aus einer „Schreibtischtätigkeit" der Verwaltungsmitarbeiter eine „Computertätigkeit" geworden ist, sondern auch für die Kompetenzveränderungen, die sich von der Basis in immer höhere Hierarchien verlagert haben. Damit verbunden hat sich die Präsenz der öffentlichen Verwaltung an der Basis für die Bürger ausgedünnt, sodass man sagen kann, dass trotz aller Subsidiaritäsversprechen der Politik eine Zentralisierung und sogar Globalisierung der Verwaltungskompetenzen stattgefunden hat, die zum größten Abbau von Demokratie und Bürgerrechten in den letzten einhundert Jahren geführt hat.

Abb.: Kompetenzumfang der öffentlichen Verwaltungen

vor EU-Gründung   nach EU-Gründung   in den letzten Jahren

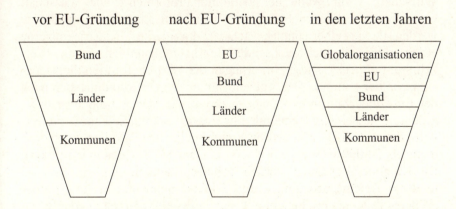

Wie die Abbildungen zeigen, haben sich nicht nur die Kompetenzen verlagert, sondern ist auch die Verwaltung mit jeder zusätzlichen Hierarchieebene gewachsen. Durch die EU sind eine Fülle von Vorschriften und Verwaltungsanforderungen hinzugekommen. Gleiches gilt für die Anforderungen der Weltorganisationen an alle Verwaltungsebenen.

Ausdehnung der Städte- und Gemeindeverwaltungen

Die Städte und Gemeinden haben eine lange Tradition als Selbstverwaltungskörperschaften. Sie sind in diesem Sinne im Mittelalter die Geburtsstätten demokratischer Bürgerrechte gewesen. Nach demokratischen Grundsätzen müssten demnach also die Bürger die Verwaltung ihrer Anliegen in der Kommune selbst vollziehen, weil sie nur dort direkten Wirkungseinfluss haben.

Desshalb wurden vor allem die Aufgaben der Daseinsvorsorge als Gemeindeaufgaben gesehen. So legt der §1 der niedersächsischen Gemeindeordnung fest, dass die Gemeinde in eigener Verantwortung ihre Angelegenheiten im Rahmen der Gesetze mit dem Ziel verwaltet, das Wohl ihrer Einwohner zu fördern. In einem weiteren § 16 wird sogar vorgegeben, dass die Größe der Gemeinden auf die örtliche Verbundenheit der Einwohner und der Leistungsmöglichkeit der Gemeinde für diese Einwohner bestimmend sein soll. Im Grundprinzip soll also der Bürger in den Gemeinden möglichst dezentral nicht nur für sich selbst bestimmen, sondern auch die damit zusammenhängenden Aufgaben selbst verwalten.

In den 60er und 70er Jahren kam es dann – vor allem auf Druck der Wirtschaft – zur Welle der „Kommunalreformen". Die Wirtschaft behauptete, in „kleinen Einheiten" nicht mehr ausreichend betreut zu werden, da sie selber ständig wachse (Supermärkte, Industriekonzerne etc.) und deshalb auch wachsende öffentliche Strukturen brauche (Verkehrsführung etc.). Diese Forderungen der Wirtschaft trafen die Eigenwünsche der kommunalen Spitzenbeamten, deren Besoldung sich nach der Einwohnerzahl ihres Kompetenzkreises richtet und die deshalb an größeren Städten und Gemeinden interessiert waren. So kam es zu freiwilligen und auch zwangsweise durchgeführten Vereinigungen von mehr als 24.000 Gemeinden (1968) auf nur 8.500 Gemeinden (2004). Die Kommunalreformen wurden technisch dadurch möglich, dass die moderne Datenverarbeitungs- und Telekommunikationstechnik immer größeres Datenmaterial leicht und standardisiert verarbeiten konnte.

Eine zweite Welle der Kommunalreformen setzte nach der Wiedervereinigung in den neuen Bundesländern ein. Statt dort Demokratie an der Basis zu stärken, wurden nach westdeutschem Vorbild ebenfalls die Kommunen zusammengelegt und zu Verwaltungseinheiten konzentriert.

Überall, wo Gemeinderäte, Gemeindeverwaltungen und andere dezentrale kommunale Einrichtungen zentriert worden sind, hat dies zum Abbau von „Demokratie an der Basis" geführt, und damit eigentlich das Gegenteil von dem bewirkt, was die Bürger nach Beendigung des Sozialismus – die bürgerliche demokratische Gesellschaft – wollten.

Das trotz der modernen Informations- und Verwaltungstechniken die Verwaltungen durch die Zentralisierung für den Bürger nicht billiger geworden sind, hängt auch damit zusammen, dass wegen des öffentlichen Dienstrechtes ein Personalabbau generell – zumal gegen den Widerstand der mächtigsten Gewerkschaft – nur sehr eingeschränkt möglich war. Entscheidend aber dafür, dass trotz aller Verwaltungsreformen die Kosten der Verwaltungen ständig stiegen, war die Aufgabenmehrung im öffentlichen Bereich, welche den Verwaltungen nicht nur durch zusätzliche internationale und supranationale Organisationen, sondern vor allem auch durch zusätzliche politische Trends (Ökowelle) auferlegt worden sind.

Für den Bürger ist die Verwaltung immer mehr von einem direkten Bürgernutzen auf indirekte Verwaltungsordnungsvorteile reduziert worden. Je dezentraler eine Verwaltung ist, um so stärker und unmittelbarer wird sie die Probleme des Bürgers angehen können. Je weiter sich jedoch die Verwaltung vom Bürger entfernt, desto weniger geht es noch um konkrete Anliegen der Bürger, sondern um die Einhaltung von Verwaltungsstandards.

Was der Bürger in seinem Dorf oder seiner Gemeinde noch direkt als Verwaltung erleben und kontrollieren kann, verliert sich im Zuge der Kommunalkonzentrationen sowohl als Aufgabe als auch als Kontrollmöglichkeit für ihn. Zentralisierung der Verwaltung ist also nicht nur Verlust von Bürgernähe, sondern auch Verlust der Bürgerkontrolle.

Die Einrichtung zentraler Verwaltungseinheiten mit dem damit verbundenen Abbau von Demokratie sind der Bevölkerung nicht nur als „Fortschritt" sondern auch als „Rationalisierungsmaßnahmen" verkauft worden. Tatsächlich sind per Saldo aber sowohl der vermeintliche Fortschritt als auch die angestrebte Effizienzsteigerung in Frage zu stellen. So führte z.B. bei der angeblichen Einzelhandelsreform, bei welcher die Verwaltungen kräftig mithalfen, dem bisher vorherrschenden dezentralen Einzelhandel Supermarktketten entgegenzustellen, nur zu vorübergehenden Preisvorteilen für die Konsumenten. Sie hat vor allem aber die dezentrale Versorgung der Bürger vernichtet und damit alle nicht mobilen Personengruppen von der Versorgung abgeschnitten sowie etwa 400.000 selbständige Einzelhändler „aus dem Verkehr gezogen".

Dennoch konnten solche als „Reformen" deklarierten Konzentrationen ohne viel Widerstand der Bevölkerung durchgesetzt werden, obwohl der Verlust der Kompetenzen auf der kommunalen Ebene bedeutet, dass für die meisten Mittelständler und Bürger der direkte Gesprächspartner verloren geht. 80% aller mittelständischen Unternehmen sind Kleinunternehmen mit nur bis zu 10 Beschäftigten. Diese haben in aller Regel nur mit der direkten kommunalen Ebene zu tun, für sie ist im Grunde die kommunale Verwaltung der einzige Ansprechpartner. Sie können die anderen Ebenen wegen ihrer geringen Größe auch gar nicht erreichen und hätten auch gar nicht die Zeit, sich mit übergeordneten Verwaltungsproblemen auseinander zu setzen, oder sich mit übergeordneten Verwaltungsfunktionären oder -ebenen zu unterhalten. Sie sind nicht einmal geeignet, den Verwaltungsjargon von Spezialisten und übergeordneten Verwaltungsfunktionären zu beherrschen. Gleiches gilt für die Bürger einer Gemeinde oder Stadt. Die große Entfremdung zwischen Verwaltung und Bürgern entsteht eben daraus, dass den Bürgern die Verwaltung immer mehr entschwindet und das Denken der Verwaltung den Bürger und insbesondere das mittelständische Kleinunternehmen immer stärker aus den Augen verliert. Für die Verwaltung besteht sogar „Wirtschaft" oftmals vorrangig nur aus Kapitalgesellschaften, wie aus den quantitativen Größendifferenzierungen der öffentlichen Verwaltungsanweisungen und Fördertöpfe abgeleitet werden kann. Insofern bedeutet der Verlust der Kompetenzen im kommunalen Bereich den größten Schaden für die mittelständische Wirtschaft und den Bürger.

Strukturveränderungen der regionalen Verwaltungen

Was sich auf kommunaler Ebene vollzog, setzte sich auf regionaler Ebene fort. Es wurden für interkommunale Aufgaben zunehmend Verbände geschaffen (z.B. Abwasserverbände), in welche ein Teil der Kompetenzen der Kommunen ausgelagert wurde. Diese sogenannten Zweckverbände bekamen eigenes Zwangsbeitragsrecht und traten dem

Bürger zunehmend nicht mehr als Dienstleister, sondern als hierarchische Befehlsgewalt gegenüber. Die Verwaltungsspitzen der Zweckverbände sind bis heute auch nur indirekt durch Vertreter der Kommunen kontrolliert und nicht mehr durch Vertreter der Bürger. Insofern ist für diese Aufgaben überkommunal eine weitere Entfernung vom Bürger und von der Demokratie festzustellen. Die Zwangsverbände haben praktisch die direkte Mitbestimmung der Bürger an den speziellen Aufgaben abgeschnitten. Zwangsverbände sind nur vordergründig Dienstleister für den Bürger. Hintergründig sind sie aber eigene öffentliche Körperschaften mit eigenem Funktionärsstab, eigener Beitragshoheit und einem zunehmenden Eigenleben und sind vom Bürgernutzen zum Selbstnutzen geworden.

Gerade dies hat sie im Falle einer Privatisierung so attraktiv für die Übernahme durch das internationale Kapital gemacht (Wasserverbände, Energieverbände), weil die Körperschaften mit Zwangsbeitragsrecht eine Dauerrendite erwirtschaften können, die man im marktwirtschaftlichen Preiswettbewerb so nicht mehr erzielen könnte.

Triebkräfte dieser Zweckverbände waren wiederum die Spezialressorts der Verwaltungen, die sich überregional zusammenschließen und dadurch nicht nur mehr Macht und Einfluss, sondern auch mehr Kompetenzen und höheres persönliches Einkommen erhofften.

Wollten die öffentlichen Diener mit den Zweckverbänden in einem ersten Schritt Macht, Einfluss, Kompetenzen und persönliches Einkommen erhöhen, so sollten in einem zweiten Schritt die Unabhängigkeit und Unkontrollierbarkeit von den politischen Kontrollebenen erhöht werden. Dieses Ziel der Unabhängigkeit haben die Zweckverbände erreicht, indem sie privatisiert oder jedenfalls zu privatrechtlichen Gesellschaften gemacht wurden, in denen die Gemeinden nur noch mit Kapitalanteilen beteiligt waren (VEW, EON). Dies wiederum gab den Funktionären in den Zweckverbänden die Möglichkeit, unabhängig wie ein Vorstand zu herrschen, und bot wiederum dem internationalen Kapital die Möglichkeit, durch Aufkauf der Anteile die Zweckgemeinschaften zu fusionieren, zu zentralisieren und die Aufgabenerfüllung auf den unteren Ebenen zu beenden.

Insofern kann man im Kern davon ausgehen, dass nicht nur oder nicht einmal überwiegend sachliche Gründe für die Konzentration der

Aufgaben in suprakommunale Einrichtungen maßgebend waren, sondern persönliche Gründe der leitenden öffentlichen Bediensteten zum Zwecke der Erhöhung ihres Einkommens bei gleicher Tätigkeit sowie die Monopolisierungsbestrebungen internationaler Konzerne.

Abbau der Bezirksregierungskompetenzen

Auch für die Regierungspräsidien als Zwischeninstanz zwischen Kommunen und Landesregierungen, die sich in den 70er, 80er und 90er Jahren zu Ober- und Zentraleinheiten weithin über die kommunalen Funktionen etabliert haben, stellt sich die Frage der sachlichen Notwendigkeit für Leistungen, wie zum Beispiel die der Schulverwaltung oder der Wirtschaftsförderung.

Wie überflüssig diese Zwischenverwaltungseinheit bei Zunahme übernationaler Verwaltungsinstitutionen geworden ist, zeigt das Beispiel Niedersachsen mit der Abschaffung der Regierungspräsidiumsebene durch die Niedersächsische Landesregierung. Hier konnten ohne nennenswerte Reibungsverluste eine ganze Verwaltungszwischenebene abgeschafft und deren notwendige Verwaltungsaufgaben wieder dezentralisiert werden.

Ein solcher Schritt entspricht auch der Subsidiarität. Im Verwaltungsrecht hat es immer gemeindeeigene Aufgaben gegeben, für welche die Gemeinde zunächst zuständig war (z.B. Sozialhilfe, Müllabfuhr etc.). Diese Subsidiarität ist durch Vorgaben übergeordneter Körperschaften weithin aufgesogen worden. Die übergeordneten Körperschaften hatten aber selbst keine Subsidiaritätsbasis, konnten also die Aufgaben nicht gegenüber übergeordneten Körperschaften verteidigen. Insofern hat der ganze Konzentrationsprozess auch eine Erosion des Subsidiaritätsprinzips für die Kompetenz- und Verwaltungseinheiten mit sich gebracht.

Strukturveränderungen der Landesverwaltungen

In Deutschland waren ursprünglich die Landesverwaltungen im Sinne des föderalen Prinzips für die Bildung der Bundesrepublik vorrangig. So legt der Art 30 GG fest, dass die Ausübung der staatlichen Befugnisse und die Erfüllung der staatlichen Aufgaben Sache der Länder ist.

Die Erosion der Länderkompetenzen geschah dann aber vor allem über die Finanzausstattungen. Es gab einige Länder, die sich hemmungslos verschuldeten und über alle ihre Verhältnisse lebten. Durch den zentralen Bundesfinanzausgleich wurden die soliden Länder gezwungen, den finanzschwachen Ländern zu helfen. Dies wiederum hatte Folgen für die Länderverwaltung und die Länderkompetenz. Wer von anderer Leute Geld lebt, muss sich ihnen anpassen. Insofern wanderten zunehmend Urkompetenzen der Bundesländer in eine übergeordnete kollektive Länderkompetenz, wie es zum Beispiel bei der Kultusministerkonferenz der Fall ist, oder sogar in Bundeskompetenzen. Der Streit um ein Bundeskultusministerium als Institution über eine ureigene Länderkompetenz ist dafür sichtbares Beispiel.

Im großen Stil wurde Bundeskompetenz indirekt eingeschleust in die Länderkompetenzen durch Mischfinanzierung, bei denen der Bund sich an bestimmten Finanzierungen und Aufgaben der Länder – zum Beispiel beim Straßenbau oder der Wirtschaftsförderung – beteiligte und über seine Beteiligung letztlich die Entscheidung an sich zog.

Insofern ist die ursprünglich föderale Primärkompetenz der Bundesländer in Deutschland heute weithin umgedreht. Wir haben eine Primärkompetenz des Bundes über die Länder. Die Länderregierungen haben immer mehr von ihren eigenen Verwaltungsaufgaben an die Bundesebene verloren. Sie sind immer mehr nur ausführende Verwaltungs- statt Gestaltungseinheiten der von oben kommenden Verwaltungsvorschriften geworden und damit im wesentlichen nur noch das, was die Bezirksregierungen früher waren.

Vor diesem Hintergrund wird neuerdings die Frage diskutiert, ob die Bundesländer noch eine sinnvolle öffentliche Instanz darstellen oder ob nicht diese inzwischen völlig einsparbar wären und die Restkompetenzen dezentralisiert werden könnten. Unstreitig ist aber zumindest inzwischen, dass
- eine Reihe kleinerer Länder nicht überlebensfähig sind, wie Bremen, Schleswig-Holstein, Brandenburg, Berlin, Saarland oder Sachsen-Anhalt, dass also der Zusammenschluss von Bundesländern wegen ihrer Finanzprobleme längst notwendig geworden ist und
- auch die Frage nach der Demokratie in den Bundesländern zu stellen ist, weil in einer Reihe von Bundesländern den Ländervertre-

tungen keine echte sachliche Entscheidungskompetenz von den Bürgern mehr zugestanden wird.

Die Frage des Überlebens von Bundesländern im Zeitalter der Globalisierung ist deshalb zumindest offen.

Strukturveränderungen der Bundesverwaltungen

Auf Bundesebene hat sich eine gleiche Erosion wie auf Länderebene vollzogen. Durch Überregionalisierung (EU-Ebene) hat der Bund inzwischen entscheidende Kompetenzen abgegeben, sodass er inzwischen weitgehend zu einer „Landesregierung der EU-Regierung" geworden ist. So wurden zum Beispiel das Staatsbürgerrecht – es gibt nur noch EU-Bürger – oder die Kompetenz für die Regelung von Wirtschaftsförderung und Ausschreibungen an die EU-Ebene abgegeben.

Etwa 80% der Regelungen kommen heute aus Brüssel und nicht mehr aus Berlin, Paris oder Rom. Die nationalen Regierungen haben die Regelungen nur noch umzusetzen. Entsprechend hat sich die Bedeutung der Bundesstaaten in Europa reduziert. Ohne dass die Bürger es schon gemerkt haben, sind sie im Grunde schon Vasallen von Brüssel. Nicht mehr in Berlin, sondern in Brüssel spielt die Musik. Dies zeigt sich auch an Grundsatzentscheidungen aus Brüssel, die gegen nationale Interessen laufen, wie zum Beispiel

– die Abschaffung der harten DM durch den weichen Euro,
– die EU-Erweiterung auf Kosten vor allem Deutschlands,
– die Aufnahmeverhandlungen mit der Türkei,
– die EU-Armee und
– die Akzeptierung der EU-Gerichtsbarkeit als Instanz über den Nationalgerichten.

Bei Fortsetzung dieser Entwicklung wäre eine Bundesregierung überflüssig oder jedenfalls nicht bedeutungsvoller als früher eine Landesregierung von Bremen, Berlin oder Sachsen-Anhalt. Sie ist im wesentlichen Befehlsempfängerin für die Richtlinien aus Brüssel und hat darin wenig eigenen Gestaltungsspielraum. Die bisherige souveräne Bundesverwaltung ist dementsprechend überwiegend Auftragsverwaltung der EU geworden. Die Zentralisierung der Verwaltungen hat also die nationale Ebene überspült und ist zu internationaler Kompetenz verdichtet.

Die EU-Kompetenz

Die EU-Kompetenz-Herrschaft über die nationalen Kompetenzen ist vor allem begründet durch
– die EU-Bürgerschaft statt der nationaler Bürgerschaft,
– die damit zusammenhängende Öffnung der nationalen Sozialrechte für alle EU-Bürger mit der Folge der Nivellierung von Wohlstands-Sozialleistungen,
– die EU-Richtlinienkompetenz in Wirtschaft und Kultur bis zu Eingriffen in Grundrechte der Menschen, was insbesondere durch die geplante Abschaffung des Grundgesetzes durch die EU-Verfassung deutlich wird und
– den Überbau über die nationale Demokratie durch das supranationale Rätesystem.

Wichtig ist in diesem Zusammenhang, dass das europäische Parlament im Grunde nur Anhörungsrechte und keine Mitwirkungsrechte hat, dass sich unter der EU-Verfassung die Länder die Bestimmung der Kommissare selbst vorbehalten haben und dass das höchste Organ in der EU nicht das Parlament ist, sondern die Regierungskonferenz und das Politbüro der Kommissare.

Für die Demokratie bedeutet dies, dass sich die früher vorhandenen dezentralen Basisdemokratien nicht nur in übergeordnete Instanzen zentralisiert haben, sondern auf der Ebene Europa zusätzlich verflüchtigt sind durch ein „Dekorationsparlament" ohne wesentliche eigene Gesetzgebung.

Die Abschaffung der Grenzen in Europa ist aus der Sicht der internationalen Wirtschaft logisch, folgerichtig und notwendig, um – wie in den USA – zum größeren Wirtschaftswachstum einen größeren einheitlichen Wirtschaftsraum zu haben. Dieser Aspekt ist der wesentliche Grund für die Osterweiterung und für einen Anschluss der Türkei. Entsprechend wird letzteres vor allem von den Wirtschaftsverbänden der internationalen Konzerne betrieben.

Hierbei muss auch berücksichtigt werden, dass das Europarecht nicht nur ein neuer Rechtskreis geworden ist, sondern dass dieses Europarecht in den europäischen Ländern als dem nationalen Recht übergeordnet und vorrangig akzeptiert wird. Das führt soweit, dass die Europagerichte, die im Grunde nur für den Streit zwischen europäischen Staaten zuständig sein sollten, inzwischen auch für das Recht in den europäischen Ländern als oberzuständig akzeptiert werden und deshalb „Obergericht" über die nationalen Gerichte geworden sind. Diese Abhängigkeit wurde zuerst in Deutschland deutlich durch das „Soldatinnenurteil", auf welches der deutsche Verteidigungsminister unbedenklich und unüberlegt sofort reagiert hat. Insofern ist auch das gesamte Rechtssystem zunehmend „europäisiert" worden. Dies hat Auswirkungen auf die Verwaltungen gehabt, die diesem Rechtssystem natürlich unterworfen und ebenfalls europäisiert worden sind.

Nicht nur die Bundesverwaltungsorganisation ist dadurch zu 80% vom Urheber zum Ausführer – zur bloßen Exekution von Europarecht – geworden, sondern auch die Länderebenen und sogar die Kommunen haben immer mehr europäische Vorgaben zu exekutieren.

Globalverwaltung

Die europäische Ebene ist ein entscheidender Zwischenschritt zur weiteren Globalisierung der Verwaltung, denn die europäische Ebene ist wiederum eingebunden in eine zunehmend globale Verwaltungsordnung.

Unter globaler Verwaltung sind die Verwaltungstätigkeiten der internationalen Zusammenschlüsse wie die der UNO (United Nation Organization), der WTO (World Trade Organization), des IMF (International Monetary Fund) oder der ILO (International Labour Organization) etc. zu verstehen. Diese Organisationen haben eigene Anweisungskompetenz für die Verwaltungen der Länder, welche den entsprechenden Gründungsvertrag dieser Organisationen mit unterschrieben haben oder ihm beigetreten sind.

Allerdings haben diese Weltorganisationen keine eigene Durchsetzungsmacht. Deshalb geben sie in der Regel allgemeine Vorgaben und Richtlinien aus, die erst dann für die Bürger zwingend werden, wenn sie von unteren Verwaltungsebenen übernommen und umgesetzt werden.

Als Beispiel möge der Waffenhandel dienen. Wenn bestimmte Boykottbeschlüsse der UNO gefasst werden, sind diese nur dann durchsetzbar, wenn das Land des Exporteurs sich diesem Boykottbeschluss anschließt und Rechtsverordnungen erlässt, welche Lieferungen in das Boykottland verbieten.

Die Schwäche der Weltorganisationen liegt allerdings auch darin, dass nicht alle Länder der Welt ihnen angehören, dass also dadurch Globalkonzerne einen Weg finden, den Vorschriften der Weltorganisationen zu entgehen, wenn sie ihre entsprechenden Tätigkeiten in ein Land legen, welches der jeweiligen Weltorganisation nicht angehört.

So kommt es im Verwaltungssinne zu einer „Zwei-Klassen-Gesellschaft". Bürger und Unternehmer in Ländern, welche loyal zu den einzelnen Weltorganisationen stehen, werden ihre Bürger mit den Vorschriften der Weltorganisation „beglücken" oder „verfolgen". Organisationen oder Konzerne dagegen, welche global operieren, sich also den Verwaltungszugriffen nationaler Staaten entziehen können, können sich damit auch den Verwaltungsakten der Weltorganisationen entziehen, können sich also insofern in einen verwaltungsfreien Raum zurückziehen (Ölkonzerne mit Firmensitz auf den Bahamas).

Unter diesem Aspekt hat die Verlagerung nationalen Rechts auf internationale Organisationen und die Unterstellung nationaler Verwaltungskompetenz unter internationale Weltorganisationen den international agierenden Konzernen (global players) vor allem auf dem Finanzmarkt die „Freiheit über den Wolken" gebracht, während sie für alle nicht global operierenden Firmen und die Bürger der Länder zusätzliche Einschränkungen bedeuten.

Zentralisierungsfolgen

Früher gab es ein Direktverhältnis zwischen Bürger und Verwaltung. Im direkten Gespräch konnte der Bürger mit seiner ihm bekannten Verwaltung, mit seinem ihm bekannten Dorfrat oder mit seinem ihm bekannten Bürgermeister seine Anliegen klären. 80% der Lebensregelungen fanden noch im 19. und Anfang des 20. Jahrhunderts im kommunalen Bereich statt.

Ab der zweiten Hälfte des 20. Jahrhunderts fand die große Konzentrations-, Verlagerungs- und Globalisierungswelle statt, welche immer mehr Kompetenzbereiche aus der Sicht des Bürgers in höhere Verwaltungsebenen gespült hat. Der Bürger hat heute zu 80 Prozent mit Regelungen zu tun, die übernationale, globale Organisationen ihm zudiktieren.

Das Problem daraus für den Bürger und den Unternehmer in den Gemeinden ist, dass diese Regelungen das Interesse der supranational und global agierenden Organisationen widerspiegeln und keineswegs an seinen ureigensten Interessen der „Daseinssicherung" seiner Person und seiner Familie ausgerichtet sind. Weniger als 1 Prozent der Wirtschaftsteilnehmer bestimmten mithin über das Wohl und Wehe von 99 Prozent der Bürger und Bürgerinnen in den Gemeinden.

Für die Verwaltung selbst impliziert die Globalisierung eine Reihe von teilweise gravierenden Aspekten.

Zunächst bedeutet Globalisierung, dass die Verwaltung zunehmend von Eigengestaltung auf bloße Ausführung übergeordneter Regelungen reduziert wird.

Sodann kann die Qualität der Vorbildung des Verwaltungspersonals herabgesetzt werden. Statt einer bisher vorwiegend juristisch dominierten Qualifikation des Personals für die Formulierung von Verordnungen benötigt man nunmehr zunehmend nur noch Personal zur Umsetzung der Richtlinien.

Weiter bedingt die Verlagerung in supranationale und globale Kompetenzen eine Reduzierung dezentraler Verwaltungsebenen. Die zunehmende finanzielle Krise der öffentlichen Verwaltungen wird deren Beharrungsvermögen wohl überwinden und diese Tendenz verstärken. Wo keine entsprechenden Verwaltungseinnahmen mehr erzielbar und wo keine entsprechenden Aufgaben für die Verwaltung dezentral mehr vorhanden sind, müsste konsequent Verwaltung abgebaut werden – wie dies die niedersächsische Landesregierung mit der Bezirksebene konsequent vorgemacht hat.

Manche Aufgaben werden nicht nur völlig umgemünzt, sondern auch sinnlos werden, wie es zum Beispiel bei einer kommunalen Wirtschaftsförderung der Fall ist. Wo die Kommune selbst kaum noch Kompetenzen auf die Rahmendaten der Unternehmen hat, macht Wirtschaftsförderung keinen Sinn.

Andere Aufgaben, die daraus entstehen, dass die Folgen der Globalisierung aufgearbeitet werden müssen nehmen zu, wie zum Beispiel die Handhabung der steigenden Arbeitslosigkeit in den Hochlohnländern, die Versorgung der Sozialzuwanderungen in den Hochsozialleistungsländern oder die Umweltkontrolle in den Ländern mit der höchsten Umwelthysterie. Die Zentralisierung, Internationalisierung und Globalisierung verändern also auch die Aufgabenstruktur der Verwaltungen bis auf die unterste Ebene hin.

Zentralisierungsreform

Geht man einmal vom Grundsatz einer demokratischen Verwaltung aus, schließt also diktatorische politische Systeme und Verwaltungen einmal aus, so müsste die in den letzten Jahrzehnten gelaufene Zentralisierungswelle zurückgedreht werden, müsste der Bürger wieder direkter und unmittelbarer „verwaltet" werden. Dezentralisierung der Verwaltung wird sicher als künftige Reform schon aus demokratischer Notwendigkeit heraus gefordert werden müssen. Zu einer dezentralen Verwaltung gehört, dass alles das, was für den Bürger und Unternehmer vor Ort erledigt werden kann, woran der Bürger bzw. Unternehmer beteiligt sein sollte und wofür diesen auch ein Kontrollrecht eingeräumt werden könnte, in der örtlichen Verwaltung auszuführen ist.

Insofern ist die Datenverarbeitung und Telekommunikation fälschlich zur Zentralisierung missbraucht worden, sie hätte ebenso gut zur Dezentralisierung eingesetzt werden können und wird künftig auch in diesem Sinne gefragt sein.

Die Post lässt sich als Beispiel einer sinnvollen Dienstleistungsdezentralisation anführen. Mittlerweile werden die Leistungen der Post sogar in Einzelhandelsläden billiger, bürgergerechter, zentraler und leistungseffektiver angeboten, als in zentralen Postämtern.

Ebenso ist darüber nachzudenken, wie Verwaltungsleistungen wieder unmittelbarer an die Bürger gelangen können. Grundsatz muss dabei sein, dass die Verwaltungsleistung zum Bürger gebracht werden muss, z.B. durch vernetzte und mobile Verwaltungsarbeitsplätze.

Wichtig scheint darüber hinaus auch, dass die Gebietskörperschaften wieder in kleinere Einheiten hinsichtlich der parlamentarischen Kompetenz aufgespaltet werden, dass also alle die Bürger und Unternehmer direkt betreffenden Entscheidungen auch von diesen unmittelbar getroffen werden können und nicht von den supranationalen Konzernen und Politikern zudiktiert werden.

Die Verwaltung muss vom Eigeninteresse wieder auf ihre Funktion als Dienerin der Bürger umgestellt werden. Dies ist ohne Dezentralisierung nicht möglich.

Richard Fuchs

Die Monopolisierung unserer Nahrung.

Öl und Nahrungsmittel wurden von der US-Regierung bereits zu einer Zeit zu strategischen Gütern erklärt, als die Mechanismen zur Beherrschung der Nahrung noch nicht so perfekt waren wie im Zeitalter der Gentechnik und Patentierung transgener Pflanzen. Denn wer die Nahrung beherrscht, beherrscht den Menschen und damit die Bevölkerungsentwicklung. Dabei gilt das besondere Interesse der USA, wie das folgende Beispiel zeigt, den wichtigen rohstoffreichen Entwicklungsländern, deren Bevölkerungswachstum eine Bedrohung der Staatssicherheit Amerikas bedeuten könnte[102]. Im Irak leistete die US-britische Koalition ganze Arbeit. Dieseldepots für die irakischen Landmaschinen, Futtersilos, Hühnerfarmen, Düngerspeicher, Pumpstationen und Bewässerungssysteme wurden zerbombt. Nach dem Eroberungsfeldzug ernannte Bush den Agrarhandels-Lobbyisten Daniel Amstutz zum Beauftragten für den Wiederaufbau der zuvor zerstörten irakischen Landwirtschaft. Amstutz war zuvor Top-Manager bei Cargill, einem der weltgrößten Händler von Getreide, Soja und Mais. Nun plant er, den Irak mit US-amerikanischen Agrarprodukten, vor allem auch mit patentiertem transgenen Saatgut zu überschwemmen. Die traditionelle Aussaat von gesetzlich nicht reguliertem Saatgut ist durch die neuen Gesetze der US-Besatzer verboten.

US-Präsident George W. Bush: Werbung auf höchster Ebene.

Rund um den Globus haben die USA vielen Ländern ihre Patente auf Pflanzen bereits im Rahmen von Handelsverträgen aufgezwungen. Wiederstand leisteten vor allem Europäer, aber auch afrikanische Staaten. Um ihn zu überwinden, erklärte im Jahre 2003 George W. Bush auf dem G-8-Gipfel im französischen Evian die Aufhebung des Einfuhr- und Zulassungsverbotes der EU für transgene Pflanzen und Produkte zu einer Angelegenheit strategischer Priorität. Dabei wiederholte er den „running gag" der Life-Science-Industrie und forderte die EU auf, bei der Bekämpfung des Hungers in der Dritten Welt zu helfen. Im selben Jahr wurde Bushs Forderung durch eine WTO-Beschwerde[103] der USA gegen die EU unterstützt. Ein besonderes Ärgernis und Handelshindernis ist die Kennzeichnungspflicht von gentechnisch veränderten Organismen (GVO) und Genfood. Gentechnik in der Landwirtschaft und Ernährung wird in den USA ohne Kennzeichnung und Wissen der Bevölkerung eingesetzt. Der Sprecher des US-Handelsbeauftragten Robert Zoellick sagte, das EU-De-facto-Moratorium für gentechnisch veränderte Produkte aus Amerika sei illegal und müsse aufgehoben werden. Allein die Weigerung der Europäer, genmanipulierten Mais zu importieren, koste die USA jedes Jahr 200 Millionen Dollar. Die Lobbyarbeit der USA hatte selbst den Vatikan erreicht. Dieser bereitete 2003, zum Entsetzen katholischer Geistlicher in der dritten Welt, einen Bericht mit einem positiven Votum für die „Grüne Gentechnik" vor[104].

Die EU-Agrarminister hoben den Zulassungsstopp für Gentechnik-Produkte auf und verabschiedeten am 22. Juli 2003 zwei Gesetze, die im Juli das Europäische Parlament passierten. Diese gelten als Voraussetzung für eine Wiederaufnahme der wissenschaftlichen Prüfung von GVO und sehen eine Kennzeichnung von Futter- und Lebensmitteln vor, die GVO enthalten, soweit der Anteil 0,9 Prozent übersteigt. Außerdem müssen GVO-Produkte vom Feld bis zur Ladentheke rückverfolgbar sein. Damit ist das seit 1998 bestehende De-facto-Moratorium aufgehoben. 2005 hat der kommerzielle Anbau von transgenen Pflanzen begonnen.

Vor dem Hintergrund der Einfuhr von gentechnisch verändertem Saatgut legte die EU-Kommission Leitlinien für die „Koexistenz" gentechnisch veränderter, konventioneller und ökologischer Kulturen vor, die den Mitgliedsstaaten die Verantwortung für die Abwehr von Schäden an Nachbarkulturen auferlegt. Der Bauernpräsident Gerd Sonnleitner sieht eine Klagewelle deutscher Landwirte voraus, denn ein horizontaler Gentransfer macht vor Nachbarfeldern nicht halt. Mit der Zulassung gentechnisch veränderter Organismen (GVO) wird europäischen Landwirten nun ein wichtiges Verkaufsargument für den Export auf dem Weltmarkt von EU-Agrarprodukten verloren gehen: garantiert Gentechnik-frei.

Umwandlung der Landwirtschaft als Machtinstrument.

2001 erreichte die gesamte Anbaufläche gentechnisch veränderter (gv-) Pflanzen – vor allem Soja, Baumwolle, Raps und Mais, daneben auch Kartoffeln, Kürbis und Papaya – weltweit rund 54 Millionen Hektar. Im

Jahr 2004 hat der Anbau transgener Saaten mit 81 Millionen Hektar einen neuen Rekordstand erreicht. Dabei handelt es sich beinahe ausnahmslos um Pflanzen mit veränderten agronomischen Eigenschaften wie Herbizid- und Insektenresistenz, die für Verbraucherinnen und Verbraucher keinerlei Nutzen erkennen lassen. Die wiederholten, aber bis heute uneingelösten Versprechen, transgene Pflanzen mit direktem Nutzen für die Verbraucher zu entwickeln, entpuppten sich als rhetorischer Versuch, dem negativen Image der Grünen Gentechnik entgegenzuwirken.

2004 waren weltweit über 60 Prozent der Sojaernte gentechnisch verändert. Soja ist wiederum Bestandteil von rund 30 000 Nahrungsmittelprodukten. Gen-Soja hat in Argentinien die herkömmlichen Sorten bereits fast vollständig verdrängt. In China stammen inzwischen zwei Drittel der Baumwollernte aus dem Gen-Anbau, in den USA 70 Prozent. Auf Grund von Verunreinigung und Auskreuzung ist der gentechnikfreie Rapsanbau in Kanada schon heute praktisch unmöglich. Der Anbau von gv-Saaten konzentriert sich mit zwei Dritteln der gesamten Fläche auf die Vereinigten Staaten.

Dabei sind weder die gesundheitlichen Auswirkungen auf Mensch und Tier, noch die Langzeitfolgen für die Ökosysteme annähernd geklärt. Erfahrungen aus der Medizin zeigen, dass Änderungen in der 3-dimensionalen Struktur von Proteinen von gentechnisch hergestellten Medikamenten zu unerkannten gesundheitlichen Risiken führen können[105]. Solche Wirkung muss auch bei dem Verzehr von Genfood befürchtet werden. Der Verweis auf die USA und die vorgebliche gesundheitliche Unbedenklichkeit von Genfood für die Bevölkerung erweist sich mangels dort fehlender Kennzeichnung und fehlender Begleituntersuchungen als zynisch.

Deutliche Nebenwirkungen von GVO zeigten sich bei Tieren: Landwirte aus Iowa (USA) berichten, dass Schweine nach gv-Futter ihre Fruchtbarkeit verloren haben. In Deutschland starben mehrere Kühe, die mit gv-Mais (Bt 176) gefüttert worden waren. Fütterungsversuche bei Mäusen mit Roundup-Ready Sojabohnen von Monsanto hatten Veränderungen der Enzymaktivität in der Bauchspeicheldrüse sowie veränderte Zellkerne in den Leberzellen zur Folge. In Großbritannien begann 1998 eine heftige Debatte über gentechnisch veränderte Nahrungsmittel und deren riskante Nebenwirkungen. Auslöser war der Versuch des Forschers Arpad Pusztai, Ratten mit gentechnisch veränderten Kartoffeln zu füttern. Bei den Versuchstieren kam es unter anderem zu entzündlichen Reaktionen im Magen-Darm-Trakt. Als Pusztai über dieses Ergebnis im Fernsehen berichtete, wurde er umgehend entlassen und von Politikern öffentlich diskreditiert. „Vor diesem Hintergrund wird deutlich, dass die weitere Verwendung von Futter- und Lebensmitteln mit gentechnisch veränderten Bestandteilen ein unkontrollierter Großversuch an allen Tieren und Menschen ist, die diese verzehren[106]", urteilt die Ärztin Angela von Beesten.

Wenn heute nur noch wenige vor allem US-amerikanische transnationale Saatgut-/Chemiekonzerne und Nahrungsmittelkonzerne den Weltmarkt beherrschen, liegt die Vermutung nahe, dass mit der Umwandlung der Landwirtschaft andere Ziele als die des Wachstums einzelner Konzerne oder einer Kartellbildung verbunden sind, um Mindestverkaufspreise absprechen und durchsetzen zu können. Die sechs Global-Player besitzen über 90 Prozent der zugelassenen transgenen Pflanzen und halten mehr als die Hälfte aller Patente auf transgene Pflanzen. Darüber hinaus versuchen sie durch Allianzen mit der Verarbeitungsindustrie und den Getreidehändlern Einfluss auf den ganzen Versorgungsweg zu nehmen. Mit der auf diese Weise entstandenen Monopolierung unserer Nahrungsressourcen ist ein geopolitisches Machtinstrumentarium entstanden. Hält der gegenwärtige Trend an, könnten die USA in zehn Jahren die Nahrungsmittelversorgung eines großen Teil unseres Planeten kontrollieren. Davon betroffen ist auch Europa, es sei denn, die stabile Abneigung der EU-Bürgerinnen und -Bürger gegenüber Genfood und der Landwirte gegen gentechnisch manipuliertes Saatgut verhindern die Offensive.

Patente Geschäfte mit dem Ausverkauf der Natur.

Patente auf lebende Organismen im Besitz transnationaler Konzerne wurden ein zentrales Machtmittel zu Lasten des Verbrauchers in aller Welt. Im Gegensatz zu konventionellem Saatgut bietet transgenes Saatgut „ideale" Voraussetzungen für eine Patentierung bei gleichzeitiger Monopolisierung unserer Nahrungsgrundlage. Schon früh galt es für die US-amerikanische Wirtschaft, das Wissen der Molekularbiologen in marktfähige Ware umzusetzen und Alleinverkaufsrechte an dieser Ware zu sichern, um damit gute Startbedingungen bei der Besetzung des neuen Marktes zu schaffen[107]. Was lag da näher, als auf Organismen, die neu entdeckt oder gentechnisch verändert wurden, Patente anzumelden und zuzulassen. 1980 entschied der US-Supreme Court (Oberster Gerichtshof) mit 5:4 Richtern in seinem „Chakrabarty-Beschluss", dass neue Formen von Leben patentierbar sind[108]. Den Anlass für eine Entscheidung des Supreme Court, sich grundsätzlich insgesamt für die Patentierbarkeit lebender Organismen auszusprechen, bot ein Antrag der General Electric auf Patentierung eines Mikroorganismus[109]. Die Begründung des Gerichtes war: „Bakterien sind unbelebten chemischen Verbindungen weit aus ähnlicher als Pferden, Bienen oder Himbeeren." Was für eine Patentierung ursprünglich als unüberwindlich galt, hat nun seine Gültigkeit verloren. Ein Mikroorganismus gilt jetzt als erfunden (und nicht als entdeckt), wenn ein aufwendiges Verfahren nötig ist, um ihn zu isolieren. Mit der Patentierbarkeit auf GVO bei gleichzeitiger Übernahme von Saatgutunternehmen entwickelte sich ein Monopolbesitz an transgenen Pflanzen zu Gunsten weniger Chemiekonzerne. Zur Disposition stehen genetische Ressourcen tropischer Regenwälder, Kulturpflanzen, die seit Jahrtausenden landwirtschaftlich genutzt und züchterisch bearbeitet wurden, nun aber gentechnisch verändert und patentiert werden.

In Europa nahm die Entwicklung zunächst einen anderen Verlauf. Im Jahr der Entscheidung des Supreme Court beschloss das Europäische Patentamt (EPA) das Europäische Patentübereinkommen (EPÜ). Gemäß Art. 53b des EPÜ gilt ein Patentierungsverbot für Pflanzensorten, Tierarten und biologische Verfahren zur Züchtung von Pflanzen und Tieren. Das Verbot wurde am 1. März 1995 zunächst auch durch das Europäische Parlament bestätigt. Schließlich aber beschloss das Europaparlament in Straßburg mit einer überraschenden Dreiviertelmehrheit nach 10-jähriger Diskussion am 16. Juli 1997 den Gesetzentwurf für Gen-Patente (EU-Patentierungsrichtlinie) des Berichterstatters Willy Rothley, MdEP (SPD)[110]. Im Änderungsantrag des Berichtes ist zu lesen: „Erfindungen, deren Gegenstand Pflanzen und Tiere sind, sind (...) grundsätzlich patentierbar, wenn die Ausführbarkeit der Erfindung technisch nicht auf eine Pflanzensorte oder Tierrasse beschränkt ist."

Ausverkauf von Saatgutunternehmen an transnationale Chemiekonzerne.

Im Gegensatz zu der zeitraubenden Züchtung von Nutzpflanzen über Jahrtausende kostete es vergleichsweise wenig Mühe, auf der Grundlage dieser züchterischen Vorleistung, Pflanzen gentechnisch so zu verändern, dass sie patentierbar und damit dem Besitz der Öffentlichkeit entzogen werden. In Erwartung hoher Gewinne für die Chemieindustrie durch die Vermarktung von Saatgut im Doppelpack mit Pestiziden setzte der Ausverkauf von Saatgutunternehmen bereits in den siebziger Jahren ein. Rund 500 Saatgutfirmen wurden zumeist an Chemieunternehmen verkauft, 300 weitere assoziierten sich mit großen Firmen.

Mit der ersten Generation herbizidresistenter Pflanzen war gleichzeitig eine absatzfördernde Maßnahme für die firmeneigenen Herbizide verbunden. Heute sind rund 71 Prozent der Pflanzen herbizid- und 22 Prozent insektenresistent. **Ein Nutzen für Verbraucher und auch Landwirte war und ist nicht erkennbar. Denn das Versprechen, mit dem Einsatz herbizidresistenter Pflanzen könne man den Eintrag der Herbizide auf dem Acker reduzieren, konnte inzwischen nicht nur nicht bestätigt werden, sondern der Einsatz von Herbiziden musste u. a. wegen zunehmender Resistenzbildung sogar erhöht werden.** Das ermittelte das US-Landwirtschaftsministerium. Außerdem entfällt das Landwirteprivileg, das den Nachbau von Saatgut aus eigener Ernte erlaubt. Jahr für Jahr wird der Kauf von neuem Saatgut inklusive der vorgeschriebenen Menge von Pestiziden zwingend.

Heute teilen sich nur noch sechs bedeutende Konzerne den Saatgut- und Agrochemie-Markt:

Monsanto (USA), DuPont mit weltweit größtem US-Saatzuchtunternehmen, Pioneer Hi-Bred (USA), Dow Chemical (Dow AgroScience) (USA), Syngenta (Schweiz), Bayer CropScience mit Beteiligungen an Deutschlands größtem Saatzuchtunternehmen, der Kleinwanzlebener Saatzucht AG (KWS) (Deutschland), BASF (Deutschland).

Allen Chemiekonzernen ist eines gemeinsam: Die Absatzförderung von Agrochemie und einer damit verbundenen hohen Gewinnmarge. Die sechs Chemiekonzerne hatten 2001 einen Marktanteil an Pflanzenschutzmitteln von über 80 Prozent. Die fünf größten Saatgut-Unternehmen bedienen über 40 Prozent des gesamten kommerziell, konventionellen und über 90 Prozent des transgenen Saatgutmarktes. Und dieser wird wiederum von dem US-amerikanischen Konzern Monsanto dominiert. Vor diesem Hintergrund ist das Engagement der amerikanischen Regierung zu verstehen. Denn Monsanto erleidet nicht selten Rückschläge[111].

Den steilen Aufstieg verdanken die US-Konzerne Dow Chemical und Monsanto den Millionenaufträgen zur Zeit des Vietnamkrieges 1965. Mit ihren Unkrautvernichtungsmitteln (dem von Soldaten so getauften Herbizid „Agent Orange") wurden der Dschungel entlaubt, Reisfelder und Menschen vergiftet. Wie die Biologin Rachel Carson 1962 in ihrem Bestseller „Der stumme Frühling" schreibt, lieferten die US-Chemieproduzenten seit 1959 Insektizide, mit denen auch in vielen US-Bundesstaaten Zehntausende von Quadratkilometern aus der Luft besprüht und verseucht wurden. Die Firmen waren auf eine „Goldgrube" gestoßen. Rachel Carson stellte in ihrem Buch die Frage, „ob irgendein Kulturvolk einen erbarmungslosen Krieg gegen Lebewesen führen kann, ohne sich selbst zu vernichten und ohne das Recht zu verlieren, sich noch als Kulturvolk zu bezeichnen?"

Das unsichtbare Netz der Lobbyisten.

Die neuen Entwicklungen in der Bio- und Gentechnologie und ihre Anwendungen haben einen für Bürgerinnen und Bürger nicht immer durchschaubaren Beratungsapparat hervorgebracht. Auf EU-Kommission, -Parlament und -Rat in Brüssel üben rund 15 000 Lobbyisten im Interesse ihrer Auftraggeber ihren Einfluss aus. 500 europäische Firmen gründeten den Gentech-Lobby-Verband „European Association for Bioindustries" (EuropaBio), unter anderem mit dem Ziel, gesetzliche Schranken der Gentechnik abzubauen. Es gelte außerdem, KonsumentInnen davon zu überzeugen, dass die Gentechnik eine „unschuldige Technologie" sei, die, wenn man sie nur lasse, „viel Gutes tun" könne.

Eine der international wichtigsten Organisationen mit Einfluss auf die Politik in Ernährungsfragen ist die UNO mit ihrem Ausschuss „Codex Alimentarius". Der Ausschuss setzt sich aus Vertretern der Weltgesundheitsorganisation (World Health Organization, WHO) und der Welternährungsorganisation (Food and Agricultural Organization, FAO) zusammen. Bereits in der Sitzung der Codex-Alimentarius-Kommission im Oktober 1994 setzt sich die amerikanische Delegation dafür ein, jedwede Kennzeichnung gentechnisch hergestellter Nahrungsmittel generell zu verbieten.

Eine Schlüsselposition zu Fragen der Bevölkerungspolitik, Genetik und Gentechnik hält die Rockefeller-Foundfation (FR) in New York. Sie bemüht sich seit 20 Jahren darum, die Akzeptanz für eine radikale genetische Veränderung der Agrarproduktion in den Ländern zu erhöhen, in denen entsprechende Forschungsprogramme der US-Regierung auf Misstrauen stoßen. Bis heute hat sie mehr als 400 führende Wissenschaftler von den Philippinen bis Thailand, von Kenia bis China ausgebildet. Die RF investiert seit 1994 mehr als 100 Millionen Dollar in die Forschung und Entwicklung von transgenem Saatgut, um Zugang zu der weltweiten Nahrungsmittelproduktion, besonders bei wichtigen Entwicklungsländern, zu erhalten. 1972 hatte US-Präsident Nixon den Stiftungsrat, John D. Rockefeller III, zum Vorsitzenden der präsidialen Kommission „Bevölkerung und die amerikanische Zukunft" ernannt. Gefordert wurde ein „Nullwachstum der Bevölkerung".

1971 entstand als Kreation der Ford-Stiftung, Weltbank und Rockefeller-Foundation die „Consultative Group on International Agricultural Research (CGIAR) (Beratergruppe für Internationale landwirtschaftliche Forschung) mit 16 Forschungszentren weltweit. Mit einem Jahresetat von 350 Millionen Dollar ausgestattet, konzentrierte sich die CGIAR auf den Transfer von genetisch veränderten Pflanzen in die Entwicklungsländer. Obwohl sich die US-Regierung im Hintergrund hielt, waren damit bevölkerungspolitische Programme verbunden. Die Akteure im Hintergrund, die Rockefeller Foundation (RF), Weltbank, Monsanto und andere Agrochemiekonzerne und auch die US-Regierung traten immer unter der Schirmherrschaft von CGIAR auf.

Eine weitere maßgebliche Rolle spielt die RF als Geldgeber des „International Service For The Acquisition of Agri-Biotech Applications" (ISAAA), (Internationaler Dienst für die Einführung der Agrarbiotechnologie. ISAAA ist eine Agentur, die die Auslieferung der geschützten Biotechnologieprodukte aus den Firmenlabors der westlichen Welt in die Nahrungs- und Landwirtschaftssysteme der Dritten Welt erleichtert. Die RF und die EU beteiligten sich an der Finanzierung des Forschungsvorhabens von Ingo Portrykus. Dieser entwickelte 1999 zusammen mit dem Biologen Peter Beyer von der deutschen Universität Freiburg den „Goldenen Reis", einen genmanipulierten Reis, der das Provitamin A enthält.

Großstiftungen, internationale Agrar-Forschungsinstitute, Weltbank, die Welternährungsorganisation (FAO) und die von ihnen beeinflussten Landwirtschaftsministerien können andererseits eine unheilige Allianz im Kampf gegen Kleinbauern und deren regional angepasste Reissorten bilden: So verlor Dr. R. H. Richharia als Anwalt der kleinen Reiszüchter zweimal seinen Posten und sein gesamtes Zuchtmaterial mit insgesamt 17 000 Sorten. Als Direktor des indischen „Central Rice Research Institute (CRRI) baute er eine Reiszüchtung mit krankheitsunanfälligen Sorten, die keinen oder nur einen minimalen Einsatz von Agrochemie erforderlich machten. Das wurde ihm zum Verhängnis[112].

Grüne Gentechnik im Kampf gegen den Hunger in der Dritten Welt.

„Was es auch ist, ich fürchte die Danaer, auch wenn sie Geschenke bringen." Das war der Warnruf des Laokoon in Bezug auf das von den Griechen bei deren Scheinabzug zurückgelassene hölzerne Pferd (das Krieger bergende riesige Trojanische Pferd). Seit diesem Ereignis steht ein „Danaergeschenk" für eine Gabe, die hinter anscheinenden Vorteilen gefährliche Nachteile für den Empfänger birgt. Als Danaergeschenk kann sich schnell gespendetes transgenes Saatgut erweisen. Denn sind einheimische Sorten einmal kontaminiert, können bald Lizenzgebühren an den Patentinhaber fällig werden. Das ist die leidvolle Erfahrung des kanadischen Farmers Percy Schmeiser (siehe Chronik 2004). Das ahnen vorausschauend auch afrikanische Staaten.

Auf der Tagesordnung des Gipfels der G-8-Staaten 2003 stand u. a. der „Afrika-Aktionsplan", ein Hilfsplan für den schwarzen Kontinent – natürlich auch mit Hilfe der Segnungen der Grünen Gentechnik. Entwicklungsländern soll bei der nachhaltigen Verbesserung ihrer landwirtschaftlichen Produktionsleistung geholfen werden, indem die G-8 die Beratergruppe für internationale Agrarforschung (CGIAR) unterstützen, deren Aufgabe es ist, die neuesten Ergebnisse der Agrarforschung zu verbreiten. Doch gespendete US-Futtermittel aus Gen-Produktion lehnten afrikanische Staatschefs von Sambia, Simbabwe und Mosambik aber ab. Sambia etwa lehnte im Herbst 2002 Lebensmittelhilfen der Vereinigten Staaten mit dem Hinweis ab, sie seien besorgt, dass genmanipuliertes Saatgut die eigene Landwirtschaft „kontaminieren" könne und künftige Agrarexporte nach Europa gefährde.

Ein Danaergeschenk offerierte auch Ingo Portrykus. Er entwickelte 1999 zusammen mit dem Biologen Peter Beyer von der deutschen Universität Freiburg einen genmanipulierten Reis, der das Provitamin A enthält, den sogenannten „Goldenen Reis". Zur Einführung wollte Potrykus den Gen-Reis an Bauern der Dritten Welt verschenken. Das aber war problematisch, wie er selber zugeben musste, da er Patente u. a. von Novartis ignorieren müsste und schließlich auch von Syngenta nach der Fusion der Novartis-Agro-Division mit dem schwedisch-britischen Konzern AstraZeneka. Ein weiteres Problem wurde nicht erkannt oder ignoriert. Wenn Saatgut verschenkt wird, trifft das die heimischen Saatguthersteller, deren Abverkaufschancen dadurch geschmälert werden.

Das oft wiederholte Argument, die Grüne Gentechnik werde den Hunger in der Dritten Welt besiegen, war zu keinem Zeitpunkt glaubhaft und hat sich bis heute nicht bestätigt. Denn dort gibt es einen großen Erfahrungsschatz mit regional angepassten Nutzpflanzensorten. Hochertragssorten mit einem hohen Verbrauch von Wasser, Kunstdünger und Pestiziden sind für den nicht industriell bewirtschafteten großflächigen Landbau ungeeignet. Dort wird das Saatgut preiswert aus der eigenen Ernte gewonnen oder mit anderen Landwirten getauscht. Weder das Saatgut noch die Pflanzenpflegemittel (Pestizide = Biozide) müssen für teures Geld wie in den westlichen Industrienationen erworben werden.

Sicher ist sicher. Neue Strategien der Betreiber.

Mit der Genehmigung des Erprobungsanbaus von transgenem Mais 2004 war die Befürchtung verbunden, dass die Felder von Gegnern zerstört werden würden. Während früher Orte mit Freilandversuchen bekannt gegeben wurden, Gruppen oder Einzelpersonen Stellungnahmen abgeben konnten, erfolgte in diesem Jahr der Erprobungsanbau unter Ausschluss der Öffentlichkeit, streng geheim. Zu einzelnen

Zerstörungen der Felder kam es dennoch. Den im Herbst des selben Jahres geplanten Technikfolgenabschätzungen begegnen die Betreiber ebenfalls mit einer von außen nicht kontrollierbaren Maßnahme. Die Aussaat fand in guter Nachbarschaft statt. Das heißt: In den Bundesländern Mecklenburg-Vorpommern und Sachsen-Anhalt hat man für den Probeanbau von gentechnisch verändertem Mais entweder staatliche Flächen oder Parzellen inmitten großer landwirtschaftlicher Flächen ehemaliger LPGs genutzt. Die Nachbarfelder haben folglich den selben Eigner wie die Erprobungsfelder. Das vermeidet Konflikte und vermeidet negative Ergebnisse. D. h., die in einer „geschlossenen Gesellschaft" gewonnenen Daten lassen eine großflächige kommerzielle Aussaat von Gen-Mais im Frühjahr 2005 zu. Dann aber müssen die Äcker mit allen Risiken für die Landwirte und Saatgutindustrie gekennzeichnet werden. Und davor fürchten sich Saatgutfirmen, sprich Chemiekonzerne ebenso wie Landwirte[113].

William Engdahl

Die Saat der Zerstörung

Im Juni 2003 erklärte US-Präsident Bush die Aufhebung eines achtjährigen Verbots der Europäischen Union für genetisch veränderte Pflanzen zu einer Angelegenheit von strategischer Priorität für die USA. Dies geschah nur wenige Tage nach der US-Besetzung von Bagdad. Das Timing war nicht zufällig. Seither ist der Widerstand innerhalb der EU gegenüber genetisch veränderten Pflanzen zerbröckelt, ebenso wie der Brasiliens und anderer Schlüsselländer für landwirtschaftliche Produkte. Ein Jahr zuvor war die Zukunft des genetisch veränderten Getreides noch unklar gewesen.

Jetzt, nach einigen Monaten und enormem Druck, sind die Strategen einer Vorherrschaft durch genetisch veränderte Pflanzen im Begriff, eine Kontrolle über die globale menschliche und tierische Nahrungsmittelkette auszuüben, wie sie nie zuvor von einer einzelnen Nation oder Macht ausgeübt wurde.

Das Wesen der amerikanischen Machtpläne für die Welt basiert heute auf der Entwicklung strategischer Schlüsselpositionen, die von keiner anderen Vereinigung von Ländern herausgefordert werden können; die Planer im Pentagon nennen das „full spectrum dominance". Dies schließt die globale Militärherrschaft mit ein. Es umfaßt die Vorherrschaft über die begrenzten und rapide abnehmenden Erdölvorräte. Es schließt die Steuerung der Leitwährung der Welt, des Dollars, mit ein. Und heute schließt es zweifellos die künftige Kontrolle der weltweiten Landwirtschaft durch Steuerung der Patente für genetisch veränderte Pflanzen und genetisch verändertes Getreide mit ein.

Halten die gegenwärtigen Tendenzen an, wird die globale Vorherrschaft der USA vor Ende des Jahrzehnts auf der Kontrolle der Nahrungsmittelversorgung eines großen Teils unseres Planeten basieren, weit mehr als dies militärische oder sogar Energieressourcenkontrolle je vermögen. Die geopolitische Dimension dieser Zukunftsaussichten verdient eine sorgfältige Untersuchung.

Während der siebziger Jahre, als Kissinger Direktor des Nationalen Sicherheitsrates der USA sowie Außenminister war, begannen Nahrungsmittel und Öl strategische Güter für die US-Staatssicherheit zu werden. Kissinger initiierte die umstrittene „Öl-für-Nahrungsmittel"-Strategie, in der eine mit Nahrungsmitteln unterversorgte UdSSR beträchtliche Mengen an US-Getreide importierte und dieses mit dem Export großer Mengen sowjetischen Öls bezahlte. Die inländische amerikanische Erdölgewinnung außerhalb Alaskas hatte 1970 ihren Höhepunkt erreicht und begann nun stetig abzunehmen. Die USA wurden in zunehmendem Maße eine Ölimportnation. Die Staatssicherheit wurde an die Sicherheit des preiswerten Importöls gebunden, und Nahrung wurde von da an eine Waffe im US-Sicherheitsarsenal. **Kissingers Politik verdeutlicht sein Kabinettskollege, Landwirtschaftsminister Butz, der feststellte: „Hungrige Männer hören auf die, die ein Stück Brot haben. Nahrung ist ein Werkzeug. Es ist eine Waffe im Verhandlungsarsenal der USA". Kissinger war damals Chefunterhändler der USA.**

„Wachsende Bevölkerungen haben ernste Auswirkungen auf den Bedarf an Nahrung, besonders in den ärmsten und am schnellsten wachsenden und am wenigsten entwickelten Ländern", stellte Kissinger fest. „Der weltweite Bedarf an Nahrung erhöht sich um 2,5% oder mehr pro Jahr in einer Zeit, in der vorhandene Düngemittel und gut gewässertes Land bereits in großem Stil genutzt werden. Folglich muß eine zusätzliche Nahrungsmittelproduktion aus höheren Erträgen herrühren". Deshalb listete Kissinger Länder für die Einführung von genetisch verändertem Getreide auf und lancierte Propagandaoffensiven, um dem Widerstand gegen genetisch verändertes Getreide zu begegnen. Hierbei spielt die Rockefeller-Stiftung eine hervorragende Rolle, deren Südostasien-Chef Hautea gab vor kurzem an, seine Gruppe habe Indonesien, Malaysia, die Philippinen, Thailand und Vietnam anvisiert, weil sie alle den politischen Willen haben, die Anwendungen der Biotechnologie auszuüben und zu übernehmen. Was Hautea nicht sagte, war, daß die Einführung von genetisch verändertem Saatgut auch die Einführung der teuren – ebenso veränderten – Schädlingsbekämpfungsmittel und anderer Maßnahmen nach sich zieht, die nur von globalen Agrarfirmen durchgeführt werden können.

Die Nahrungsmittelproduktion der betroffenen Länder wird für den globalen Agrarmarkt umgeformt, sie steht nicht mehr für die nationale Versorgung mit Nahrungsmitteln zur Verfügung. Hautea sagt nicht, wie die Biotechnologie, die, sagen wir, durch Syngenta oder Monsanto nach Indonesien oder Malaysia gebracht wurde, zum Nutzen jener kleinen Landwirte beiträgt, die das Herz der Nahrungsmittelproduktion dieser Länder ausmachen. Bis heute gibt es in der Tat noch keinen Beweis eines möglichen Nutzens von genetisch verändertem Getreide für landwirtschaftliche Familienbetriebe. In Wirklichkeit ist das Gegenteil der Fall. Landwirte werden häufig von ihren Regierungen genötigt oder gezwungen, Monsanto-Saatgut und anderes genetisch verändertes Saatgut zu kaufen. Mit Hilfe der Rockefeller-Stiftung läuft eine weltweite Aktion von Monsanto, DuPont, Cargill und Dow Agri-Sciences, Syngenta, der Bayer AG und anderer großer Biotechnologie-Riesen und beherrscht die laufende „neue grüne Revolution", wie die Rockefeller-Stiftung es nennt.

Die Liste der wichtigsten genmanipulierten Pflanzen umfaßt heute Reis, Sojabohnen, Mais, ölhaltige Samen und zahlreiche andere Grundnahrungsmittel. Mehr als 70% aller verarbeiteten Nahrungsmittel, die die Amerikaner konsumieren, stammen heute von genetisch veränderten Produkten. Fast das gesamte Tierfutter, das benutzt wird, um Rinder und andere Tiere in den USA und an den hauptsächlichsten Weltmärkten großzuziehen, ist heute genetisch verändert, vor allem Sojamehl und Mais.

Weltweit sind 55% aller Sojabohnen, die angebaut werden, genetisch verändert. Sojamehl ist eine der grundlegendsten und ergiebigsten Proteinquellen für Tiere und Menschen. Jeder Bissen von einem Hamburger von McDonald's enthält etwa 30% Sojamehl. Ohne es zu realisieren, essen bereits die meisten Leute in Nordamerika, Ostasien und Europa regelmäßig genetisch veränderte Produkte.

Wohl am bemerkenswertesten ist die Tatsache, daß Landwirte in Nordamerika, Australien, Argentinien und vor kurzem – nach langem Kampf – auch in Brasilien ihre Kontrolle über das Saatgut einer Handvoll multinationaler Biotechnologieriesen abgegeben haben, die eine überlegte Strategie verfolgen, um die Anpflanzung von Feldfrüchten für Grundnahrungsmittel weltweit zu dominieren und zu beherrschen.

Durch das Gesetz 81 ist im Irak sogar die Verwendung einheimischen Saatgutes verboten und das Saatgut des amerikanischen Konzerns vorgeschrieben worden.

Zweiter Schritt: „Terminator"-Saat. Die Biotechnologiekonzerne haben längst den zweiten Schritt der Gentechnik vollzogen, Terminator-Saat.

Monsantos Terminatortechnologie für Saatgut, an der auch das US-Landwirtschaftsministerium zum Teil Patentrechte innehat, wurde zu Recht die „endgültige Waffe", die „Neutronenbombe der Landwirtschaft" genannt. Terminatorsamen würden für Monsanto und andere Gentech-Giganten eines der Hauptprobleme beim Eintreiben von Gebühren für patentiertes Saatgut lösen, was vor einigen Jahren durch GATT-Verhandlungen zu Patentrechten ermöglicht worden war.

Washington drückte die umstrittene Vereinbarung bei GATT durch und beschuldigte die Entwicklungsländer der „Piraterie", wenn sie die entsprechenden Abgaben an die multinationalen Konzerne nicht zahlten. Sie behaupteten dabei, US-Firmen verlören Hunderte von Millionen Dollar an unbezahlten Gebühren für Düngemittel und Samen oder Arzneimittel. Der damalige Handelsbeauftragte und Verhandlungsführer der USA - Kantor - sitzt heute im Vorstand von Monsanto.

Das Patentrechtsabkommen der WTO umfaßt Patentrechte auf genetisch veränderte Pflanzen. Mit diesem Recht hat die Schweizer Agrotechfirma Syngenta potentiell die Kontrolle über die meisten Reissorten in Pakistan, Indien und Asien. Monsanto beherrscht die Patente auf Sojabohnen, Mais, Baumwolle und andere wichtige Getreidearten. Ihr einziges Problem ist, wie man die Abgaben von den Millionen kleiner Landwirte einziehen kann. Das Einziehen von Patentzahlungen für genetisch verändertes Saatgut ist in vielen Entwicklungsländern extrem schwierig. Dem ist aber nicht so, wenn das Terminator-Saatgut verkauft wird. Die Terminator-Technologie, die Monsanto für 1,6 Milliarden Dollar erworben hat, ermöglicht das Einbringen eines „Selbstmordgens" in Pflanzen wie Mais, Baumwolle oder Soja oder möglicherweise sogar Weizen. Ein Landwirt, der Terminator-Samen verwendet, ist nicht länger in der Lage, Saatgut mit anderen Landwirten zu teilen oder sein eigenes in den folgenden Jahren anzubauen. Er wird gezwungen, sich jedes Jahr wieder an Monsanto zu wenden, um seine Existenz zu sichern, das heißt, wieder Selbstmordsamen zu kaufen, genauso wie die speziellen Herbizide, die Monsanto zur gleichzeitigen Verwendung entwickelt hat.

Die Tage sind längst vorbei, in denen das amerikanische Landwirtschaftsministerium die Interessen der kleinen Landwirte Amerikas vertrat. Heute ist das US-Agrargeschäft, beherrscht von einem Dutzend oder mehr riesiger internationaler Konzerne, der zweitrentabelste Industriezweig neben der Pharmaindustrie mit einem jährlichen Umsatz von gut 800 Milliarden Dollar. Das US-Landwirtschaftsministerium ist heute die organisierte Lobby der Agrogiganten, von denen keiner einflußreicher ist als Monsanto. Die Beamtin der Bush-Regierung im Landwirtschaftsministerium Veneman, ist ehemaliges Vorstandsmitglied einer Monsanto-Firma und – kaum überraschend – vehemente Vertreterin der Gentechnik. Auch andere Beamte der Bush-Regierung haben Verbindungen zu Monsanto.

„Terminator" und damit verwandte Gen-Technologien in den Händen von Monsanto und von weniger als einem halben Dutzend Firmen weltweit, unterstützt durch das US-Landwirtschaftsministerium, das Verteidigungsministerium und das Außenministerium, könnten die Tür öffnen für potentielle Formen biologischer Kriegsführung gegen ganze Bevölkerungsgruppen, wie sie bisher unvorstellbar waren. Eine neue Studie der US-Luftwaffe stellt fest, daß „biologische Waffen größere Einsatzmöglichkeiten bieten als Atomwaffen".

Genmanipulation in den Händen einer bösartigen Macht eröffnet Möglichkeiten, die den Menschen unsägliches Leid zufügen könnten. Selbst wenn es der Fall wäre, daß genmanipulierte Pflanzen die Erträge verbesserten – was überhaupt noch nicht bewiesen ist – enthält dieses Potential zur Kontrolle der Nahrungsmittelversorgung ganzer Nationen zuviel Macht und Einfluß, als daß man es in die Hände einer einzelnen Firma oder einer Regierung geben könnte. Grundnahrungsmittel wie Süßwasser sind keine gewöhnlichen Güter, die gemäß den Richtlinien eines zwangsweise auferlegten freien Marktes verkauft werden können. Sie sind grundlegende Menschenrechte so wie das Recht zu atmen.

Wir sollten keine Regierung mit der Macht über unsere Nahrungsmittelsicherheit, wie sie die gegenwärtigen Advokaten der Gentechnik-Strategien anbieten, in Versuchung führen.

Prof. Dr. Rainer Gebhardt / Prof. Dr. Eberhard Hamer

Der Griff nach dem Wasser

Seit der US-Sicherheitsberater und Vertreter der US-Hochfinanz Zbigniew Brzezinski bereits 1997 in seinem Buch „Die einzige Weltmacht" verkündet hat, dass die von ihm vertretene Hochfinanzgruppe nach der Monopolisierung anderer Rohstoffe nun auch das Wasser der Welt in den nächsten 20 Jahren aufkaufen wolle, ist der Machtkampf ums Wasser eröffnet.

Zum Themenkomplex des Wassers bzw. der Wasserwirtschaft lassen sich traditionell drei Segmente unterscheiden:
– die Gewinnung von Frischwasser,
– die Wasserverteilung durch Leitungsnetze und
– die Abwasserentsorgung / Aufbereitung.

Wassergewinnung

Die Wassergewinnung für die deutsche Bevölkerung kommt zu 74% aus Grund- und Quellwasser, der Rest aus Stauseen und natürlichen Gewässern. Jeder Mensch verbraucht in Deutschland durchschnittlich 120 Liter Trinkwasser pro Tag – eine ungeheure Menge, wenn man sie einzeln betrachtet. Im internationalen Vergleich dagegen sind die Deutschen sogar sparsam im Wasserverbrauch. Die Menschen in Italien verbrauchen täglich 213 Liter, die Japaner 273 Liter und die Bewohner der USA sogar 295 Liter Wasser pro Tag. Hieraus wird schon deutlich, welche zentrale Überlebensbedeutung Wasser sogar in den gemäßigten Klimazonen – die zudem noch über genügend Wasservorräte verfügen – hat. Unsere heutige Zivilisation ist selbst in diesen Ländern ohne eine ausreichende Wasserversorgung nicht mehr denkbar.

Schaut man dagegen auf die „extremeren Klimazonen" stellt man fest, dass der „Kampf ums Wasser" bereits begonnen und zum Teil schon klare Kampfprofile der Interessenparteien herausgebildet hat, wie die häufigen Meldungen um die Auseinandersetzung um das Wasser dieser Regionen, zum Beispiel um das Jordanwasser, um das Wasser von Euphrat und Tigris oder um das Grundwasser der Palästinenser, zeigen. Wo also kein oder kaum Wasser vorhanden ist, wie in den tropischen und subtropischen Ländern des vorderen Orients, in Afrika oder Australien, ist Überleben kaum möglich, können also die Menschen nur unter Entbehrungen wohnen und ist dementsprechend der Kampf ums Wasser bereits auf einer höheren Eskalationsstufe angelangt, als es bisher in Deutschland der Fall ist.

Wagt man auf dieser Grundlage einen Blick in die Zukunft, wird man nicht umhin kommen festzustellen, dass eine wachsende Weltbevölkerung – insbesondere in den extremeren und wasserärmeren Klimazonen – dazu zwingt, die vorhandenen Wasservorräte der Welt entweder besser zu nutzen, also besser bewirtschaften zu müssen, oder nach alternativen Wegen gesucht werden muss, Trinkwasser zu gewinnen, zum Beispiel durch das Entsalzen von Meerwasser.

Unabhängig aber davon, ob es nun gelingt, durch eine bessere Bewirtschaftung oder durch alternative Wassergewinnung das Wasservorkommen zu erhöhen, bleibt ein grundlegender Zusammenhang jetzt und in Zukunft klar und eindeutig: Wer das vorhandene Wasser beherrscht, beherrscht nicht nur die Lebensgrundlage der eigenen Nation, sondern auch die Lebensgrundlage von Nachbarstaaten. Damit wird die Frage der Wasserversorgung eine Frage der Gewährleistung der Daseinsvorsorge für die Nationen und damit politisch zunehmend brisant. Wie hintergründig hier paktiert wird, zeigt sich z. B. an den offensichtlichen Absprachen zwischen der Türkei und Israel: Israel hat von der Türkei Wassergarantien aus dem Wasser Kurdistans in den Jordan dadurch erhalten, dass es der Türkei Unterstützung für den Anschluss an und Finanzierung aus der EU versprochen hat. Nun kann Israel der Türkei sicherlich viel versprechen, vor allem Maßnahmen, für die auf den ersten Blick kein Zusammenhang zum realen Geschehen existiert. Das Wirkungsgefüge wird aber komplett, wenn man die – schon eingangs bezeichnete – Metaebene der Politik, die internationale Hochfinanz, hinzuzieht. Nach deren Wegweisungen soll der Türkei der Weg nach Europa geebnet werden.

Wasserverteilung

Wasservorräte sind aber nur nutzbar, wenn sie mit einem dezentralisierten Leitungsnetz zum Verbraucher gelangen können. Welche finanziellen Probleme hierin liegen, hat sich nach der Wiedervereinigung in den neuen Bundesländern gezeigt, wo fast die gesamten Wasserleitungen veraltet, reparaturbedürftig und erneuerungsnotwendig waren und bisher für die Instandsetzung der Wasserversorgung und Wasserentsorgung rund 50 Mrd. Euro investiert wurden. Diese ungeheuren Infrastrukturinvestitionen sind in Europa – im Gegensatz zu den USA – von öffentlichen Körperschaften aufgebracht worden und aufzubringen gewesen. Entsprechend beziehen 99% der deutschen Bevölkerung ihr Trinkwasser aus dem öffentlichen Leitungsnetz. Die Gesamtlänge des öffentlichen Kanalnetzes in Deutschland beträgt fast 450.000 Kilometer, entspricht also etwa dem elfmaligen Erdumfang.

Abwasserentsorgung

Ein dritter Zweig des Wassermarktes betrifft die Abwasserentsorgung. Der steigende Wasserverbrauch von Bevölkerung und Industrie hat nicht nur steigende Wiederverwendung des Wassers, sondern letztlich auch steigende Abwasserentsorgung notwendig gemacht. Dies wurde ebenfalls in Deutschland überwiegend mit öffentlichen Investitionen gemacht. 93% der deutschen Bevölkerung entsorgen ihr Wasser über die öffentliche Kanalisation. Inzwischen wird so fast das gesamte Abwasser (9,5 Mrd. Kubikmeter jährlich) in den öffentlichen Klärwerken mit biologischen Verfahren aufgearbeitet – eine ungeheure Investitionsleistung der vergangenen Jahrzehnte, nicht nur für die Wasserwirtschaft, sondern auch für den Umweltschutz.

Alle drei Bereiche – Wassergewinnung, Wasserversorgung und Abwasserentsorgung – ermöglichen „das Geschäft mit dem Wasser", im Fokus der US-Hochfinanzinteressen steht aber zunächst die Wassergewinnung.

In Deutschland war bisher die Wassergewinnung für Trinkwasser traditionell in öffentlicher Hand, vor allem in der Hand vor Kommunen, Bundesländern und zum Teil von Landesinstitutionen. Die Entnahme von Trinkwasser aus dem Boden ist nach Wassergesetzen geregelt, bedarf der Genehmigung und ist letztlich dem öffentlichen Verband vorbehalten. Gleiches gilt für die Wasserentnahme aus Flüssen oder Seen. Hintergrund dieser Regelung ist die als „öffentliche Daseinsvorsorge" aufgefasste Verfügbarkeit von Wasser. Es gilt Wasser für die Bevölkerung zu sichern, hygienische Grundanforderungen an das Wasser zu gewährleisten und die Endnachfrager – Bevölkerung und Industrie – mit möglichst niedrigen Wassergebühren zu belasten.

Die Gebührenbildung für die Wasserversorgung wird in Deutschland nicht nach „Angebot und Nachfrage" ausgerichtet, sondern nach dem „Kostendeckungsprinzip". Das bedeutet, dass die öffentliche Wassergewinnung und Wasserversorgung die Wassernachfrager in Deutschland zwar so billig wie möglich beliefern soll, ihre eigenen Kosten aber jeweils in den Wassergebühren abdecken kann. Deshalb sind auch die vom Nutzer zu zahlenden Entgelte kein „Wasserpreis", sondern eine „Wassergebühr", also eine öffentliche Abgabe, die als Gegenleistung für die besondere Inanspruchnahme der Wasserversorgung des Gemeinwesens von den Wassernachfragern erhoben wird, also ein nach öffentlichem Recht festgesetztes und genehmigtes Entgelt, welches nach dem jeweiligen Wasserverbrauch erhoben wird, wobei hinsichtlich dieses Entgeltes zwischen industriellen Verbrauchern und Privatverbrauchern unterschieden wird.

Die Wasserversorger können also ihre Kosten – auch etwaige übermäßige Kosten – auf die Nutzer bzw. auf die Wassergebühr, welche fälschlicherweise ständig als „Wasserpreis" bezeichnet wird, umlegen. Damit ist die Wasserversorgung ein risikoloses Geschäft, doppelt risikoloser als alle anderen marktwirtschaftlichen Geschäfte, denn man hat nicht nur einen festen Absatzmarkt durch die Versorgungsleistungen, in welche „andere nicht einbrechen können", sondern hat auch durch das Kostendeckungsprinzip die Möglichkeit, alle Kosten, die man macht und machen kann, über diese Gebühr abzuwälzen. Die Wasserversorger haben also weder Absatzrisiko noch Preis- oder Kostenkonkurrenz. Entsprechend sind die Wasserversorgungskosten in Deutschland im Europäischen Vergleich hoch, wie die nachfolgende Abbildung 1 verdeutlicht.

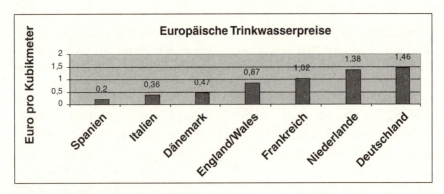

Quelle: Umweltbundesamt 1998

Wo ein so risikoloser, zukunftssicherer und dann auch noch existenz-entscheidender Markt liegt, werden irgendwelche Kapitalgruppen irgendwann auch ihre Gewinnchancen dort suchen. Diese Situation scheint inzwischen auch für Deutschland erreicht.

Schon jetzt haben sich große private Konzentrationen neben den öffentlichen Wasserversorgungseinrichtungen gebildet, die zunehmend den lukrativen Wassermarkt zu übernehmen versuchen. Die führende US-Finanzgruppe (Rothschild) hat nicht nur die größte Wassergesellschaft Europas (Suez Lyonnaise = Nestle) in der Hand, sondern auch bereits vielfältige Einflüsse in den anderen 10 großen Wassergesellschaften Europas erworben, zum Teil durch eigene Leute in den Vorständen der anderen (auch öffentlichen) Wassergesellschaften, zum Teil über direkte oder indirekte Beteiligungen. Zur Zeit scheinen die Wasseranbieter RWE und E.ON/Gelsenwasser vorrangig im Fadenkreuz der Erwerbsabsichten des US-Großkapitals zu stehen. Hilfe erwartet man dabei von der West-LB, in welcher man ebenfalls bereits einen Vertrauten platziert hat.

Das Strickmuster des Zugriffs ist einfach:
– Zunächst wird bei den in Finanznot befindlichen Kommunen die theoretische sonst richtige Privatisierung politisch und publizistisch „getrommelt" und darauf hingewiesen, dass durch die Privatisierung der Wasserversorgungsbetriebe – oder der entsprechenden Beteiligungen – den Gemeinden eine Einnahme zufließen könne, mit welcher sie ihre Schulden mindern oder andere Zwecke erfüllen könnte. Dabei wird sich auch nicht davor gescheut, die Publikationen des in der Privatisierungstheorie führenden Mittelstandsinstitutes Niedersachsen in Hannover als Zeugen für die Sinnhaftigkeit solcher Wasserprivatisierungen heranzuziehen und dabei großzügig vernachlässigt, dass das Mittelstandsinstitut in diesem Fall fälschlicherweise als Zeuge benannt wird. Das Mittelstandsinstitut spricht sich zwar grundsätzlich für die Privatisierung öffentlicher Leistungsbereiche oder öffentlichen Vermögens aus, allerdings nur unter der Voraussetzung, dass das wichtigste und zentralste Instrument der Marktwirtschaft, der Wettbewerb, durch die Privatisierungen gefördert wird oder zumindest erhalten bleibt. Dort, wo durch die Privatisierung eines öffentlichen Leistungsbereiches ein privates Monopol drohe, ist Privatisierung die falsche Alternative und spricht sich dementsprechend auch das Mittelstandsinstitut Niedersachsen

gegen solche Maßnahmen aus. Privatisierung ist also nicht immer theoretisch richtig, sondern in dem Fall der Privatisierung der Wasserwirtschaft angesichts der Monopolbestrebungen des US-Privatkapitals sogar theoretisch falsch.

– Parallel dazu – teilweise auch schon vorher – wird der Kapitalmarkt vom US-Privatkapital dazu genutzt, Wasserkapazitäten in der Hand des US-Monopolisten zusammenzukaufen. Das ist schon deshalb besonders lohnend, weil die gleiche Finanzgruppe, welche die Wasserkapazitäten aufkauft, auch die private „Federal Reserve Bank" (FED) beherrscht und über diese Bank jede beliebige Geldmenge ohne Deckung produzieren kann. Zur Zeit werden so ca. 20 Mrd. Dollar pro Monat „ohne Deckung neu geschaffen". Durch den Massenmissbrauch der Geldmengenvermehrung wird also zunehmend wertloses Geld für den Kauf bleibender Werte und bleibender Gebühreneinnahmen verwandt, wird also ein Doppelgeschäft für den Erwerber gemacht: er gibt zunehmend entwertetes Geld hin, um damit die Dauerwerte der Wasserversorgungsunternehmen zu kaufen.

– Eine weitere Hürde muss der private Monopolist bei verschiedenen öffentlichen Wasserunternehmen überwinden, weil die Kommunen zum Teil Vorzugsstimmrechte bei den Wasserversorgern, zum Beispiel bei der RWE, haben. Um nun die begehrten Wassergesellschaften übernehmen zu können, müssen die Vorzugsstimmrechte der Kommunen „geknackt" werden. Dies wird auf zwei Wegen angegangen: Zunächst wird der US-Monopolist eigene Leute in den Vorstand der entsprechenden Firmen und in den Vorstand der West-LB platzieren, um gemeinsam den Kommunen – und sogar der Landesregierung NRW – die Beseitigung der Vorzugsstimmrechte schmackhaft zu machen. Parallel dazu wird die EU-Wettbewerbsbehörde daraufhingewiesen, dass doch „eigentlich Vorzugsstimmrechte wettbewerbswidrig seien". Denn diese erschweren nämlich die Übernahme der Firmen durch das US-Großkapital aufgrund der Rechte der Kommunen. Prognostiziert werden kann, dass es nicht mehr lange dauern wird, bis die US-Monopolmacht die Vorzugsstimmrechte beseitigt und damit den Zugriff auf die begehrten Wasserversorger – z.B. auf die RWE – geschafft hat.

Diese Übernahmebeispiele von Wasserkapazitäten und Wasserversorgung laufen nicht nur in Frankreich und Deutschland, sondern auch in vielen anderen Ländern der Welt in gleicher Form und nach gleicher

Strategie ab. **Zbigniew Brzezinski hat schon Recht, wenn er behauptet, dass es Rothschild gelingen werde, in 20 Jahren das Wasser der Welt in die Hand zu bekommen, denn solange die Dollar hemmungslos vermehrt werden können, ist man in der Lage, mit „wertlosem Fiat-Money" alles aufzukaufen, was an Dauerwerten und eben an Wasserwerten zu finden ist.**

Zur Zeit stehen die bisher von den Kommunen beherrschten, aber in der Hand finanzschwacher Kommunen nicht mehr sicheren RWE-Anteile in der stärksten Monopolisierungsgefahr. Man wird aber den Kommunen kaum verbieten können, ihre Anteile zu verkaufen, zumal viele Kommunen finanziell mit dem Rücken an der Wand stehen. Dennoch darf nicht geschehen, dass ein privates Finanzmonopol den Wassermarkt in Deutschland und Europa beherrscht. Der Bundesverband der Deutschen Gas- und Wasserwirtschaft (BGW) hat sich in diesem Sinne massiv gegen die Liberalisierungsbestrebungen der EU gewandt – und diese wohl auch korrigieren können – welche der Privatisierung von Wasser, wie der anderer Güter in den vergangenen Jahren das Wort geredet hat. Die Deutsche Gas- und Wasserwirtschaft fordert ein Subsidiaritätsprinzip, also vorrangige Zuständigkeit der Mitgliedstaaten für Definition, Organisation und Finanzierung des Wassermarktes.

Dieser Schritt ist zwar richtig, schützt aber nicht vor der kommunalen Privatisierung der Wasserwirtschaft. Eine Privatisierung der Wasserwirtschaft wird um so gefährlicher, je monopolistischer die Marktstrukturen sind. Vor allem sollte eine Privatisierung der Wasservorräte und Wasserfirmen ausgeschlossen sein, solange ein privates Monopol danach greifen will und greift. Ein privates Monopol ist sowohl marktgefährlicher als auch sozialgefährlicher als ein öffentliches Monopol. Hierin ist sich sogar die Privatisierungsforschung mit der herrschenden öffentlichen Meinung einig. Aus diesem Grunde gilt es, die öffentlichen Strukturen im deutschen Wassermarkt möglichst zu erhalten und sie gegen den Zugriff eines privaten Monopolisten zu schützen.

Gelingt dies nicht dadurch, dass man Kommunen vom Verkauf ihrer Kommunalaktien (z.B. RWE) abhalten kann, müsste der Gesetzgeber eingreifen und – wie in Frankreich – durch starke Auflagen, Preisdiktate und Kontrollmöglichkeiten sichern, dass das private Monopol keinen Monopolpreis erzielen, das Wasser nicht zur Ausbeutung der Konsumenten nutzen und nicht Marktmacht über das Wasser erzielen kann, denn Marktmacht ist in diesem Fall Existenzherrschaft über das Leben der Bevölkerung.

Gefahr für den Deutschen Wassermarkt durch den US-Monopolisten besteht nicht nur wegen seiner Herrschaftsmacht, das Wasser eben dem zuzuteilen, wem er will, sondern vor allem auch wegen der Wassergebühren. Das Kostendeckungsprinzip ist keine Garantie dafür, dass nicht die Kosten ständig gesteigert werden können, sondern im Gegenteil eher ein „Freifahrtschein" dafür. Ein privater Monopolist ist in der Regel ungeheuer erfinderisch, Kosten nachzuweisen, wie dies z.B. die gesamte Rüstungsindustrie zeigt. Im Kostennachweis ist ein privater Monopolist nicht nur ebenso gut wie ein öffentlicher Monopolist, sondern in der Regel auch rücksichtsloser. Ein privater Monopolist kann und wird also nahezu jeden Preis durch echte oder angebliche Kosten nachweisen, und so das Kostendeckungsprinzip in ein Gewinnmaximierungsprinzip „umdrehen".

Dass Monopolisten ihr Angebotsmonopol nicht als Sozialinstitution, sondern nach Kräften zur Preiserhöhung nutzen, ist herrschende Monopoltheorie: Jeder Monopolpreis drängt zu einer Minderliefermenge zum Mehrpreis, was bedeutet, dass die Konsumenten zum maximalen Monopolpreis beliefert werden würden.

Wasser in der Hand eines privaten Monopols ist deshalb die Abgabe von Existenzvoraussetzungen der Bevölkerung an den „Raubtierkapitalismus". Bei allen wirtschaftlichen Schwierigkeiten der öffentlichen Verbände, bei allen Wünschen, ihre verfügbaren Aktienpakete oder Versorgungsunternehmen zu Geld zu machen; – bei der Wasserversorgung darf der Staat nicht zuschauen, dass Privatmonopole dieses wichtigste Nahrungsmittel und Existenzgut und diese entscheidende Daseinsvorsorge aus der Hand geben. Hier darf nicht privatisiert werden, sondern muss im öffentlichen Interesse die öffentliche Versorgung erhalten werden.

Wenn schon die Kommunen gefährdet sind und versuchen, ihr Vermögen und ihre Wasserversorgung zu Geld zu machen, dürften allerdings die Chancen, dass die zuständigen Bundesländer oder der Bund selbst eingreifen, um bevölkerungsschädliche Privatisierungen in diesem Markt zu verhindern, relativ gering sein. **Das mächtige US-Monopol hat auch längst die Parlamente und Regierungen in**

Deutschland mit eigenen Leuten durchsetzt, die einer privaten Übernahme des Wassermarktes das Wort reden und politisch dafür kämpfen.

Die begonnene Wirtschaftskrise bringt zudem nicht nur Kommunen in Not, sondern auch Bundesländer und die gesamte Bundesrepublik. Ob in dieser Situation den Verlockungen des internationalen Monopolkapitals widerstanden werden kann, ist zumindest zweifelhaft – auch wenn es unverzichtbar wäre.

Prof. Dr. Eberhard und Eike Hamer

Gewinner und Verlierer der Globalisierung

1. Fortschritt oder Gefahr für die Welt?

Die Auseinandersetzung zwischen Globalisierern und Globalisierungsgegnern wird nach Sichtung der vorhandenen Literatur heute noch überwiegend ideologisch geführt:

- Auf dem Kirchentag in Hannover ging es unter dem Thema „Globalisierung" im wesentlichen um die Auseinandersetzung zwischen Arm und Reich, wobei Reichtum zwar nicht per se vorwerfbar, aber doch als verpflichtend angesehen wurde, den Armen abzugeben. Praktisch war also Globalisierung ein Umverteilungsthema, insbesondere hinsichtlich einer angeblich notwendigen Umverteilung in Richtung der armen Länder – ganz gleich, aus welchen Gründen sie arm sind[114]. Die Gefahr und gleichzeitig der Vorwurf wurden in der wachsenden Differenz zwischen Armut und Reichtum gesehen und eine „globale Verantwortung für alle Menschen" in unterschiedlichen Variationen beschworen.
- Die Enquete-Kommission der rot-grünen Bundesregierung pries dagegen die Globalisierung vor allem damit, daß sie „mehr individuelle Freiheit" schaffe, gleichzeitig auch „mehr Wissen in die Welt" bringe, „mehr Arbeitsplätze" auch „mit wachsender Qualität" schaffe und auch den Verbraucher durch niedrigere Preise und stärkere Konkurrenz profitieren lasse[115]. Diese Wertung ist aber ebenfalls ideologisch statt sachlich begründet.
- Handfester wird schon Zbigniew Brzezinski in seinem Buch „Die einzige Weltmacht, Amerikas Strategie der Vorherrschaft[116]", der sich vor dem Wort „globale Vorherrschaft" und „Weltmachtanspruch" nicht scheut und als erster offen zugibt, daß hinter der Globalisierung die neue Weltmacht USA und hinter dieser als Dirigent bzw. als eigentlicher Stratege und Befehlsgeber die Welthochfinanz stehe.

Nach seinen Ausführungen hat Globalisierung den Sinn, die ökonomische Weltvorherrschaft der US-Hochfinanz und für diese wiederum eine militärische und politische Weltvormacht für die US-Administration zu begründen.

Brzezinski und seine Hintermänner sehen diese „Machtergreifung über die Welt" durchaus als notwendig und „gerecht". Ihr Sendungsbewußtsein trübt ihren Blick dafür, daß möglicherweise andere Menschen in der Welt anders leben wollen als die Amerikaner, daß sie keine Monopolabgaben an die US-Hochfinanz leisten wollen, daß sie vielleicht sogar national eigenständig bleiben und nicht als Vasall dem Kommando aus Washington untertänig werden wollen oder daß sie die vorgegebene neue Weltordnung vielleicht nicht als besser, angemessener und humaner ansehen.

Wir verdanken jedenfalls Brzezinski, daß er die Globalisierungsdiskussion nicht nur um Hintergründe bereichert, sondern auch den Zweck der „Weltherrschaft" offenbart hat: einen neuen globalen Imperialismus.

1.2. Wem nützt der neue Imperialismus?

Diese neue Weltherrschaft ist tatsächlich eine neue Dimension oberhalb des bisherigen Staats- und Verfassungsrechtes.

Bisher ging es in der Geschichte um abgegrenzte Macht und Ordnung in den ehemaligen Fürstentümern, in Regionen, für Nationalvölker oder militärisch besetzte Herrschaftsgebiete. In der „neuen Weltordnung" dagegen wird Macht und Herrschaft durch unsichtbare Netzwerkorganisationen ausgeübt, in denen sich die Hochfinanz untereinander oder die Hochfinanz mit der Politik oder politische bzw. gesellschaftliche Eliten treffen und untereinander im Elitennetzwerk verbunden sind[117]. Die Globalisierung der politischen durch die wirtschaftliche Macht ist eine für die Weltuntertanen kaum bemerkte Zentralisierung der politischen Macht oberhalb von Staaten, Nationen, internationalen Organisationen und sogar oberhalb der Weltorganisation UNO. Die von der Hochfinanz gesteuerten Netzwerke bestimmen, wohin die Reise in der Welt geht, nicht mehr die Regierungen, die Parlamente, die Völker. Insofern sind durch diese neue globalpolitische Organisationsform alle diejenigen begünstigt, welche als Mitglieder zu den Netzwerken gehören oder innerhalb der weltverzweigten Netzwerkorganisationen Netzwerkführungsfunktionen haben.

Gewinner der Globalisierung sind also die Netzwerkmitglieder des Imperialismus; Verlierer sind die Untertanenvölker, selbst wenn sie scheinbar noch demokratisch und selbständig sind.

Ob die Globalisierung einen Fortschritt oder eine Gefahr für die Welt ist, läßt sich also unterschiedlich werten. Was für die Welthochfinanz und die „einzige Weltmacht" als Vorteil erscheint, kann von den Betroffenen als Nachteil empfunden werden.

- Für die Imperialisten ist es z.B. ein Vorteil, wenn Weltbehörden wie die WTO, die Weltbank o.a. geschaffen werden, mit Hilfe derer sie andere Länder „auf die Reihe bringen" können – für die Länder selbst sind aber solche Behörden oft unerträgliche Zwangsorganisationen, wenn diese z.B. die Patentierung von Saatgut befehlen und durchsetzen oder die Übernahme von Rohstoffquellen oder ganzer Großwirtschaftsstrukturen zugunsten der US-Hochfinanz fördern (Chile, Argentinien). Daß Zusagen oder Absagen von Krediten durch die internationalen Behörden nicht nur nach wirtschaftlichen, noch weniger nach humanen, sondern vor allem nach den Kriterien der US-Geopolitik und der dahinterstehenden US-Hochfinanz entschieden werden, ist inzwischen offenkundig.

- Für die US-Hochfinanz ist die Globalisierung tatsächlich die große Freiheit, weltweit operieren, manipulieren, aufzukaufen und monopolisieren zu können, vor allem die Rohstoffe dieser Welt. Neu und einzigartig ist allerdings, daß sich die US-Hochfinanz und US-Administration dafür durch den privaten Dollar Liquidität in unbegrenzter Dimension ermöglicht haben. Noch nie vorher hat es eine Weltsituation gegeben, daß eine private Institution (FED) privates Geld in unbegrenzter Menge drucken kann, seine privaten Inhaber damit die Welt beherrschen und sogar aufkaufen können und die US-Administration sogar mit Gewalt (Irak) den Handelsumlauf dieses Fiat-Money erzwingt.

2. Globalisierungsfolgen in den Einzelstaaten der Welt

Mit der Machtverlagerung in die Netzwerke der Welthochfinanz und der politisch „einzigen Weltmacht" nimmt naturgemäß die Bedeutung der einzelnen Staaten, Regierungen, Parlamente und Nationen ab. Wer über sich eine mächtigere Macht dulden muß, ist nur noch beschränkt handlungs- und entscheidungsfähig, ist – wie Brzezinski sagt – „Vasall". Die Globalisierung hat insofern den größten Teil der Welt in eine ökonomisch politische Herrschaftsmacht einerseits und die von ihr beherrschten Vasallen andererseits aufgeteilt.

Je mehr sich die ökonomische und politische Macht der Welt global konzentrierte, desto geringer wurden zwangsläufig auch die verbleibende Macht, die verbleibende Souveränität und die verbleibenden Kompetenzen für die Nationalstaaten in der Welt. Die US-Administration betrachtet schon lange – wie Brzezinski schreibt – die Staaten Europas und des Vorderen Orients als „eurasische Vasallen", welche nicht nur in die Weltmachtpläne der USA eingebunden sind, sondern sich diesen auch mit finanziellem, ökonomischen oder politischen Druck zu fügen haben. Gleiches gilt für die meisten Länder in Afrika und Südamerika.

Per Saldo ist also die Souveränität der „Vasallenstaaten" eingeschränkt, ist nicht mehr die staatliche Ebene oberster politischer Maßstab, sondern die auf Netzwerken aufgebaute Welthierarchie der „einzigen Weltmacht". Die Nationalstaaten haben also durch die Globalisierung wesentlich an Bedeutung verloren. Die nationalen Dimensionen sind durch die Globalisierung gesprengt.

Dies betrifft nicht nur die außenpolitische Situation der Staaten, sondern auch ihr Verhältnis zu ihren Bürgern:

Deshalb wird unter dem Vorwand der Liberalisierung im Interesse der Weltherrschaft und ihrer Netzwerke Nationalbürgertum überall in der Welt bekämpft. Ein eigenes Volk und eine eigene Nation sein zu wollen, wird von den Globalisierern überall in der Welt als „rechtsradikal" in die Nähe der Kriminalität gerückt, weil jede Nationalitätsbestrebung den globalen Herrschaftsbestrebungen der Netzwerke zuwiderläuft. Wo Internationalität sein soll, ist für eine Eigenfunktion von Nationalstaaten wenig Platz mehr. Gerade deshalb wurden die Staaten in vielfältigsten Bindungen den internationalen Zwängen unterworfen: der WTO, der Weltbank, der ILO, der Europäischen Union, der NATO ...). In Deutschland werden bereits 80% aller wichtigen Regulierungen hierarchisch von oben nach unten und von außen nach innen befohlen und unten umgesetzt. Beispiel ist die von der US-Hochfinanz für Monsanto geforderte und von der US-Administration durchgesetzte Patentfähigkeit von Saatgut (vg. Kap 16 + 17).

2.2 Entdemokratisierung – Vorteil für die Herrscher

Eine zweite für die Nationalstaaten noch gefährlichere Entwicklung liegt in der Entdemokratisierung durch Globalisierung[118].

Zwar wird die Globalisierung angeblich im Namen von „Demokratie und Menschenrechten" betrieben. Dies ist aber nur ein Vorwand, mit dem die herrschenden Netzwerke ihren Imperialismus ummänteln. Praktisch sind die politischen Strukturen der Nationalstaaten immer stärker demokratisch ausgedünnt und ihre Kompetenzen nach oben bis hin zur Weltmacht zentralisiert worden. Der Bürger hat auch in Deutschland heute nur noch in untergeordneten Fragen Mitspracherecht. Die wichtigen Dinge wie z.B. die Abschaffung der DM, die Osterweiterung, die Aufnahme der Türkei (auf Befehl der USA) in die EU oder die Höhe der von Deutschland international bzw. europaweit zu leistenden Tribute unterliegen nicht der Mitbestimmung der Bürger, sondern werden von oben festgesetzt bzw. ausgehandelt.

Mit dem Verlust der staatlichen Souveränität, der Entnationalisierung und der Entdemokratisierung der einzelnen Länder wird allerdings indirekt auch das Solidaritätsband einer Volksgemeinschaft zerstört. Aus der Solidarität des Staatsvolkes und seiner demokratischen Mitwirkung folgte das Recht zur Besteuerung der Bürger, auf ihm ruhen das umverteilende Sozialsystem und die demokratische Theorie der „selbstgewählten Staatsordnung". Wo dagegen Nation und Staatsvolk unerwünscht und durch den „Weltbürger" abgelöst sind, und wo die Weltbürger in den einzelnen Ländern über die wichtigsten Dinge nicht mehr selbst mitzubestimmen haben, ist auch die Solidarverantwortung der Weltbürger untereinander erodiert, gibt es streng genommen keine Solidarpflicht mehr für den Mittelstand, die nationalen Subventionen an die Konzernbetriebe und die Sozialleistungen für die Arbeiterschichten zu finanzieren, also sich als Gruppe von den Randgruppen ausbeuten zu lassen.

Schon im kommunistischen Imperialismus hat sich die Folge der Entstaatlichung gezeigt: Was die Bürger nicht mehr aus Solidarverantwortung freiwillig mitmachen und leisten wollten, mußte durch Vorschriften, Befehl und Zwang von oben ersetzt werden. Wie immer in solchen hierarchischen Systemen, funktionieren sie nur zu Friedens- und Wohlstandszeiten, brechen in Krisen aber regelmäßig auf.

Die gleiche Entwicklung vollzieht sich nun auch im atlantischen Imperialismus mit Entwertung der Demokratien, der demokratischen Rechte der Bürger, schwindender Solidarität und Ersatz von Selbstverantwortung durch hierarchischen Zwang. Aber auch dieses Herrschaftssystem dürfte in der kommenden Weltwirtschaftskrise durchgeschüttelt werden und voraussichtlich brechen[119].

3. Welche Unternehmen sind Gewinner oder Verlierer der Globalisierung?

Hauptgewinner der Globalisierung sind neben der internationalen Hochfinanz die großen, global operierenden Kapitalgesellschaften – die global players.

Noch nie zuvor hat es eine solche private ökonomische Macht gegeben, wie seit der Globalisierung. Vor allem die beiden Hochfinanzgruppen, welchen die FED gehört, haben dadurch die größte Macht der Welt, daß sie sich über ihre Zentralbank (FED) anerkannte Zahlungsmittel in unbegrenzter Menge beschaffen können. Damit

- führen sie mit hohen Kosten Wahlkampf gegeneinander, wer von den beiden Gruppen den jeweiligen US-Präsidenten stellen und damit die Richtung der Politik bestimmen kann,
- kaufen sie die US-Administration, indem sie ihre Leute in die Regierungsämter hieven, eine ihnen genehme Politik durchsetzen und die US-Administration zur Verfolgung ihrer Konzernwirtschaftsinteressen überall in der Welt einsetzen – bis hin zum Krieg ums Öl,
- können sie die Rohstoffe der Welt durch Abgabe fauler Dollars zu jedem Preis zusammenkaufen und notfalls auch den Widerstand unwilliger Abgeber mit politischem Druck überwinden,
- können sie sogar in gegnerischen Staaten durch eigene Mittelsmänner (Chodorowskij u.a.) deren Ressourcen auskaufen oder auf friedlichem Wege durch eine „Orangerevolution", wie in der Ukraine, ihre Statthalter zum Zwecke der Übergabe der Ressourcen einsetzen,
- können sie über ergebene Treuhänder unauffällig Verlage, private Sender, Banken, Telekom-Unternehmen (Aron Sommer), Bergwerke, Verarbeitungsunternehmen oder jeden anderen von ihnen gewünschten Industrie-, Finanz- oder Dienstleistungsgiganten der Welt übernehmen, ja sogar in einer richtig vorbereiteten Wirtschaftskrise die Großwirtschaft ganzer Länder an sich reißen (Chile, Argentinien),
- durch Verlagerung der Firmensitze ihrer global players in die Steueroasen steuerfrei bleiben,

- durch Verlagerung in die Billigstlohnländer geringste Produktionskosten erzielen,
- durch die von ihnen geschaffenen Weltmonopole die ganze Welt mit Monopolpreisen zu Sonderabgaben heranziehen, z.B. die Bauern für patentiertes Saatgut, die gesamte Produktionswirtschaft durch die Ölpreise, die Industrieländer durch manipulierte Rohstoffmonopolpreise, die Energie- oder Wassernutzer durch von ihnen festgesetzte Monopolzwangsgebühren, sogar die Unterhaltungsindustrie monopolisieren.

Auch global players, die nur mittelbar der Hochfinanz zuzurechnen sind, haben aus der Globalisierung die „großen Freiheiten über den Wolken der Staatlichkeit", nämlich

- Steuerfreiheit durch Firmensitzverlagerung,
- Produktionskostensenkung durch Verlagerung,
- Billigeinkauf durch global sourcing,
- Umsatzsteigerung durch Weltmarktnutzung,
- Erpressungsmacht gegenüber jeder nationalen politischen Führung.

Alle diese Preis-, Kosten- und Machtvorteile haben die Personalunternehmen des Mittelstandes nicht. Im Gegenteil: Sie müssen die Monopolpreise der global players akzeptieren, müssen deren Konditionen und Rabatte hinnehmen, müssen die von der Hochfinanz festgesetzten Zinsen entrichten, müssen aber auch national in ihren Staaten nicht nur Höchstlöhne, sondern vor allem Höchstsozialabgaben und Höchststeuern zahlen, welchen sich die global players entziehen konnten. Dadurch ist der kleine, machtlose Mittelstand zu mehr als zwei Dritteln zum Finanzier von Staat (Steuern) und Soziallasten geworden, schleppt also eine immer größere Bürde mit sich, während die Konzerne durch Drohung mit Abwanderung sogar von einer sozialistischen Regierung mit der Steuerfreiheit ihres Beteiligungsverkaufes ein zweistelliges Milliardengeschenk erpressen konnten.

Die Globalisierung hat mithin im Unternehmensbereich die Situation, die Bedingungen, aber auch die Kosten und Erträge geteilt: Wer über den Wolken staatlicher Macht operieren kann, kann sich von allem befreien, weltweit operieren, monopolisieren, manipulieren und kassieren. Wer dagegen nicht groß genug für den globalen Markt ist, sondern als Mittelstand der einzelstaatlichen politischen Macht unterworfen bleibt, auf den stürzen sich die nationalen Steuern, Sozialabgaben, Bürokratielasten, Umwelteinschränkungen und Gewerkschaften, der muß mit Höchstkosten wegen Höchstabgaben zu überleben versuchen und hat dennoch zusätzlich zur staatlichen Ausbeutung auch die private durch die Monopolpreise der global players zu tragen[120].

4. Welche gesellschaftlichen Gruppen sind Gewinner oder Verlierer der Globalisierung?

Ebenso wie unter den Unternehmen Hochfinanz und Konzerne die großen Gewinner der Globalisierung, die mittelständischen Personalunternehmen aber die Verlierer dieser Entwicklung sind, gilt auch für die gesellschaftlichen Gruppen, daß den größten Vorteil von der Globalisierung die kleine Schicht der Reichen hat. Nur sie können nämlich die globalen Freiheiten für sich selbst ausreichend nutzen:

- die Freiheit des Kapitalverkehrs, um dort zu investieren, wo die Renditen am höchsten sind,
- die Freiheit der Steueroasen, um die Gewinne dort anfallen zu lassen, wo sie nicht versteuert werden müssen,
- die Niederlassungsfreiheit, um sich jeweils dort niederzulassen, wo die Bedingungen am angenehmsten sind
- und sie können ihre persönliche Freiheit optimieren, dort wo der Staat sie am wenigsten kontrolliert, ihnen am wenigsten hereinredet, die geringsten bürokratischen Auflagen sind und sie den größten Handlungsspielraum haben.

Wenn deshalb sozialistische Politiker immer wieder die Neidformel von angeblich notwendiger höherer Besteuerung der „Reichen" ablei-ern, ist dies längst überholt. Gerade diese Bevölkerungsgruppe hat die globalisierten Freiheiten längst genutzt, um sich allen Zugriffsmöglich-keiten nationaler Staaten am schnellsten und sichersten zu entziehen. Denn sie sind personale Gewinner der Globalisierung.

Anders die übrigen Bevölkerungsgruppen:

- Die mittelständischen Unternehmer und der unselbständige Mittel-stand sind ortsgebunden, können ihre Tätigkeit nicht international

258

teilen, weil ein mittelständisches Unternehmen nur in Anwesenheit des Unternehmers erfolgreich ist und der fremdverantwortliche Mittelstand seinen Dienstvertrag vor Ort ausüben muß. Die globalisierten Freiheiten sind deshalb für den Mittelstand illusorisch. Nicht einmal die Kapitalfreiheit hat er, weil er nicht zum Zwecke der Steuer auswandern kann. Gerade deshalb werden ja auch z.B. mittelständische Personalunternehmen erheblich höher besteuert als Kapitalgesellschaften, muß der Mittelstand insgesamt etwa 80% aller Nettosteuern aufbringen, auch die Subventionen an die Konzerne und die Sozialleistungen an die Arbeiterschaft und ist er zu zwei Dritteln Lastträger unserer Sozialkosten, weil der Mittelstand den Faktor Arbeit unverzichtbar braucht und alle Sozialkosten diesem Produktionsfaktor zugeordnet sind. Die Globalisierung ist also für den Mittelstand nicht nützlich, durch Wegzugmöglichkeiten der Konzerne sogar schädlich, weil er deren Last nun mitübernehmen mußte.

• Nach Umfragen des Mittelstandsinstitutes Niedersachsen haben dagegen 85% der Menschen aus Mittelstand und Arbeiterschaft vor der Globalisierung Angst. Generell sieht sich die Mehrheit der Menschen in den Industrieländern durch die Globalisierung bedroht. Sie fürchten
  • durch Abwanderung der Konzernbetriebe in Billiglohnländer um ihren Arbeitsplatz und um ihr Einkommen,
  • infolge der Massenzuwanderung um ihre nationale Identität und ihre soziale Sicherheit,
  • durch Öffnung der Grenzen und die organisierte internationale Kriminalität um ihre persönliche Sicherheit und um ihr erspartes Vermögen,
  • durch „multi-kulti" und Überfremdung um ihre traditionellen Werte und Identitäten,
  • um ihre durch das Weltfinanzsystem bedrohten Finanzanlagen, Ersparnisse und Alterssicherungen,
  • um eine durch internationale Wohlstandsverlagerung beginnende Verarmung der Bevölkerung in den bisher wohlhabenden Ländern,
  • um ihre persönliche und Meinungsfreiheit, welche durch globale Kontrolle und Inquisition reduziert wird,
  • um ihre Gesundheit und Ernährung, welche durch Gentechnik und Saatmonopolisierung manipuliert wird,

- um den Zugang zu den existenznotwendigen Ressourcen (Wasser, Energie, Öl, usw.), mit deren Monopolisierung die Hochfinanz Weltherrschaft ausübt.

Nicht zufällig hat die Kapitalismuskritik der Sozialisten die vorstehenden Ängste der Menschen angesprochen und hat vor allem in den unteren Schichten der Arbeitnehmer ungeheure Resonanz erzielt. Die durch ständige Entlassungen sich verschärfende Massenarbeitslosigkeit zehrt an den Nerven der Arbeiterschaft. Hinzu kommt die große Völkerwanderung der Arbeitnehmer in freien Arbeitsmärkten[121]. Lohneinbußen haben die Arbeitnehmer in Hochlohnländern nicht nur durch die Abwanderung von Betrieben und Arbeitsplätzen hinzunehmen, sondern zusätzlich auch durch die wachsende Immigration aus Niedriglohnländern. Nur mittelfristig konnten die Gewerkschaften den auch dadurch entstehenden Lohndruck mit Entsendegesetz und Tarifzwängen hindern. Auf Dauer gelingt dies nicht.

Zusätzlich wird in den Hochlohnländern durch die ständige Immigration von Billigarbeitskräften importierte Arbeitslosigkeit erzeugt. Wenn den eigenen Staatsangehörigen kein Beschäftigungsvorrang mehr eingeräumt wird, werden immer mehr einheimische Arbeitskräfte finden, daß sie durch ausländische Zuwanderer ersetzt werden und wird dies über wachsende Arbeitslosigkeit hinaus zu wachsenden gesellschaftlichen Spannungen führen[122].

Von den Globalisierern wird demgegenüber darauf hingewiesen, daß den Nachteilen der Arbeitnehmer in Hochlohnländern Vorteile für die Arbeitnehmer in den Billigländern gegenüberstünden. Dies trifft aber nur teilweise zu. Zwar werden durch Verlagerung von Betrieben und Arbeitsplätzen in Billiglohnländer dort Beschäftigung und Einkommensmöglichkeiten geboten. Die global players bleiben aber mit solchen Niederlassungen nur mittelfristig dort, bis die Löhne auch in diesem Entwicklungsland so weit gestiegen sind, daß durch die Differenz zu noch billigeren Ländern wieder eine Verlagerung lohnt. Beispiel sind die Verlagerungen aus den westlichen in die neuen östlichen Bundesländer. Schon jetzt wandern von dort wieder Betriebe aus – weiter nach Osten, wo die Lohnkosten noch erheblich billiger sind. Der behauptete volkswirtschaftliche Vorteil für die Arbeitskräfte in den Entwicklungsländern ist also geringer als der Verlagerungsschaden in den Hochlohnländern und im übrigen nur vorübergehend.

Zusammenfassend gibt es also nur eine gesellschaftliche Gruppe – die Reichen –, für welche die globalisierten Freiheiten eindeutiger Vorteil sind, weil nur sie diese voll nutzen können. Für die 95% übrigen Bevölkerungsgruppen dagegen sind die Globalisierungswirkungen bestenfalls vorübergehend neutral, für Hochlohn- und Wohlstandsländer jedoch regelmäßig negativ. Die Masse unseres deutschen Volkes ist in der Globalisierung Verlierer.

Fazit:

1. Hauptgewinner der Globalisierung sind die dadurch neu entstandenen „globalen Vorherrschaften" der Welthochfinanz und unter ihrem Oberbefehl die politische Weltvormacht der US-Administration. Die Globalisierung hat also eine neue Weltherrschaft begründet, die oberhalb aller bisherigen Staaten und Rechtssysteme zu einem neuen politischen und Finanzimperialismus geführt hat. Gewinner sind die Netzwerkmitglieder des Imperialismus, Verlierer die Untertanenvölker, auch wenn sie scheinbar noch selbständig sind.

2. Je stärker sich die ökonomische und politische Macht der Welt global konzentrierte, desto geringer wurden die verbleibende Macht, die verbleibende Souveränität und die verbleibenden Kompetenzen der Nationalstaaten in der Welt. Globalisierung bekämpft Nationalität als „überholte Kategorie", die dem Einheits- und Weltbürger nicht mehr gemäß sei. Nicht nur die Bedeutung der Staaten hat dadurch abgenommen, sondern auch ihr Verhältnis zu ihren Bürgern sich teilweise aufgelöst. Verlierer der Globalisierung sind also nicht nur die Nationalstaaten, sondern auch deren Bürger, soweit sie nicht in einer „offenen Weltgesellschaft", sondern in einer Volksidentität leben wollen.

3. Entgegen den angeblichen demokratischen Zielen der „einzigen Weltmacht" führt Globalisierung auch zur Entdemokratisierung, weil sie die Machtverhältnisse und die Befehlsgewalt nach Abgabe der Souveränitätsrechte der Staaten global zentralisiert hat. Der Bürger hat in Deutschland heute nur noch Mitspracherecht in untergeordneten Fragen. Die großen Lebensfragen werden für Staaten und Bürger international vorgegeben (Aufnahme von Staaten in die EU, Abgabelasten der Staaten zu internationalen Behörden, Vasallentreue für die Weltmilitärmacht u.a.).

4. Hauptgewinner der Globalisierung im Unternehmensbereich sind die Hochfinanzgruppen. Sie

- beherrschen das Geld- und Währungssystem der Welt,
- können die von ihnen gesteuerte Weltmacht politisch und militärisch zur Verfolgung ihrer Konzernwirtschaftsinteressen überall in der Welt einsetzen – bis hin zum Krieg ums Öl,
- haben die meisten Rohstoffe und Ressourcen in der Welt monopolisiert und können damit die Weltverbraucher zu Monopolpreisen zwingen,
- genießen aber nicht nur selbst, sondern auch ihre Konzerne und alle global players die „großen Freiheiten über den Wolken jeder Staatlichkeit", wie z.B. Steuerfreiheit durch Firmensitzverlagerung oder Produktionsverlagerungen in Billigländer oder Gesetzesfreiheit durch entsprechende Machtausübung oder Verlagerung in abhängige Staaten.

Mit der globalen Freiheit der Kapitalgesellschaften und Konzerne bis hin zur Hochfinanz ist das Rechtssystem der Welt nicht mitgewachsen, gibt es keine Macht mehr, welche den Wirtschaftsimperien Einhalt gebieten könnte. Die Globalisierung hat zur Machtverlagerung von der politischen zur ökonomischen Herrschaft geführt und den internationalen Konzernen unkontrollierbare Macht verliehen.

1. Alle diese Preis-, Kosten- und Machtvorteile haben die Personalunternehmen des Mittelstandes nicht. Sie müssen nicht nur als bleibende Staatsuntertanen Höchststeuern, Höchstsozialabgaben und Höchstlöhne zahlen, welchen sich die global players entziehen konnten, sondern dazu auch noch die Monopolpreise der global players akzeptieren, deren Konditionen und Rabatte hinnehmen, deren Währung akzeptieren, die von der Hochfinanz festgesetzten Zinsen entrichten und sich der durch den wachsenden internationalen Billigwettbewerb in Produkten und Zinsen auf sie zukommenden unfairen Konkurrenz erwehren. Der Mittelstand ist eindeutiger Verlierer im Globalisierungsspiel. Er hat zusätzlich zur staatlichen Ausbeutung auch die private der global players zu tragen.

2. Von den gesellschaftlichen Gruppen sind die Kapitaleigner Gewinner der Globalisierung, weil sie mit Kapitalverkehrsfreiheit dort investieren können, wo sie die höchsten Renditen bekommen und diese Gewinne dort anfallen lassen können, wo sie keine Steuern zu zahlen haben. Sie können auch ihre persönliche Freiheit optimieren, indem sie sich dort niederlassen, wo sie am wenigsten kontrolliert, am wenigsten gegängelt und am wenigsten durch Gesetze und Bürokratie eingeschränkt werden.

Die mittelständischen Unternehmer und der unselbständige Mittelstand sind dagegen ortsgebunden, können die globalisierten Freiheiten nicht nutzen, werden durch die Globalisierung der Arbeitsmärkte und Sozialsysteme in Einkommen und Renten gedrückt und durch die wegen des Geld- und Währungsmißbrauchs der Hochfinanz entstehende Weltwirtschaftskrise auch noch um ihr erspartes Vermögen gebracht[123].

3. Durch die globale Völkerwanderung und Monopolisierung der Medien werden sogar unsere Lebensumstände und unsere Kultur globalisiert, aufgerieben bzw. nivelliert, wird uns ein Wertekatalog vorgegeben, welcher die Eigenarten der Völker, ihrer Kulturen und ihrer Religionen nicht mehr respektiert und deshalb zum Werteverlust in Völkern und Gesellschaften führt.

Eberhard und Eike Hamer

Korrekturmöglichkeiten von Fehlentwicklungen der Globalisierung

1. Korrekturbedarf

Ob die Globalisierung eine positive oder Fehlentwicklung ist, hängt von den Interessenlagen der Menschen und Mächte ab. In diesem Sinne kam auch verständlicherweise die Kapitalismuskritik zuerst aus den Arbeitnehmerorganisationen der wohlhabenden Industriestaaten und – zögerlich – aus dem Mittelstand. Dies hängt mit den Interessenlagen der drei Schichtengruppen zusammen:

- Die global herrschende Finanz- und Politoligarchie will für sich absolute Freiheit, um damit globale Macht und Kontrolle auszuüben.
- Der selbständige Mittelstand will persönliche Freiheit und Selbstverantwortung; der abhängige Mittelstand zumindest Selbstbestimmung und steht damit bereits im Gegensatz zu den Herrschaftsansprüchen der globalen Machtgeflechte.
- Die Masse der Arbeitnehmer sucht vor allem soziale Sicherheit (Existenzsicherung). Sie hätte Untertänigkeit unter die herrschenden Machtgeflechte akzeptiert, wenn nicht Lohndumping, Arbeitsplatzverlagerungen und Monopolisierung die soziale Sicherheit bedroht hätten.

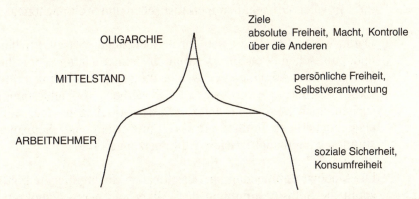

Während die globalen Finanz- und Politoligarchien mit der Globalisierung für sich selbst absolute Freiheit durch Freiheitsbegrenzung für den Mittelstand und Abbau der sozialen Sicherheit für die Arbeitnehmer in den Industriestaaten anstrebten, will die gesellschaftliche Mitte und die Unterschicht eine Korrektur der Globalisierung zu mehr Freiheit für alle durch weniger Macht für die wenigen Herrschenden.

In diesem Sinne gibt es tatsächlich Korrekturmöglichkeiten, welche die Globalisierung als solche nicht in Frage stellen, jedoch deren Fehlentwicklungen auf drei Ebenen ausgleichen könnten:

1. Korrekturen auf internationaler Ebene,
2. nationale/regionale Korrekturen und
3. Maßnahmen von Unternehmern und Privatleuten, die für sie schädlichen Globalisierungsfolgen zu korrigieren.

2. Internationale Korrekturen der Globalisierung

2.1 Rückdemokratisierung gegen globalen Imperialismus

Die Globalisierer geben vor, für Freiheit und Demokratie zu kämpfen. Praktisch aber haben sie durch ihr Machtgeflecht eine neue, andersartige, auf Kapital basierende Feudalherrschaft in der Welt errichtet und Selbstbestimmung wie Demokratie in den Völkern systematisch ausgehöhlt (vgl. Kap. 13). Die Globalherrschaft der „einzigen Weltmacht" im Auftrage der angloamerikanischen Hochfinanz sieht die meisten Völker der Welt als „Vasallen" (Brzesinski) und als notwendige Hilfstruppen ihrer privaten wirtschaftsimperialistischen und Weltmachtziele.

Damit werden die Interessen der herrschenden wirtschaftlichen und politischen Weltelite verfolgt, in keiner Nation aber die Interessen der Arbeitnehmer, welche im nationalen Rahmen ihre Existenzsicherung und soziale Sicherheit (Sozialsysteme) suchen, noch weniger die Interessen des Mittelstandes, für welchen persönliche Freiheit, Eigenverantwortung und Selbstbestimmung überhaupt Existenzvoraussetzungen sind[124].

Die Machtzusammenballung der globalen Machtgeflechte höhlt somit die Selbstbestimmung der Völker und deren demokratische Rechte immer mehr aus. Dieser Entwicklung muß gegengearbeitet werden, indem die Völker wieder selbst über ihre Lebensgrundlagen und Lebensbedingungen bestimmen, indem sie ihre Souveränität gegenüber supranationalen und internationalen Organisationen wieder verteidigen und abgrenzen, daß man die imperialistischen Ansprüche bestreitet, sich ihnen widersetzt und daß die Völker wieder von Vasallen zu Partnern werden. Nur so kann auch wieder mehr wirtschaftliche Dynamik entstehen, was letztlich Vorteile für alle Beteiligten bietet.

2.2 Neutralisierung internationaler Organisationen

Der Kampf um mehr Selbstbestimmung der Völker richtet sich auch gegen die internationalen Organisationen, welche das globale Machtgeflecht für seine Ziele gegründet hat und über die es seine Herrschaftsziele in der Welt durchsetzt wie NATO, Weltbank, WTO, GATT u.a.. Zu häufig wurden diese Organisationen für das herrschende globale Machtgeflecht mißbraucht, indem sie

• als Helfershelfer der Hochfinanz dieser die Produktionskapazitäten der Völker verschafften (Argentinien, Chile, Irak, Ukraine u.a.),
• Weltregulierungen durchgesetzt haben, welche der Hochfinanz Monopolstellungen ermöglichten (Saatgutpatentfähigkeit, Zukkermonopolisierung gegen den europäischen Zuckermarkt, Energiemonopolisierung u.a.),
• Finanz- und Kriegsziele der herrschenden Oligarchie unterstützt haben (Atombehörde gegenüber Irak, Iran; EU-Osterweiterung und Türkeianschluß für die US-militärische Geostrategie),
• die Spitzenpositionen in den internationalen Organisationen durch Vertreter des globalen Machtgeflechtes (z.B. Wolfowicz in die Weltbank) besetzten, um diese Organisationen als Hilfsorganisationen „auf Linie zu bringen".

Theoretisch hätten die Völker mit ihrer Mehrheit in den meisten internationalen Organisationen eine demokratische Möglichkeit, diese Organisationen wieder auf ihren eigentlichen humanen und sozialen Zweck zurückzuführen und aus ihrem Mißbrauch zu befreien. Praktisch aber ist die Macht der global herrschenden Elite offenbar so groß, daß sie Widerstand und auch nur Kritik an ihren Zielen mit ihren finanziellen, publizistischen und politischen Machtmitteln unterbinden kann. Vorerst bleibt den Völkern und ihren Regierungen wohl nur übrig, die Faust in der Tasche zu ballen und die Beiträge an diese Organisationen zu kürzen.

2.3 Globale Ächtung von Monopolen

Die Welthochfinanz und die global players haben die globale Freiheit und den globalen Wettbewerb zur globalen Monopolisierung mißbraucht und damit die Freiheit der anderen Wirtschaftsteilnehmer begrenzt, sie mit Monopolpreisen ausgebeutet und sich monopolistisch ungerechtfertigt an der ganzen Welt bereichert.

Schlimmstes Beispiel ist das private Monopol über die führende Zentralbank (FED) und Weltwährung (Dollar). Mit diesem Monopol haben die FED-Eigentümer unbegrenzte Finanzmittel, können sie sich die Welt kaufen, durch Korruption die Staaten der Welt ihren Zielen geneigt machen, in allen strategisch wichtigen Rohstoffen oder Produktionszweigen Weltmonopole errichten, durch die von ihnen gekauften Medien die jeweils „politisch korrekte" Weltmeinung bestimmen (Schurkenstaaten, Terroristen u.a.) oder Tabus erklären (Nationalismus, Rassismus, Antisemitismus) oder politische Ziele vorgeben (EU-Vergrößerung durch Rumänien, Türkei, Israel u.a.) oder geistigen Widerstand verbannen (Hohmann, Antiglobalisierer, Mittelstandspolitiker).

Die Staaten der Welt müßten deshalb den Kampf gegen die Monopole aufnehmen, alle weltweiten Monopole ächten und mit Hilfe eines generellen Monopolverbotes private Schadensersatzansprüche – mit Beweisumkehr – ermöglichen. Voraussichtlich sind nämlich nur Schadensersatzansprüche in der Lage, Monopole zu zähmen, wie die US-Monopolgesetzgebung gezeigt hat. Bürokratische Kontrollen sind bisher nie dauerhaft wirksam gewesen[125].

2.4 Regulierung der Weltfinanzmärkte

Die Hochfinanz beherrscht nicht nur das FED-System und den Dollar, sondern kann darüber auch maßgebenden Einfluß auf alle Zentralbanken der Welt, auf die Wechselkurse, Zinsen und die Börsenkurse ausüben.

Wo ein Monopol Währungen, Kapital und Kapitalanlagen der Welt nach eigenem Gutdünken steuert, ist dem Mißbrauch Tor und Tür geöffnet und höchste Gefahr für alle Kleinanleger und Geldwertbesitzer, im Falle der durch überzogene Mißbräuche der Hochfinanz folgenden Weltfinanzkrise um ihr Vermögen gebracht zu werden. Es darf also keine private Weltfinanzmacht geben, die über eine Währung (Dollar, Pfund u.a.) oder über Bestimmung von Wechselkursen, Zinsen und Anlagekurse befindet. Die zentralen Währungsbanken müssen völlig unabhängig, neutral und öffentlich-rechtlich als „vierte Gewalt" nur der Stabilität des Geldwertes verpflichtet sein (vgl. Kap.5).

2.5 Sicherung des globalen Freihandels gegen Marktmacht, Dumping und Diskriminierungen

Liberalisierung der Weltmärkte und Freihandel sind die Fahnen, mit welcher die Globalisierer auf ihren Tagungen werben. Tatsächlich aber wird nur liberalisiert, wo die herrschenden Monopole zusätzlichen Markt erobern wollen, wird in Wirklichkeit von den global players monopolisiert und der Wettbewerb, auch der Handelsströme, reduziert. Das Problem jeden Wettbewerbs – die Marktmacht – hat auch den Welthandel zu seiner Dienerin gemacht.

- Beispiel Ölmarkt: Der Ölpreis ist Monopol- und politischer Preis, nicht Marktpreis, und die Belieferung erfolgt ebenfalls nach monopolistischen und politischen Kriterien statt frei. Der „Kampf ums Öl" ist längst Teil des Kampfes um die Weltvorherrschaft.
- Die Privatisierung der Telekommunikationsunternehmen und die Liberalisierung der Telekommunikationseinrichtungen dienen keinesfalls stärkerem Wettbewerb in der Welt, sondern der Monopolisierung dieser Einrichtungen zur wirtschaftlichen und militärischen Kontrolle der Welt (vgl. oben Kap. 12).
- Beispiel Wasser: Seit Brzezinski „den Plan zur Monopolisierung des Wassers in den nächsten 20 Jahren" verraten hat, wird erkennbar, daß die politisch verlangte Privatisierung der Wasserwerke und Wasserleitungsnetze aus staatlicher in private Rechtsform nur Zwischenschritt zur Monopolisierung der privatisierten Unternehmen in Konzernen ist, die wiederum der globalen Hochfinanz zuzurechnen sind.

So richtig globaler Feihandel theoretisch ist; – in der Praxis wird er global zu Monopolbildungen mißbraucht.

Ebenso wird der globale Freihandel dort zum Sozialproblem, wo mit unterschiedlichen sozialen Standards und unterschiedlichen Staatslasten gearbeitet wird. Die USA erleben zur Zeit ebenso wie wir schon lange in Europa die Debatte, daß Freihandel zum Ende nationaler Produktion führt, wenn die Belastungs- und Sozialstandards in den Ländern zu unterschiedlich sind und Unternehmen aus Hochstandardländern keine faire Wettbewerbschance mehr gegen die Konkurrenz aus Billigstandardländern haben. Dann entsteht durch Freihandel nicht im Sinne von Pareto „beiderseitiger Nutzen", sondern nur einseitiger, ist Freihandel volkswirtschaftlich schädlich, weil er zur Abwanderung von Arbeitsplätzen, Unternehmen, Investitionen, zu Lohndumping und zu volkswirtschaftlichen Schrumpfungen führt. Ob also Freihandel allseits vorteilhaft oder schädlich ist, hängt davon ab, ob der Welthandel fair, ob die Rahmenbedingungen der Konkurrenten vergleichbar oder zu unterschiedlich sind. Unter diesem Kriterium wird angesichts der Exportproblematik sogar in den USA der Freihandel neu bewertet. Gerechter internationaler Handel erfordert also zuvor vergleichbare Rahmenbedingungen, – entweder durch Angleichung oder durch Zollausgleich der Differenzen.

2.6 Regionalisierung der globalen Freizügigkeit, der Arbeitsmärkte und Sozialsysteme

Globale Freizügigkeit ist eine Forderung, mit welcher die Globalisierer vor allem die Arbeitsmärkte nivellieren wollen, indem Arbeitskräfte aus den armen Ländern in die reichen Länder wandern, um für die Konzerne dort Lohndumping zu bewirken. Nur Konzerne brauchen unqualifizierte Arbeitskräfte für ihre automatische Standardproduktion. Der Mittelstand würde Fachkräfte gebrauchen, die in ihren Heimatländern selbst gebraucht, verankert und deshalb seßhaft sind. Hinter der geforderten Freizügigkeit für Arbeitnehmer steht also der Bedarf an mehr und billigen Arbeitern für die Konzerne.

Dem Arbeitskräftevorteil der internationalen Konzerne stehen gesamtwirtschaftliche und gesellschaftliche Nachteile gegenüber:

- Proletarisierung der Gesellschaft durch unqualifizierte Massenimmigration,
- Ghettobildung bei nicht integrierbaren oder nicht integrationswilligen Immigranten,
- Belastung der Sozialsysteme bei Arbeitslosigkeit der Immigranten, Familienzuzug und Sozialimmigration,
- importierte Arbeitslosigkeit, wenn die Immigration in schrumpfender Volkswirtschaft stattfindet,

- Kriminalitätsproblematik bei Immigration von Problemgruppen (Mafia, Zigeuner, afrikanische Rauschgifthändler),
- wachsende soziale Spannungen zwischen Einheimischen und Immigranten im Falle von Wirtschaftskrisen bis hin zu kommenden gewaltsamen Auseinandersetzungen (Bürgerkrieg).

Globale Freizügigkeit widerspricht deshalb nicht nur der Identität der einzelnen Völker, sondern auch der von den Nationalstaaten verlangten Solidarität zur Umverteilung. **Man kann den Leistungsträgern eines Volkes zwar zumuten, die Not anderer Mitbürger zu lindern, nicht aber die Armut der ganzen Welt zu sanieren. Immigration stößt deshalb nicht nur immer irgendwann an Toleranzgrenzen, sondern auch an die Leistungsgrenzen staatlicher und sozialer Umverteilung.**

2.7 Entpatentierung unserer Nahrungsmittelproduktion
Die von den global player-Konzernen Monsanto und Syngenta über die US-Administration und die WTO durchgesetzte Weltpatentierung von Saatgut bedroht die Existenzgrundlagen der Völker der Welt. Solche Monopolpolitik darf deshalb nicht weiter geduldet, sondern muß geächtet werden. Patente auf Saatgut darf es nicht geben, vor allem keine Nachbaulizenzen, die das Monopol bisher ebenfalls durchgesetzt hat. Es kann nicht angehen, daß die Welt schon vor der Aussaat Monopolgebühren entrichten muß, zumal dann auch nach der Aussaat die ebenfalls teilmonopolisierte Nahrungsindustrie den gleichen Hochfinanzgruppen Monopolgewinne eintragen. Hier wäre die UNO vor allem im Interesse der armen Länder zu einer Aufhebung aller Saatgutpatente gefordert.

3. Nationale/regionale Korrekturen gegen die Globalisierung

Im Zuge der kommenden Weltwirtschaftskrise wird ein Umdenken der Bevölkerungen und auch ihrer Politiker einsetzen, daß die Sicherung nationaler Freiheit und Wohlfahrt der Bürger wieder vor internationaler Freiheit und Wohlfahrt geht. Wenn die Globalisierung zum Verlust von nationaler Freiheit und Wohlfahrt geführt hat, ist sie national korrekturbedürftig, muß man ihre Fehler korrigieren. Und solange eine internationale Korrektur noch nicht oder überhaupt nicht möglich ist, müssen jedenfalls nationale Korrekturen zum Schutze der Bürger getroffen werden.

Denn Politiker dürfen nicht primär internationalen Kräften oder Netzwerken verpflichtet sein, sondern den Bürgern, von denen sie in einer Nation oder einer Region gewählt sind. Wenn also die Politiker aus internationalem Gehorsam gegen die globalen Machtgeflechte ihre nationalen Pflichten verletzen, müssen die Bürger Widerstand organisieren, daß die nationale Politik wieder nach ihren Interessen korrigiert wird.

Diese Diskussion bricht nach der Europaseligkeit der Kohl-Generation nun endlich an der Frage der Osterweiterung und vor allem der weiteren Einbeziehung von Rumänien und Bulgarien sowie der Türkei auf. Die Bürger der wohlhabenden EU-Staaten sehen in der Freizügigkeit von 4,5 Mill. rumänischen Zigeunern und 60 Mill. Türken eine Kriminalitäts- und Überfremdungsgefahr für ihr Eigentum, ihre Sicherheit, ihre Arbeitsplätze und ihre Glaubens- und Lebensgrundsätze.

Die Wünsche der EU-Funktionäre und der dahinterstehenden US-Weltmacht auf Anschluß dieser armen Länder werden bisher von den Politkommissaren der EU gegen 80% der Bürger betrieben, denen sie eigentlich verantwortlich sein müßten. Eine Rückbesinnung auf nationale Verantwortung und Interessen ist deshalb überfällig.

3.1 Rückdemokratisierung/Dezentralisierung
Die Aushöhlung der dezentralen politischen Selbstverwaltung

- der Kommunen und Regionen zugunsten der nationalen Regierungen und
- der nationalen Souveränität und Selbstbestimmung zugunsten eines nicht demokratisch legitimierten EU-Politbüros und
- die Fremdbestimmung des EU-Politbüros durch die internationalen Netzwerke und
- die Herrschaft über die internationalen Netzwerke durch die Hochfinanz und ihren politischen Arm der US-Administration widerspricht nicht nur Art. 20 des Grundgesetzes, sondern hat auch zum Frust der Bürger über Politiker und Parteien geführt, wie man an der immer höheren Zahl der Nichtwähler ablesen kann.

Die Vorstellung vom „Weltbürger", vom „Weltarbeitnehmer" oder vom „Weltunternehmen" oder vom „Weltkonsumenten" ist Illusion geblieben. Die Menschen sind nicht anonym, einheitlich und gleichartig; sie wollen in einer überschaubaren sozialen Ordnung leben. Nur Konzerne und Gewerkschaften leben besser mit Hierarchie als mit Selbstbestimmung. Handwerker, Dienstleister, Freiberufler und Kleinindustrie arbeiteten schon immer für einen überschaubaren, regionalen Markt. Sie gewannen ihre Kunden mit persönlichem Vertrauen statt nur mit Preis und Leistung. **Insofern ist die Aushöhlung der Demokratie durch die Globalisierung gegen die Interessen und Grundsätze des Mittelstandes gelaufen.** Der Mittelstand wird ohne Mitbeteiligung an seinem Geschick zum Untertan. Er braucht aber für seine freie Entwicklung die Selbstverantwortungssysteme von Demokratie und Marktwirtschaft. Die Zentralisierung und der Kapitalfeudalismus sind Existenzgefahr für den Mittelstand. Deshalb müssen die Kompetenzen wieder dezentralisiert, die Machtstrukturen wieder zur Selbstverantwortung delegiert werden. **Die Behauptung der Globalisierer, für Demokratie und Selbstverantwortung der Völker zu kämpfen, war also Täuschung.**

Aus der Forderung nach Rückdemokratisierung der Globalentwicklung wird sich deshalb auch eine Forderung nach Regionalisierung statt Globalisierung entwickeln. Demokratie läßt sich nicht weltweit ausdehnen, sondern braucht den abgegrenzten, regionalen Bereich, in dem sich die Menschen gleicher Sprache, gleicher Kultur, gleicher regionaler Sitten und gleicher moralischer Grundsätze noch identifizieren können. **Die Globalisierung wird deshalb unter demokratischen Kategorien keine Zukunft haben, sondern sich in einer Regionalisierung korrigieren müssen, wenn wir nicht Zentralherrschaft, sondern wirklich Demokratie und Selbstverantwortung wollen.**

3.2 Austritt aus internationalen Organisationen

Die UNO und andere Weltinstitutionen waren die Hoffnung der Menschen auf internationale Sicherung von Frieden, Freiheit und Wohlstand. Diese Hoffnung hat sich nicht erfüllt. Die UNO und andere Weltinstitutionen wie WTO, Weltbank, ILO, IWF, GATT u.a. haben sich nicht als neutrale, der Gerechtigkeit und dem Wohlstand aller Menschen dienende Organisationen erwiesen, sondern sind von den wirtschaftlichen und politischen Hierarchien für ihre Zwecke instrumentalisiert worden. Sie haben z.B. dazu beigetragen, das ehemals reiche Argentinien mit einer wohlhabenden Bevölkerung und hochentwickelten Industrie im Zusammenspiel von Globalpolitik, multinationalen Konzernen, Banken, Medien und Gewerkschaften so ausplündern zu lassen, daß sich innerhalb weniger Jahre ein Viertel der Bevölkerung nicht mehr ausreichend ernähren kann und 53% der Menschen unter die Armutsgrenze gerieten. Inzwischen gehört die argentinische Großwirtschaft der internationalen Hochfinanz und steht das Land praktisch unter wirtschaftlicher und politischer Vormundschaft. Weltbank und IWF waren hierbei nicht Hilfe für Völker, sondern für Monopolhelfer der Hochfinanz. Die Beispiele lassen sich fortsetzen[126].

Wüßten die Bürger in Deutschland, Frankreich oder England, daß diese Organisationen im Fremdinteresse auf ihre Kosten tätig werden, würde der Widerstand dagegen längst wachsen. **Insbesondere Deutschland als einer der Hauptzahler dieser Organisationen sollte den Austritt aus solchen Organisationen androhen, in denen gegen deutsche Interessen gearbeitet wird oder die sogar noch eine Feindstaatenklausel gegen Deutschland aufrechterhalten (UNO).**

3.3 Nationales Monopolverbot

Die Kapitalismusdebatte hat längst nationale Sensibilität dafür entwickelt, daß die globalen Manipulationen der internationalen Hochfinanz und Monopole kaum im nationalen Interesse liegen, sondern unsere nationale Wirtschaft erodieren. Monopole sind immer ein Krebsschaden, nicht nur national, sondern auch international. Viel zu lange hat man diese Krebsgeschwüre wachsen lassen.

Solange es noch kein international wirksames Monopolverbot gibt, muß jedenfalls die nationale Monopolgesetzgebung so verschärft werden, daß sie auch international greift. Dieses fordert z.B., daß bei der Bundesfinanzaufsicht (BAFin) nicht nur die direkten Beteiligungen gemeldet werden müßten, sondern auch alle indirekten Beteiligungen, und daß diese zu einem Konzern konsolidiert gemeldet werden müssen, wenn direkte oder indirekte Beziehungen eine gemeinsame Willensausübung im Sinne eines Konzerns ermöglichen. Dies ist bisher nicht durchgesetzt worden, obwohl es bereits vorgesehen war.

Die bisherige Monopolgesetzgebung hat bisher nur offene Finanzverflechtungen betrachtet, nicht aber die inzwischen viel üblicheren personalen Treuhandverhältnisse. Die Hochfinanz hat nämlich wegen des ebenfalls nur auf Finanzverflechtungen abgestellten US-Antitrustrechts längst verdeckte Herrschaftsverhältnisse gebildet, welche dadurch bestehen, daß Strohmännern Mehrheitsbeteiligungen an Firmen anvertraut werden und dadurch der Konzerntatbestand verschleiert wird. Das nationale Monopolrecht muß also auch solche Treuhandverhältnisse unter hohen Freiheitsstrafen für den Strohmann und Strafen für die dahinterstehende Finanzmacht zur Veröffentlichung zwingen und im Falle von Monopolbildung verbieten.

Schließlich muß das Monopolverbot nicht nur öffentlich-rechtlich verfolgt werden, sondern auch privatwirtschaftliches Risiko für die Monopolisten werden. National sollte ein privater Schadensersatzanspruch in allen Monopolfällen für Kunden und Lieferanten und Wettbewerber normiert werden mit Beweisumkehr zu Lasten der Monopole[127].

Nur wenn national härter gegen nationale und vor allem internationale Monopole eingegriffen wird, lassen sich national Marktwirtschaft und Wettbewerb erhalten und könnte dann auch der Mittelstand als Wohlstandsquelle jedes Volkes überleben.

3.4 Sicherung der Währungsbankneutralität

Die Währung ist gleichsam das Blut, welches den Wirtschaftskörper am Leben hält und treibt. Daß Privatleute bzw. Privatbanken die mächtigste Währung und Währungsinstitution (FED) der Welt nach eigenem Gutdünken frei manipulieren können, ist derzeit die vielleicht größte Globalgefahr für alle Menschen und Völker der Welt.

Zumindest national müßte dem entgegengesteuert werden, indem die Euro-Bank ebenso neutral und unabhängig – auch vom Einfluß der Finanzminister – gemacht wird, wie es die Bundesbank einmal war und daß dieser Euro-Bank verboten wird, Privatwährungen wie den Dollar als Währungsreserve zu halten. **Wie früher sollte die Zentralbank wieder auf Realwerte in der Währungsreserve verpflichtet werden – z.B. Gold –**

und sollte der Zentralbank verboten werden, das zur Währungsreserve gehörende Edelmetall zu verkaufen und dadurch von manipulierten Fremdwährungen abhängig zu werden.

Es läge im Interesse der deutschen und europäischen Wirtschaft, daß dies noch vor der nächsten Weltwirtschaftskrise geschieht. Entsprechend geringer werden die Krisenfolgen im nationalen Bereich werden.

3.5 Korrektur der Steuerbevorzugung von global players

An den nationalen Machtmißbräuchen der global players trägt das nationale Steuersystem oft erhebliche Mitschuld, indem etwa

- die Regierung Schröder den Kapitalgesellschaften Steuerfreiheit beim Verkauf von Beteiligungen und damit den drei Dutzend Banken und Versicherungen ein Steuergeschenk von 30 bis 50 Mrd. Euro zugeschanzt hat, (um von diesen umgekehrt wiederum Kredite zu bekommen)
- die Ansiedlungen von Tochtergesellschaften ausländischer Kapitalgesellschaften national subventioniert werden[128],
- mit deutschen EU-Beiträgen und Steuerabschreibungen die Verlagerung von Produktionsstätten ins Ausland subventioniert wird,
- die deutschen Produktionsstätten dagegen bei Verlagerungen ohne Rückzahlung der erhaltenen Staatswohltaten geschlossen werden dürfen,
- Kapitalgesellschaften im Gegensatz zu Personalfirmen einen Vorzugssteuersatz haben und keine Erbschaftssteuer zahlen müssen
- und zumeist sogar Steuerfreiheit über Gewinnverlagerungen der global players national akzeptiert wird.

Mit dieser steuerlichen Bevorzugung zeigt sich die Macht des Kapitals auch auf die nationale Politik. Dabei ist die Großwirtschaft per Saldo seit Jahrzehnten steuerlicher Nehmer öffentlicher Finanzen statt Geber, weil sie mehr Subventionen bekommt als sie Gewinnsteuern zahlt[129]. Im Interesse des die Subventionen der Großwirtschaft tragenden Mittelstandes und der Arbeitnehmer muß deshalb mehr Steuergerechtigkeit der Betriebsgrößen durch Korrektur der Steuervorzüge der Kapitalgesellschaften erreicht werden. Dies wäre möglich durch

- Rückzahlungsverpflichtungen aller bisher empfangenen Subventionen bei Betriebsschließungen bzw. Produktionsverlagerungen der Konzerne ins Ausland,
- Folgelastenbeteiligung bei Betriebsschließungen oder Entlassungen für die von den Kapitalgesellschaften importierten Gastarbeiter und deren Familien.
- Gleiche Steuersätze für Personal- wie Kapitalgesellschaften.
- Zulassung von Abschreibungen und Subventionen nur für Investitionen in Deutschland, nicht mehr für Investitionen im Ausland.
- Volle Steuerpflicht aller ausländischen Kapitalgesellschaften wie für deutsche Unternehmen. Tochtergesellschaften der ausländischen global players sollen in Deutschland nicht schlechter stehen als deutsche Unternehmen. Sie dürfen aber eben auch nicht steuerlich bevorzugt werden, wie dies bisher mit der Gewinnverlagerung möglich ist.

3.6 Renationalisierung der Arbeitsmärkte

Es war ein Irrtum, zu glauben, daß weltweite Öffnung des Arbeitsmarktes mit Massenimmigration ausländischer Arbeitskräfte volkswirtschaftlich vorteilhaft sei. Dies wäre nur dann der Fall gewesen, wenn man qualifizierte Arbeitskräfte hätte einwandern lassen. Wegen unserer hohen Steuern und Sozialabgaben wandern aber mehr qualifizierte Arbeitskräfte aus Deutschland aus als einwandern. Die Masseneinwanderung dagegen findet millionenfach im unqualifizierten Sektor statt, wo ohnehin die Arbeitsplätze wegfallen und wir eine hohe Sockelarbeitslosigkeit bereits haben und diese durch importierte Arbeitslosigkeit unverantwortlich vergrößern.

Das war anders, als Vollbeschäftigung und Arbeitskräftemangel bei uns herrschte und die Konzerne für die Bandarbeiten noch unqualifizierte Arbeitskräfte brauchten und deshalb im Ausland anwarben. Seit aber Massenarbeitslosigkeit bei uns herrscht, führt Immigration zu importierter Arbeitslosigkeit und führt nicht nur zu untragbaren volkswirtschaftlichen Kosten, sondern auch zu wachsenden sozialen Spannungen, die sich in der kommenden Krise sogar zu gewaltsamen Auseinandersetzungen auswachsen könnten.

Jede nationale Politik wird deshalb früher oder später vor der Grundsatzfrage stehen, ob sie Arbeitsplätze und Wohlstand vor allem für das eigene Volk anstreben soll oder die Welt am deutschen Arbeitsmarkt sanieren will. Sinnvolle Politik kann nur darin bestehen, den deutschen Arbeitsmarkt vor Einwanderung zu schließen, sobald und solange einheimische Arbeitslosigkeit besteht. Dies gilt nicht nur für Deutschland, sondern für alle Völker, denen an Arbeit, Einkommen und Wohlstand vor allem für ihre Bürger gelegen ist. Deshalb war auch die EU-Erweiterung arbeitsmarktpolitisch zwar ein Vorteil für das Lohndumping der Konzerne, für die Arbeitsplätze und Existenzsicherung unserer Bürger aber eine wachsende Gefahr. Hier steht dem Interesse der Konzerne das Interesse der Bürger und Arbeitnehmer gegenüber. Die Politik hat abzuwägen, wem sie mehr verpflichtet ist und wer sie letztlich wählt.

3.7 Solidarkonzentration für die Sozialsysteme

Ähnlich wie beim Arbeitsmarkt ist es auch bei den Sozialsystemen. Sie sind Solidarkassen, welche soziale Sicherung nur für die vorsehen, welche dazu eigene Sozialbeiträge geleistet haben. Die Aufnahme von Immigranten in unsere welthöchsten sozialen Sicherungssysteme hat nur dazu geführt, die Armen der Welt zur Einwanderung anzulocken, weil sie hier von Sozialleistungen besser leben können als von Arbeit zu Hause. Der kommende Zusammenbruch der Sozialsysteme in der Krise wird spätestens dafür sorgen, daß die Sozialleistungen der Höhe und dem Grunde nach wieder auf die Mitglieder begrenzt werden müssen, welche selbst dieses Sozialsystem durch ihre Leistungen geschaffen und deshalb eigene Ansprüche erworben haben.

3.8 Zielbegrenzung für nationale Streitkräfte

Die Bundeswehr wurde im „Kalten Krieg" zur Heimatverteidigung als notwendig angesehen. Deshalb wurde auch die Wehrpflicht für alle als Teil dieser nationalen Selbstverteidigung eingeführt.

Inzwischen wurden unter dem Druck der Weltnetzwerke die Einsatzziele der Bundeswehr verändert, sie der NATO, der UNO und vor allem den Zielen der USA unterstellt und deutsche Soldaten gezwungen, Drogenfelder im Kundus oder amerikanischen Ölinteressen in Somalia und in anderen Zielgebieten zu schützen. „Deutschland wird am Hindukusch verteidigt", behauptete der Verteidigungsminister im Sinne der Globalisten. Dies mag für ein Söldnerheer gelten, nicht aber für nationale Streitkräfte, deren Rechtfertigung sich bei Wehrpflicht nur aus der nationalen Sicherheit herleiten läßt.

Statt im Ausland für ausländische Interessen, müssen die nationalen Streitkräfte wieder im Inland für Sicherheit sorgen. Dazu gehört auch, daß sie im Falle von Unruhen im Inland Ordnung schaffen dürfen, was das Grundgesetz bisher noch nicht erlaubt.

Kurz gesagt: Deutsche Soldaten haben im Ausland für ausländische Interessen nichts zu suchen. Und die NATO darf nicht mißbraucht werden, als Hilfsorganisation der „einzigen Weltmacht" Hilfstruppen zu requirieren.

3.9 Verhinderung internationaler Spionage

Die wachsende Kontrolle über die Bundesbürger hängt ebenfalls mit der Globalisierung zusammen und mit den Wünschen der herrschenden internationalen Netzwerke, die Menschen nach ihren Vorstellungen, Zwecken und Meinungen zu manipulieren. Zu diesem Zweck sind in Deutschland Tausende ausländischer Mitarbeiter von Spionageorganisationen – sogar mit Immunität – tätig und haben sogar noch alte Kontrollvorrechte, die das deutsche Recht deutschen Geheimdiensten nicht einmal zuerkennt. Diese Situation ist unerträglich und muß nicht nur um der persönlichen Freiheit Willen schnellstens beendet werden, sondern auch, um die hohen volkswirtschaftlichen Schäden der Wirtschaftsspionage damit zu reduzieren.

3.10 Nationaler Sicherheitsvorbehalt

Die USA haben ein Gesetz, welches der Regierung mit der Begründung eines „nationalen Sicherheitsvorbehalts" jeden Eingriff in die Wirtschaft des Landes gestattet, vor allem aber Unternehmensübernahmen, Patentübernahmen und den Wirtschaftsraub von Bodenschätzen, Wasser und Nahrung blockieren kann.

Ein solcher Sicherheitsvorbehalt wurde gerade wieder geltend gemacht gegenüber den Chinesen, als diese eine amerikanische Ölfirma kaufen wollten.
Umgekehrt hat die Bundesregierung zuschauen müssen, wie die Amerikaner die gesamten technischen Unterlagen für ein U-

Boot mit neuartigem Antrieb durch vorübergehende Übernahme der deutschen Werft an sich rissen.

Erst wenn jede nationale Regierung der Welt Sicherheitsvorbehalt bei unerwünschten Übernahmen oder Ausbeutungen oder Patenträubereien geltend machen und diese damit verhindern kann, würden nationale Unternehmen gegen die global players wirksam schützbar sein. Nach den USA denkt offenbar auch Frankreich gerade an einen solchen „Sicherheitsvorbehalt". Wir sollten diesem Beispiel folgen.

Es gibt demnach eine ganze Reihe nationaler Maßnahmen, mit denen man schädliche Folgen der Globalisierung hindern oder doch mindern kann. Ob eine Regierung allerdings die Kraft hat, gegen die global herrschenden Netzwerke solche Maßnahmen zu ergreifen, bleibt fraglich und würde wohl erst politisch erzwingbar werden, wenn der überwiegende Schaden der Globalisierung in den Ländern mehr erkannt wird.

4. Mit welchen Maßnahmen können Privatpersonen auf die Globalisierung reagieren?

Privatpersonen können die Globalisierung weder verhindern noch ihre Rahmenbedingungen gegen das globale Machtgeflecht beeinflussen. Dennoch sollten wir die Entwicklung nicht tatenlos hinnehmen. Wenn wir schon gegen das Machtgeflecht und die von ihm beherrschte Politik unsere eigenen Interessen als Unternehmer oder Arbeitnehmer nicht durchsetzen können, sollten wir jedenfalls herausfinden, wie wir die Entwicklung am besten bestehen oder sogar positiv für uns nutzen könnten. Diese Überlegungen gelten

4.1 für Unternehmer und mittelständische Unternehmen,
4.2 für Privatvermögen,
4.3 für Arbeitnehmer.

4.1 Mögliche Maßnahmen für mittelständische Unternehmen und Unternehmer

- Mittelständische Personalunternehmen sind grundsätzlich personengebunden und deshalb auch an den Standort des Unternehmers gebunden. Nur die Unternehmerperson selbst garantiert den Erfolg eines Personalunternehmens. Er kann aber seine Unternehmerkapazität und die Personalvorteile nur voll durchsetzen, wenn er selbst vor Ort wirksam ist. Soll das Personalunternehmen auch im Ausland tätig werden, bleibt dafür entweder die Form der Kooperation mit einem ausländischen Unternehmer oder die haftungsbegrenzende Rechtsform einer Kapitalgesellschaft (GmbH, Ltd.)

Der Unternehmer muß also für eine globale Expansion wie die Konzerne haftungsbegrenzende Rechtsformen einsetzen, damit das Risiko dieses Auslandsgeschäfts nicht auf die heimische Personalfirma durchschlägt. In vielen Fällen wird es sich sogar empfehlen, die heimische Firma dann ebenfalls in eine haftungsbegrenzende Rechtsform umzuwandeln, um Haftungsbegrenzung einer Kapitalgesellschaft für die globale Ausdehnung seines Geschäftes zu erreichen.

• Betriebsaufspaltung
Solange es global höchst unterschiedliche Standortbedingungen gibt, aber einheitlicher Wettbewerb zunimmt, muß auch ein mittelständischer Unternehmer versuchen, die Wettbewerbsvorteile des Auslands wie die Konzerne für sich und seine Firma zu nutzen. Dies läßt sich unter anderem durch Betriebsaufspaltung erreichen, indem z.B.

– der Firmensitz nach entsprechender Rechtsformänderung des Unternehmens dorthin verlegt wird, wo keine oder geringe Abgaben, weniger Bürokratie, weniger Gesetzesbindung und weniger Soziallasten für das Unternehmen anfallen,
– die Marktzulassung von Patenten, Produkten oder Dienstleistungen im Ausland dort betrieben wird, wo die geringsten Anforderungen, die schnellsten Genehmigungswege oder die geringsten Produkthaftungen bestehen.
– Um mit den niedrigeren Kosten ausländischen Wettbewerbs fertigzuwerden, kann auch die Verlagerung von Manufakturtätigkeiten mit hohem Personalkostenanteil zweckmäßig sein, zumal solche Produktionsverlagerungen noch vom deutschen Steuerrecht gefördert werden.

– Auch eine Betriebsaufspaltung zwischen Besitzgesellschaft und Betreibergesellschaft wäre zu überlegen, um das Anlagekapital eigentumsmäßig ins steuerbegünstigte Ausland zu verlagern und aus den Betriebssteuern herauszubringen.
– Schließlich sollte man die Gründung einer Holdinggesellschaft im steuerprivilegierten Ausland überlegen,
– notfalls auch eine Wohnsitzverlagerung des Betriebseigentümers oder eines Familienmitglieds unter steuerlichen Gesichtspunkten prüfen.

• *Marktsicherung durch mittelständische Netzwerke*
Eine Abwehrstrategie gegen Globalkonkurrenz wäre auch, wenn sich mehrere mittelständische Unternehmer gleicher oder verbundener Branchen untereinander zu Einkaufs-, Vertriebs-, Produktions- oder Dienstleistungskooperationen in Form eines regionalen Netzwerks verbinden, um sich gegenseitig Aufträge zu sichern, gemeinsame Projekte durchzuführen oder auch nur gemeinsame Angebotskapazitäten gegen Konzerne zu organisieren.

4.2 Maßnahmen zur Vermögenssicherung gegen Globalisierungsgefahren
Für jede Vermögensanlage eines Privatmannes im Ausland entstehen zusätzliche Risiken
– Risiko des Devisenkurses der Währungen untereinander,
– Risiko des Anlagevermittlers, wenn es sich z.B. um eine Bank oder einen Vermögensanleger oder einen Fonds handelt,
– Risiko der Veränderung der gesetzlichen Rahmenbedingungen zwischen Ausland und Inland,
– Risiko der Doppelbesteuerung.

Dennoch kann eine Vermögensverlagerung ins Ausland auch für Privatleute zweckmäßig sein,

– z.B. um Vermögensteile oder das Gesamtvermögen in vor Kriminalität sicherere Länder zu bringen,
– oder um Finanzvermögen in Länder zu bringen, in denen die Inflationsrate geringer ist als im Heimatland,
– oder um mit der Vermögensverlagerung Steuervorteile (Gewinnsteuer, Erbschaftsteuer) zu erreichen.

Privatleute haben allerdings bei jeder ausländischen Vermögensanlage gegenüber den global players die Nachteile
- daß sie sich selbst um ihr Auslandsvermögen nur schwer kümmern können,
- daß sie meist auch Sprachprobleme gegenüber ausländischen Behörden, Steuerberatern, Anwälten oder Verwaltern haben,
- daß sie auch den ausländischen Markt oft nur begrenzt einschätzen können.

Einen gleichwertigen Schutz des Vermögens im Ausland wie im Inland gibt es deshalb nicht. Hinsichtlich der Sicherheit sind die meisten Auslandsvermögensanlagen einer Inlandsanlage unterlegen, hat ein Privatmann die Inlandsanlage unter besserer Kontrolle.

Während also die internationale Vermögensanlage für global players Mittel zu mehr Macht, Gewinn und Wachstum sind, bleiben solche internationalen Vermögensanlagen für Privatpersonen weniger ratsam, weil die Risiken in der Regel schwer beherrschbar sind.

4.3 Maßnahmen für Privatpersonen in der Globalisierung
- Wer grenzüberschreitend aktiv werden will, wird nicht nur mit unterschiedlichen Rahmenbedingungen, sondern auch mit unterschiedlichen Sprachen konfrontiert. Nur wenn man eine Sprache im beabsichtigten Ausland beherrscht, ist dieses Land auch eine persönliche Mobilitätsmöglichkeit.
- Grundsätzlich können auch Privatpersonen die große Freizügigkeit nutzen, um günstigere Standortbedingungen für sich zu gewinnen, z.B. durch

  - Wohnsitzverlagerung, um einem Höchststeuersystem zu entgehen, wie dies z.B. zehntausend deutsche Unternehmer jährlich tun,
  - indem man als Rentner seinen Wohnsitz in warme Länder verlegt, wo es im Alter angenehmer ist und wo man mit der Rente höhere Kaufkraft und besseren Service gewinnt,
  - indem man wie die Millionen von Gastarbeitern aus einem Billiglohnland zur Arbeit in ein Höchstlohnland wechselt,
  - indem man als Armer oder Arbeitsloser zur Existenzsicherung in Länder mit hohem Sozialsystem wechselt.

- Für Privatleute kann die familiäre Abgabenbelastung durch Wohnsitzsplitting zwischen Ehepartnern oder Wohnsitzverlagerung optimiert werden.
- Es könnte sich auch unter dem Gesichtspunkt sozialer Sicherung – vor allem im Alter – eine Nutzung unterschiedlicher Sozialsysteme für die private Absicherung empfehlen. Wo z.B. die Bevölkerungsstruktur günstig und ein Land geschlossene statt offene Sozialsysteme hat, kann man mit höherer Sicherheit von Sozial- und Alterssicherungsansprüchen rechnen.
- Auch unter dem Gesichtspunkt persönlicher Sicherheit kann sich eine Globalisierung des Wohnsitzes empfehlen, wenn z.B.

  – der Eigentumswert in einem Land höher ist als bei uns, wo das Eigentum nicht nur von Steuern, sondern auch von Sozialideologien bedroht ist,
  – wenn durch weitere Osterweiterung der EU und Masseneinwanderung von Kriminellen die Sicherheit der Person oder des Vermögens in Deutschland nicht mehr gewährleistet ist und man deshalb in sicherere Länder flüchten muß,
  – wenn gewissenlose Politiker durch Öffnung der EU für die Türkei in Deutschland Islamisierung fördern und man mit eigener christlicher Wertekultur in immer mehr Ballungsgebieten nicht mehr leben kann.

Dennoch gilt für die Privatperson wie für das private Vermögen: Wer ins Ausland geht, bleibt immer ein Fremder, hat Widerständen zu begegnen, die er im eigenen Land nicht hätte und muß Diskriminierungen hinnehmen, die er im eigenen Land nicht hätte. Dies wird sich insbesondere verschärfen, wenn die kommende Weltwirtschaftskrise den Kampf ums Dasein in allen Ländern verschärft und damit auch die Gegensätze von Inländern und Ausländern radikalisieren wird.

Daß Auswanderung ins Ausland nicht immer eine Lösung ist, beweisen Tausende von jährlichen Rückwanderern, die enttäuscht oder gescheitert wieder Sozialhilfe und Rückhalt in der Heimat suchen.

Quellenangaben

Globalisierung: Theoretisch richtig - praktisch aber oft gefährlich

1 Schmidthuber, Vortrag 10.11.04: Zehn Anmerkungen zur Globalisierung und zum Wirtschaftsstandort Deutschland

2 Dazu Bundestagsdrucksache 14/9200 vom 12.06.2002. Schlußbericht der Enquete-Kommission: Globalisierung der Weltwirtschaft – Herausforderungen und Antworten.

3 Dazu ausf. unten Kap.3 (Reisegger)

4 Uwe Greve, Preußische Allgemeine Zeitung 17/04

5 Bundestagsdrucksache 14/9200, S.462

6 Enquete-Kommission S.463

7 z.B. Enquete-Kommission des Bundestages

8 Zbigniew Brzezinski, Die einzige Weltmacht

9 vgl. ausführlich Kap. 14

10 Enquete-Ausschuß des Bundestages, Drucksache 14/9200, S.461

11 vgl. unten Kap. 5+16/17

12 vgl. unten Kap. 4 Netzwerke statt Nationen

13 vgl. Hamer, Bürokratieüberwälzung auf die Wirtschaft, Hann. 1979

14 vgl. Lehrbuch: Hamer/Gebhardt, Privatisierungspraxis, Schriftenreihe des Mittelstandsinstituts Niedersachsen, Hannover, Band 26, 1992

15 vgl. Privatisierungspraxis a.a.O.

16 vgl. unten Kap. 18 (Wassermonopolisierung)

17 Hamer, E.+E. Was passiert, wenn der Crash kommt?

18 ausf. Hamer: Was passiert, wenn der Crash kommt?, 6. Aufl. 2005, Stuttgart

19 vgl. unten Kap. 9+10

20 unten Kap. 13

21 Brzezinski, Die einzige Weltmacht a.a.O

Erst die moderne Technik ermöglichte die Globalisierung

22 Tatsächlich ist es der billige Kauf von PR und Image-Werbung, die man an einer Großtat der Kultur festmacht, wofür man selbst nie je etwas beigetragen hat.

23 Von den 4.200 strategischen Kooperationsvereinbarungen zwischen Firmen, die in der Periode zwischen 1980 und 1989 geschlossen wurden, betrafen 92% Unternehmen aus Japan, Westeuropa und Nordamerika; 1,5% solche zwischen der Triade und den Ländern der 3. Welt und 0,5% „sonstige".

24 BMW, Mercedes, VW/Audi, Fiat, Renault, Peugeot, Rover, Volvo, Chrysler, GM, Ford, Honda, Mazda, Mitsubishi, Nissan, Toyota.

25 Gemeinsame F+E, Produktion, Joint Venture, Direkte Investitionen und gemeinsame Nutzung von Maschinen, OEM-Verträge, Distribution und Firmenaufkäufe bzw. Fusionen.

26 Die Frage, inwieweit ein Staat – als die Ordnung stiftende Instanz der (übergeordneten) Gesellschaft – normativ eingreifen sollte, ist hier noch nicht angesprochen. Dies ist ja die philosophische Grundfrage, ob eine ganzheitliche, organische (= universalistische) oder eine individualistische (die heute herrschende) Doktrin über das Wesen der Gesellschaft Auskunft gibt. Daß wir der ersten Möglichkeit zuneigen, ergibt sich aus den Ausführungen.

27 http://www.heise.de/ct/98/05/082/. Ingo RUHMANN, Christiane SCHULZKI-HADDOUTI, Abhör-Dschungel – Geheimdienste lesen ungeniert mit - Grundrechte werden abgebaut

28 Zusammenstecken und spielerisch probieren.

Monopolisierung in der Globalisierung

29 IWF = Exchange Stabilisation Fund

30 IWF = Internationaler Währungsfond

31 Die Gebühr beträgt 0,52 US-Dollar pro 100 emittierte US-Dollar.

32 vgl. Mapping the global Future, Report of the National Intelligence Council's 2020 Project, Dezember 2004, S. 35.

33 vgl. OCC Bank Derivates Report First Quater 2005, Tabel 1 ff.

Der Mittelstand in der Globalisierung

34 vgl. Eberhard Hamer: Der Welt-Geldbetrug Kap.5.

35 vgl. Hamer, E., Machtkampf im Einzelhandel, Band 13 Schriftenreihe des Mittelstandsinstitutes Hann., 1988

36 Hamer, E., „Wer finanziert den Staat?" Hannover 1982, Band 5 der Schriftenreihe des Mittelstandsinstitutes

37 vgl. Hamer, E., Wer finanziert den Staat? Band 5 Schriftenreihe des Mittelstandsinstitutes Niedersachsen

Netzwerke statt Nationen

1   vgl. Biographien über <http://en.wikipedia.org/wiki/J._P._Morgan> und
    <www.gprep.org/~sjochs/jpmorgan-1.htm> und

2   Mehr zur Gründung, Geschichte und Struktur des Fed:
    <www.stanley2002.org/fedchart.htm> sowie <http://en.wikipedia.org/wiki/Federal_Reserve>.

3   <www.weforum.org/site/homepublic.nsf/Content/Annual+Meeting+2005> und <www.weforum.org>

4   <www.bilderberg.org/2005.htm>, mit Reports für die Jahre 1991 bis 2005

5   <www.global-elite.org/elitewiki/index.php/Peter_Carrington> und <www.answers.com/topic/peter-caring-
    ton-6th-baron-carrington>

6   <http://en.wikipedia.org/wiki/Bilderberg> – Adresse mit nützlichen Links
    < www.bilderberg.org/bilder.htm#info2002> – Mitglieder und viele Links (am Schluss etwas fragwürdige)

7   <www.trilateral.org> und <www.4rie.com/rie%205.html>.

8   <www.trilateral.org/memb.htm>

9   <www.cfr.org>

10 <www.restoringamerica.org/documents/FREE.html>

11 <http://en.wikipedia.org/wiki/Henry_Kissinger> – mit vielen Links <http://nobelprize.org/peace/laurea-
    tes/1973/kissinger-bio.html> – feinste Vita vom Nobelpreiskomitee
    <www.isioma.net/sds10201.html> – für die Spuren von Kissingers Kriegsverbrechen
    <www.brainyquote.com/quotes/authors/h/henry_a_kissinger.html> – Aphorismen und Zitate von Kissinger

12 <www.tavinstitute.org> und <http://en.wikipedia.org/wiki/Tavistock_Institute> und <http://educate-your-
    self.org/nwo/nwotavistockbestkeptsecret.shtm>

13 <www.brookings.org/> und <http://en.wikipedia.org/wiki/Brookings_Institution>
    <http://world-information.org/wio/infostructure/100437611704/100438659152?opmode=contents>

14 <http://rs.hudson.org> und <http://watch.pair.com/Hudson.html>

15 <www.ips-dc.org> und <http://www.tni.org/acts/ips20.htm>
    <www.ips-dc.org/comment/wolfowitz.htm> – 10 gute Gründe für Paul Wolfowitz als Weltbank-Chef

16 <www.sri.com> und <www.biomindsuperpowers.com/Pages/RealStoryCh35.html>
    <www.biomindsuperpowers.com/Pages/CIA-InitiatedRV.html> – Einfluss der CIA

17 <www.rand.org> und <http://en.wikipedia.org/wiki/RAND_Corporation>
    <www.answers.com/topic/rand-6>

18 Die Postadresse: Rissener Landstraße 193, D-22559 Hamburg; E-mail: <info@clubofrome.org>.

19 <www.clubofrome.org> – offizielle CoR-Infos wirken sorgfältig, wissenschaftlich, unabhängig und seriös
    <www.clubofrome.de/sektion/members/moeller.html> – mit Basis in Deutschland
    <www.clubofrome.org/links/index.php> – Links und Vernetzungen
    <www.forumforsustainability.org> – «European Forum for Sustainable Development»
    <www.theforbiddenknowledge.com/hardtruth/clubofrome.htm> – eine ‚heiße' Version

20 <www.gmfus.org/template/index.cfm> ergänzt mit <www.newtraditions.de/members.pdf> – GMF-Mit-
    glieder!
    <www.kas.de/db_files/dokumente/7_dokument_dok_pdf_2194_1.pdf>

21 Aufgrund verlässlicher Hinweise sollen das «Council on Foreign Relations», «The Trilateral
    Commission», «The Royal Institute of International Affairs», «The Bilderberg Group», «The Club of
    Rome» und die UN dazu gehören: <www.davidicke.com/icke/articles2/rd-table.html>.

22 <http://watch.pair.com/roundtable.html>
    <www.mystae.com/restricted/streams/masons/conspire.html> – für die Neue Weltordnung?

23 <www.ert.be>
    <www.global-elite.org/elitewiki/index.php/European_Round_Table_of_Industrialists>
    <www.ert.be/pc/enc_frame.htm> – Mitglieder (auf ‚Members' und dann Landesfarben klicken)

24 Info unter: <www.inlibertyandfreedom.com/PDF/SkullAndBone.pdf> – Geschichte, Riten und Bedeutung
    <www.freedomdomain.com/skullbones.html> – mit detaillierter Mitgliederliste
    <www.freedomdomain.com/secretsocieties/skull01.html> – personelle Verbindungen
    <http://mitglied.lycos.de/antiilluminat> – deutsch, allerdings mit wenigen fragwürdigen Angaben

25 <http://bnaibrith.org> und <http://www.bbidirect.org/privacy2.html>
<http://en.wikipedia.org/wiki/B'nai_B'rith>
<www.worldjewishcongress.org/anti-semitism/nazi.cfm> – «World Jewish Congress»
<http://library.flawlesslogic.com/swc.htm> – «The Simon Wiesenthal Center»

26 mehr bei: <http://lexikon.umkreisfinder.de/helmut_kohl>

27 <www.aei.org> und <http://rightweb.irc-online.org/org/aei.php> – man beachte die Kontaktpersonen
<www.prwatch.org/prwissues/2003Q4/aei.html>
<www.politicalfriendster.com/showPerson.php?id=477&name=American-Enterprise-Institute> – Freunde

28 <www.newamericancentury.org>
<www.newamericancentury.org/RebuildingAmericasDefenses.pdf> – Report in pdf mit 90 Seiten
<www.newamericancentury.org/lettersstatements.htm> – darunter der Brief an Bill Clinton (26.1.1998)

29 <http://www.aipac.org/Action1.cfm>
<http://en.wikipedia.org/wiki/American_Israel_Public_Affairs_Committee>
<http://www.cnionline.org/learn/polls/aipac/> – Resultat einer Umfrage
<http://www.jonathanpollard.org/franklin.htm> – Spionage-Skandal um Lawrence Franklin

30 <www.ussliberty.org>
<www.ccmep.org/2003_articles/Palestine/102403_rockets_napalm_torpedoes__lies.htm>

31 <www.iasps.org> und <www.w3ar.org/a.php?k=315> – zur Rolle von Richard N. Perle

32 <http://www.jinsa.org/about/about.html> und <www.jinsa.org/adboard/adboard.html>

33 <http://www.heritage.org> und <http://watch.pair.com/heritage.html>
<www.heritage.org/research/nationalsecurity/index.cfm> und <www.chemheritage.org>
<http://watch.pair.com/rockefeller.html#rockefeller> – sehr kritische Sicht mit einigen ‚Entgleisungen'

34 <www.carnegieendowment.org> und <http://watch.pair.com/inquiry.html>

35 Um einen Eindruck über die Vielfalt und Einfalt rund um die NGOs zu gewinnen, lohnt sich die Durchsicht
der folgenden Seiten: <http://billie.lib.duke.edu/pubdocs/ngo/a-c.asp> (die NGOs sind alphabetisch in vier
Pakete geordnet). Wie mächtig dieses Segment für die Politik geworden ist, zeigt sich bei der Frage nach
NGOs bei «Google»; man erhält (ohne Gruppenabfrage) 11'200'000 Zugriffe.

36 («Association pour la Taxation des Transactions financières pour l'Aide aux Citoyens» / «Verein für die
Besteuerung von Finanztransaktionen zum Wohl der Bürger»)

37 <http://de.wikipedia.org/wiki/Attac>.

38 (International Labour Organization)

39 (Food and Agriculture Organization)

40 (United Nations Educational, Scientific and Cultural Organization)

41 mehr dazu unter: <http://ceb.unsystem.org>

42 <http://en.wikipedia.org/wiki/ECOSOC> – in englischer Sprache
<http://de.wikipedia.org/wiki/UN-Wirtschafts-_und_Sozialrat> – in deutscher Sprache
<www.un.org/esa/coordination/ecosoc/about.htm> – Struktur und Organisation
<www.sovereignty.net/p/ngo/NGOstatusUN.htm> – Liste der 2100 NGOs im Schatten der UN

43 Australien, Belgien, Deutschland, Dänemark, Finnland, Frankreich, Griechenland, Großbritannien, Irland,
Island, Italien, Japan, Kanada, Luxemburg, Mexico, Neuseeland, Niederlande, Norwegen, Österreich, Polen,
Portugal, Spanien, Schweden, Schweiz, Slowakei, Südkorea, Tschechische Republik, Türkei, Ungarn, USA.

44 <www.oecd.org/about/0,2337,en_2649_201185_1_1_1_1_1,00.html> – globale Einfluss-Sphäre für CG
<www.oecd.org/dataoecd/57/19/32159487.pdf> – 87-seitiges Dokument in Deutsch zur CG
<http://apte.net/corporate-governance/archive/CG_Swiss_Code.pdf> – «Swiss Code for CG»

45 <http://en.wikipedia.org/wiki/Zbigniew_Brzezinski> – Curriculum Vitae
<www.4rie.com/rie%205.html> – Mitbegründer der «Trilateral Commission»
<http://solohq.com/Spirit/Books/104.shtml> – sein Buch «The Grand Chessboard»
<www.mtholyoke.edu/acad/intrel/zbigtony.htm> – «New World / New NATO»
<http://www.cfr.org/bio.php?id=1446> – sein ‚Interesse' für den Iran
<http://www.entrefilets.com/Brzezinski_Eurasie.htm> – Eurasien ‚sein' Territorium

46 (Paul Henry Nitze gilt als ‚Architekt' und ‚Master' des Kalten Kriegs.)
<www.achievement.org/autodoc/page/nit0bio-1> – «Master Strategist of the Cold War»
<www.gwu.edu/~nsarchiv/NSAEBB/NSAEBB139/> – Cold War Strategy from Truman to Reagan
<www.washingtonpost.com/wp-dyn/articles/A48221-2004Oct20.html>

47 <www.global-elite.org/elitewiki/index.php/Peter_Carrington>
<www.answers.com/topic/peter-carington-6th-baron-carrington>

48 <http://en.wikipedia.org/wiki/Dick_Cheney> – ausführliches Curriculum Vitae
<www.oilempire.us/cheney.html> – ziemlich aggressive Profilierung
<www.pbs.org/wgbh/pages/frontline/gulf/oral/cheney/1.html> – Interview über Golfkrieg

49 <http://psychcentral.com/psypsych/Samuel_P._Huntington> – CV
<www.pwhce.org/huntington.html>
<www.usa-election.de/usa/who_is_samuel_p_huntington.htm> – Wer ist Samuel P. Huntington

50 <www.israeleconomy.org/strat1.htm> – aus dem Original «A Clean Break: ... » mit Kommentar
<www.itszone.co.uk/zone0/viewtopic.php?t=28963> – Kommentare mit verlässlichen Links
<www.inthesetimes.com/site/main/article/1114> – «Is Iran Next?»

51 <http://en.wikipedia.org/wiki/George_Soros>
<www.soros.org> – seine Stiftung «Open Society Institut»
<www.sourcewatch.org/index.php?title=Soros_Foundations> – Liste der Stiftungen weltweit
<www.voltairenetwork.net/article24.html> – für die vielen Gesichter von Soros

52 <http://en.wikipedia.org/wiki/Paul_Wolfowitz> – sehr ausführliches Curriculum Vitae (englisch)
<http://lexikon.freenet.de/Paul_Wolfowitz> – Curriculum Vitae (deutsch)
<www.ips-dc.org/comment/wolfowitz.htm> – 10 Gründe für das Weltbank-Präsidium
<www.newyorker.com/fact/content/?041101fa_fact> – Wolfowitz und der Irak-Krieg
<www.whatreallyhappened.com/aboutoil.htm> – Wolfowitz' Öl-Geständnis
<www.spongobongo.com/0her9797.htm> – aus kritischer Sicht
<http://amconmag.com/2005_06_06/article1.html> – «Trigger Man»

53 Weitere Details: <www.mediachannel.org/ownership/chart.shtml>.

54 vgl. Das Buch «The Creature from Jekyll Island» von G. Edward Griffin vermittelt einen ausführlichen Einblick in die damaligen Vorgänge. <www.save-a-patriot.org/files/view/whofed.html>

55 «Geld, Gold und Gottspieler – Am Vorabend der nächsten Weltwirtschaftskrise»
«Die Sozialsysteme der Wohlfahrts- und Sozialstaaten der westlichen Welt steuern dem Zusammenbruch entgegen. Viele sind bereits am Ende und werden nur noch mit budgetpolitischen Tricks und betrügerischen Manipulationen mühsam aufrechterhalten. Der Wohlstand der Industrienationen besteht seit rund drei Jahrzehnten zu einem Gutteil nur noch aus Schein und Illusion – konkret: aus Kapitalverzehr – und steht mit seinen Fundamenten auf dem schlammigen Untergrund eines riesigen Schuldenmeeres. Es ist nur eine Frage der Zeit, bis diese Scheinwelt in sich zusammenbricht.» Dieser Auftakt zu den Kapiteln: Die Droge «Scheingeld», der Patient «Kapitalismus», die Symptome «Realitätsverlust und Machtkalkül», die Anamnese «falsche Ideen und Institutionen», die Diagnose «todkrank», die Therapie «gesundes Geld» und die «Gottspieler»

Der Steuerstaat in der Globalisierungsfalle

75 vgl. Hamer, E., Wer finanziert den Staat?, 2. Aufl., Hannover/Minden 1982

76 vgl. Hamer, E., Wer finanziert den Staat? a.a.O., S.124 ff, 143 ff.

77 vgl. Hamer, E., Wer finanziert den Staat? a.a.O.

78 vgl. Hamer, E., Wer finanziert den Staat? a.a.O.

79 vgl. Hamer, E., Was ist ein Unternehmer? München 2001

Globalisierung der Arbeitsmärkte

80 vgl. Gebhardt/Hamer, Humanwert der Betriebstypen, Hann./Unna 2005

81 vgl. Gebhardt/Hamer, Humanwert der Betriebstypen, Hann./Unna 2005

82 wie vor

83 Die Greencard-Öffnung hat wenig mehr als tausend ausländische Arbeitskräfte angelockt, aber im Schnitt eine Gehaltssenkung von 10.000,– DM in der EDV-Wirtschaft gebracht.

Militärische Geostrategien

Aron, Raymond:	„Frieden und Krieg" Eine Theorie der Staatenwelt. Fischer Verlag, Frankfurt am Main 1986
Bahr, Egon:	„Deutsche Interessen" Streitschrift zu Macht, Sicherheit und Außenpolitik, Karl Blessing Verlag 1.Aufl., München 1998
Beck, Ludwig:	„Studien" (Hrsg. Hans Speidel), K.F. Koehler Verlag Stuttgart o. Datum
Bülow, Andreas von:	„Im Namen des Staates" CIA, BND und die kriminellen Machenschaften der Geheimdienste. Piper München 1998
Brzezinski, Zbigniew:	„Die einzige Weltmacht" Amerikas Strategie der Vorherrschaft. Beltz Quadriga Verlag Weinheim und Berlin 1997
Brill, Heinz:	„Geopolitik Heute" Deutschlands Chance? Ullstein Frankfurt 1994
Buck, Felix:	„Geopolitik 2000" Weltordnung im Wandel. Deutschland in der Welt am Vorabend des 3. Jahrtausends. Report Verlag Frankfurt Bonn 1996
Clausewitz, Carl von:	„Vom Kriege" Dümmler Verlag 19. Aufl., Bonn 1991
Creveld, Martin van:	„Die Zukunft des Krieges" Wie wird Krieg geführt und warum? Murmann Verlag Hamburg 2004
Goldsmith, James:	„Die Falle" ...und wie wir ihr entrinnen können. Deukalion Verlag 1.Aufl., Uwe Hils, ohne Ortsangabe, 1996

Hardt, Michael
und Negri, Antonio: „Empire" Die neue Weltordnung. Campus Verlag
                         Frankfurt 2003
Hahne, Peter: „Schluß mit lustig" Das Ende der Spaßgesellschaft. Johannis-Verlag,
                         25. Aufl., Lahr 2005
Hamer, Eberhard und Eike: „Was passiert, wenn der Crash kommt?" Wie sichere ich mein
                         Vermögen oder Unternehmen? Olzog 5.Aufl., München 2004
Huntington, Samuel P.:   „Kampf der Kulturen" Die Neugestaltung der Weltpolitik im
                         21. Jahrhundert. Siedler Taschenbuchausgabe, München 1998
Johnson, Chalmers: „Ein Imperium verfällt" Wann endet das amerikanische Jahrhundert?
                         Karl Blessing Verlag 1. Aufl., München 2000
Kennedy, Paul: „Aufstieg und Fall der großen Mächte" Ökonomischer Wandel und
                         Militärischer Konflikt von 1500–2000.Fischer Frankfurt am Main1994
Lea, Homer: „Vergessene weltpolitische Einsichten" (The Day of the Saxon)
                         HeCHt Verlag F. Wagner, Zürich 1980
Lohausen, Jordis von: „Mut zu Macht" Denken in Kontinenten. Kurt Vowinkel Verlag,
                         Berg am See, 2.Aufl.,1981
Martin, Hans-Peter
und Schumann, Harald: „Die Globalisierungsfalle", Der Angriff auf
                         Demokratie und Wohlstand, Rowohlt 1996
Münkler, Herfried: „Die neuen Kriege" Rowohlt Verlag, Reinbek 3.Aufl.,2002
Ritter, Manfred
und Zeitler, Klaus: „Armut durch Globalisierung - Wohlstand durch
                         Regionalisierung", Leopold Stocker Verlag, Graz 2000
Schmidt, Helmut: „Die neuen Mächte der Zukunft" Gewinner und Verlierer in der Welt
                         von morgen. Siedler Verlag München 2004
Schmidt, Helmut: „Die Selbstbehauptung Europas" Perspektiven für das 21. Jahrhundert.
                         Deutsche Verlagsanstalt, Stuttgart München 2000
Schmitt, Carl: „Der Begriff des Politischen" 6.Auflage, Dunker & Humblot, Berlin 1996
Souchon, Lennart: „Die Renaissance Europas" Europäische Sicherheitspolitik,
                         Verlag E.S. Mittler & Sohn, Herford Bonn 1992
Uhle-Wettler, Dr. Franz: „Der Krieg" Gestern, Heute, Morgen? Verlag E.S. Mittler & Sohn
                         Hamburg Berlin Bonn 2001
Vad, Erich: „Strategie und Sicherheitspolitik" Perspektiven im Werk von Carl Schmitt,
                         Westdeutscher Verlag, Opladen 1996
Ziegler, Jean: „Die neuen Herrscher der Welt" und ihre globalen Widersacher,
                         C.BertelsmannVerlag, München 2.Aufl.,2003

Anmerkung

Im Internet sind die nachfolgenden Quellen über die Google-Suchmaschine zu erhalten:
Die neue Nationale Sicherheitsstrategie der Vereinigten Staaten;
Die Verteidigungspolitischen Richtlinien.

Big Brother is watching you

84   Zit. nach Farkas, Viktor, Schatten der Macht, S.115/116

85   Schulzki-Haddouti, Im Netz der inneren Sicherheit, S.113

86   Farkas, Schatten der Macht, S.120

87   Schulzki-Haddouti, S.129

88   so Ex-Verfassungsschutzpräsident v. Bülow.

89   vgl. Groth/Schäfer, Stigmatisiert, der Terror der Gut-Menschen, Aton Verlag Unna 2003

90   De Benoist, Schöne vernetzte Welt, Tübingen 2001, S.184

91   De Benoist a.a.O., S.195

92   De Benoist, S.198/199

Entdemokratisierung durch Zentralisierung

93   Bundestagsdrucksache 14/9 200, S.441 der Enquete-Kommission Globalisierung

94   Ulrich Beck, zit. nach A. Klein, Entmachtung der Parlamente, FAZ 179/04

95   wie zuvor

96   FAZ 287/04

97   Kielmannsegg a.a.O.

98   Kielmannsegg a.a.O.

99   Hans Klein, Entmachtung der Parlamente, FAZ 279/04

100 Klein, a.a.O.

101 vgl. Hamer, E.+E., Was passiert, wenn der Crash kommt?, Stuttgart, 6.Aufl.2005

Monopolisierung unserer Nahrung

102 Vgl. Engdahl, William: Die Saat der Zerstörung, in: Freitag 46, 5.11.2004.

103 Mit der WTO-Beschwerde wird ein 60-tägiges Konsultationsverfahren eingeleitet bevor es zu einer Klage kommt.

104 Cordis Focus, (Organ der EU-Kommission) Brüssel, Nr. 228, 8.9.2003, S. 24.

105 Beesten, Angela von (Hg.): Den Schatz bewahren. Plädoyer für die gentechnikfreie Landwirtschaft, Bremen 2005, S. 72. Auf den Seiten 78–84 wird ausführlich auf die gesundheitlichen Risiken hingewiesen.

106 Beesten, Angela von (Sprecherin des AK Gentechnik im Ökologischen Ärztebund): Gentechnik auf dem Acker und auf dem Teller – eine kritische Betrachtung, in: Sambucus (Hg.), Vahlde 2004.

107 Bauer, Carsten: Patente und Sortenschutz in „Kein Patent auf Leben", Beiträge zur Anhörung vom 05.10.1996 von BÜNDNIS 90/DIE GRÜNEN, Plenarsaal Wasserwerk, Bonn.

108 GRUR Int 80, 627.

109 SupC „Chakrabarty" GRUR Int, 627. Vgl. Bauer, Carsten: Patente für Pflanzen – Motor des Fortschritts?, in: Umweltrechtliche Studien, Band 15, Düsseldorf 1993, S. 242.

110 In Rothleys Wahlkreis ist der Pharmakonzern Boehringer beheimatet. Ein Sprecher von Boehringer Ingelheim wie auch Vertreter anderer Chemieunternehmen hatten im Vorfeld damit gedroht, für den Fall des Scheiterns dieser Richtlinie noch mehr Forschungsaktivitäten in die USA auszulagern.

111 Der Anteil der grünen Gentechnik mit 1,7 Milliarden Dollar am Gesamtumsatz 2001 von 5,5 Milliarden Dollar ist bei Monsanto höher als bei jedem anderen Konzern. 2002 waren in den USA rund 79 Prozent der Anbauflächen für Soja mit Roundup-Ready-Sorten des Konzerns bestellt. Roundup ist das Herbizid von Monsanto. Ca. 27 Prozent der Anbauflächen für gentechnisch veränderten Mais mit Schädlingstoleranz und Herbizidresistenz und etwa 69 Prozent der Flächen mit gentechnisch veränderten Baumwollsorten waren von Monsanto bestellt. Obwohl es in den vergangenen Jahren zu Preis- und Umsatzrückgängen bei Pflanzenschutzmitteln und Saatgut gekommen ist, hat das Unternehmen in den letzten Jahren fünf Milliarden US-Dollar in den Ausbau seiner Forschungskapazitäten gesteckt, ist entsprechend verschuldet und hat für das erste Halbjahr 2002 einen Verlust von 1,6 Milliarden Dollar ausgewiesen. Da würden neue Absatzmärkte weiterhelfen. Europa ist neben Nord- und Südamerika der dritte zentrale Agrarmarkt.

112 Fuchs, Richard: Gen-Food. Ernährung der Zukunft? Berlin 1997, S. 89

113 Für den weiteren Erprobungsanbau haben Monsanto und das Märkische Kraftfutterwerk eine für verschiedene Landwirte verlockende Offerte unterbreitet, mit der Spuren verwischt werden können: Sie wollen herkömmlichen Mais, der in der Umgebung von Gen-Äckern geerntet wird, zu normalen Preisen aufkaufen – und zwar ohne Prüfung, ob er gentechnisch veränderte Partikel enthält oder nicht. Diese Offerte hat einen praktischen Hintergrund. Sie verhindert vorauseilend eine Klagewelle von Seiten geschädigter Landwirte.

Gewinner und Verlierer der Globalisierung

114 dazu das 600 Seiten starke Kirchentagshandbuch „Impulse für eine Welt in Balance"

115 Bundestagsdrucksache 149200, S. 462

116 Fischer Verlag 1999, 5. Aufl. 2002

117 vgl. oben Kap. 4 Hirt: Netzwerke statt Nationen

118 vgl. oben Kap. 14

119 vgl. dazu das Folgekapitel 20

120 dazu auch Kap. 7, Der Mittelstand in der Globalisierung

121 vgl. oben Kap. 9

122 vgl. Hamer/Hamer, Was passiert, wenn der Crash kommt? S. 154 ff.

123 vgl. Hamer/Hamer, Was passiert, wenn der Crash kommt? 6. Aufl. 2005

Korrekturmöglichkeiten von Fehlentwicklungen der Globalisierung

124 vgl. Hamer, E., "Ohne Mittelstand keine Marktwirtschaft und keine Demokratie" in: Beiträge zur Mittelstandsökonomie, Hannover/Minden, 1989, S.7 ff.

125 vgl. Hamer, Zulieferdiskriminierung, Hannover 1996.

126 vgl. John Perkins, Economic Hit Man a.a.O.

127 vgl. Hamer E., Zulieferdiskriminierung, Hannover 1996.

128 vgl. Hamer, E., Wer finanziert den Staat? Hannover/Minden, 2.Aufl.1992

129 vgl. Hamer, E., Wer finanziert den Staat?, a.a.O. 2. Aufl. 1992

William Engdahl,
Publizist

William Engdahl (1944), Publizist und Experte auf den Gebieten Landwirtschaft, Energie und Ökonomie, verfaßte seit der Ölkrise der 70er Jahre bis heute zahlreiche Publikationen zu diesen Themen. Studium mit Abschluß in Politik auf der Princeton Universität (USA) und vergleichende Wirtschaftswissenschaften auf der Universität Stockholm.

Als freier Publizist in New York und Europa verfaßte er Schriften zu den Themen Agrarpolitik im Rahmen der GATT, CAP, IWF-Politik in der ehemaligen Sowjetunion, Armut in der Dritten Weit, WTO sowie Hedgefonds und die Asienkrise. Er ist Bestsellerautor mit dem Buch *„Mit der Ölwaffe zur Weltmacht"* und verfaßte seine Neuerscheinung zum Thema Gen Food *„Saat der Zerstörung"*. Herr Engdahl ist weltweit regelmäßiger Publizist in: *Nihon Keizai Shimbun, Foresight* Magazin, *Grant'slnvestor.com, European Banker, Business Banker International* sowie *ZeitFragen.ch*.

Dazu ist er gefragter Referent bei Konferenzen zu den Themen Geopolitik, Wirtschaft und Energie von London über Jakarta bis Moskau. Zur Zeit lebt er in Deutschland und ist Vordenker in Fragen der Agrarwirtschaft, Energiepolitik und internationalen Wirtschaftsbeziehungen und Consultant auf diesen Gebieten.

Richard Fuchs,
Sachbuchautor

Richard Fuchs, geboren 1937, verheiratet mit der Journalistin und Buchautorin Ursel Fuchs, zwei Kinder, beschäftigt sich als Sachbuchautor mit neuen Technologien u. a. im Bereich Ernährung, Biomedizin, Organtransplantation und Gentechnologie.

Er ist Autor von „Gen Food – Ernährung der Zukunft?", Ullstein, Berlin 1997 und „Functional Food. Medikamente in Lebensmitteln. Chancen und Risiken", Verlag Gesundheit (Ullstein) Berlin 1999.

Fuchs ist Verfasser von Stellungnahmen zu Anhörungen im Gesundheitsausschuß des Deutschen Bundestages zum Transplantations-Gesetzgebungs-Verfahren. Mit 254 Persönlichkeiten als Beschwerdeführer koordinierte er 1998 unter der Verfahrensvollmacht von Professor Dr. K. A. Schachtschneider eine Verfassungsbeschwerde gegen das Transplantationsgesetz.

Zahlreiche Veröffentlichungen: „Tod bei Bedarf. Das Mordsgeschäft mit Organtransplantationen", Ullstein Berlin 1996; gemeinsam mit K. A. Schachtschneider: „Spenden was uns nicht gehört", Rotbuch, Hamburg 1999; CoAutor von 1. Gutjahr/M. Jung (Hrsg.): Sterben auf Bestellung, emu-Verlag Lahnstein 1997; „Das Geschäft mit dem Tod, Patmos, Düsseldorf 2001, ein Ratgeberbuch zu Fragen der Sterbebegleitung, passiven/aktiven Sterbehilfe, Patientenverfügung, Betreuungsverfügung und drohenden Tendenzen zur Euthanasie.

Richard Fuchs
Sachbuchautor
Kaiser-Wilhelm-Ring 19, 40545 Düsseldorf
Tel.: 0211/551037 u. 576057, Fax: 0211/9559174

**Prof. Dr. rer. pol. Rainer Gebhardt,
Wirtschaftswissenschaftler**

Rainer Gebhardt, (http://www.rainer-gebhardt.de), geboren 1955 in Löhne/Westfalen, Wirtschaftsabitur in Herford, Studium der Betriebswirtschaftslehre und der Psychologie, Dipl. Ökonom, Dipl. Psychologe, Dr. rer. pol.. Seit 1994 Professor für Öffentliche Betriebswirtschaftslehre, insbesondere Organisation, Personal und Verhaltens- bzw. Managementtraining an der Fachhochschule für öffentliche Verwaltung in Bielefeld.

Vorher selbständiger Unternehmensberater. Ab 1991 auch Vorstandsmitglied im Mittelstandsinstitut Niedersachsen und seit 1997 Präsidiumsmitglied in der Deutschen Mittelstandsstiftung. Autor und Mitautor diverser Veröffentlichungen. Forschungsschwerpunkte sind die Öffentliche Betriebswirtschaftslehre, das Management- und Verhaltenstraining sowie die Mittelstandsökonomie.

**Prof. Dr.
Eberhard Hamer**

Prof. Dr. Eberhard Hamer
Finanzwissenschaftler, Dr. rer. pol., Rechtsanwalt, Forstwirt

Studium der Rechtswissenschaften (z. Zt. Rechtsanwalt)
Studium der Volkswirtschaftslehre (Dr. rer. pol.)
ab
1972 Professor für Wirtschafts- und Finanzpolitik in Bielefeld
1975 Gründung und seitdem wissenschaftliche Leitung des
      Mittelstandsinstitutes Niedersachsen in Hannover
1987 Gründung und seitdem Präsident der Deutschen
      Mittelstandsstiftung
1990 Gründer des Institutes für Mittelstandsökonomie in Magdeburg
1994 - 1998 Professor für Mittelstandsökonomie Universität Xian

Veröffentlichung von bisher 35 Büchern und mehr als 1.000 Aufsätze über die volkswirtschaftliche Bedeutung des Mittelstandes, die Sondersituation der mittelständischen Unternehmen, deren besondere Risiken und Chancen, die Bedeutung der Unternehmerperson für die mittelständischen Unternehmen sowie volkswirtschaftliche Untersuchungen zum Finanzbeitrag des Mittelstandes, seiner Sozialsituation und seiner politischen Durchsetzungsprobleme.

Begründer der neuen Mittelstandsökonomie der Personalunternehmen und der personalen Wirtschaft, dafür Bundesverdienstkreuz.

Letzte Veröffentlichungen beschäftigen sich mit den Bedrohungen des Mittelstandes durch die öffentlichen Rahmenbedingungen: „Mittelstand und Sozialpolitik" (1996), „Was passiert, wenn der Crash kommt? Wie sichere ich mein Vermögen und Unternehmen?" (6. Aufl. 2005).

Eike Hamer,
Betriebswissenschaftler

Eike Hamer Abitur in Belfast, Nord Irland (1992) und Hannover (1994), Studium der Betriebswirtschaftslehre in Bonn, Osnabrück und Rostock, Dipl. Kaufmann, derzeit Promotion in Rostock.

Seit 1996 Mitarbeiter, seit 2003 Vorstand im Mittelstandsinstitut Niedersachsen, Vorstandsmitglied der Deutschen Mittelstandsstiftung e.V.. Schwerpunktgebiete sind das internationale Finanzsystem und dessen Entwicklungen mit besonderer Beachtung des Goldmarktes, Geostrategische Entwicklungen und deren Bedeutung für Märkte, Währungen und Standortbedingungen sowie die Mittelstandsökonomie und deren zentrale Bedeutung der mittelständischen Inhaberunternehmen für Gesellschaft und Ökonomie.

Dazu diverse Artikel und Vortragsveranstaltungen sowie die Buchveröffentlichung „Was passiert, wenn der Crash kommt?".

Walter Hirt
Wirtschaftspublizist

Walter Hirt, Jahrgang 1938, hat als Hauptstudium Bauingenieurwesen gewählt und an der Eidgenössischen Technischen Hochschule (ETH) in Zürich sein Diplom als Bauingenieur erlangt. Noch vor dem Diplomabschluss hat er zusätzliche Studien in Betriebswirtschaft, Nationalökonomie und Psychologie absolviert. So kam es, dass das, was vorerst nur Hobby war, zum Beruf wurde: die Volkswirtschaft und Finanz-Märkte.

Er hat bisher vier Bücher verfasst: 1976 ist sein Erstling erschienen und zum Branchen-Bestseller geworden: „Praxis des Termingeschäfts»; nach zwanzig Jahren und vier Auflagen ist das Buch heute vergriffen. Auch sein bisher letztes Werk, „Leben mit dem Dollar?" (in zweiter Auflage), hat Aufsehen erregt, weil es nicht nur ein Buch über die US-Währung ist, sondern auch eine schonungslose Auflistung struktureller Schwächen in der Finanz-Welt, was die Probleme im brüchig gewordenen FinanzSystem offenlegt. Darüber hinaus ist er Mitherausgeber und einer der 24 Autoren des im Mai 2002 erschienenen Buches „EigenStändig – Die Schweiz ein Sonderfall".

Walter Hirt ist seit 1980 Herausgeber und alleiniger Verfasser des angesehenen Informationsbriefes „WIRTSCHAFTaktuell". Zu den Qualitätsmerkmalen seines Briefes gehört die ganzheitliche kritische Darstellung des Geschehens. Er analysiert die komplexen Vorgänge in Politik, Wirtschaft und Gesellschaft sorgfältig in einem größeren Zusammenhang so, dass die wichtigen Trends rechtzeitig ausgelotet werden. Die Qualitätsmerkmale seiner Leistung sind in dieser Branche einmalig: *kritisch - der Wahrheit verpflichtet - objektiv - konservativ - unabhängig.*

Seit 1990 organisiert Walter Hirt halbjährlich hochinteressante Tagungen in der Reihe der SEMINARE 2000 mit herausragenden Referenten. Sie sind mittlerweile europaweit zum Markenzeichen für eine fundierte Weiterbildung auf kritischer Basis geworden – für alle, die sich mit dem heutigen medialen Tratsch und den Verführungskünsten der Finanz-Industrie nicht zufrieden geben wollen.

www.walterhirt.ch / info@walterhirt.ch

Postadresse: Walter Hirt, Postfach, CH-8903 Birmensdorf / Zürich

Dipl. Ing. Gerhoch E. Reisegger
Buchautor

Dipl. Ing. Gerhoch E. Reisegger, geb. 24. April 1941 in Wien, Selbständiger Unternehmensberater, Studium an der Technischen Universität Wien (Angewandte Physik) (1960 - 1968), Offizier der Reserve des Österreichischen Bundesheeres (Leutnant). Verheiratet mit Heide Reisegger (Lehrerin und Hausfrau), Geschäftsführer eines Informations–Dienstleistungsunternehmens mit über 100 Mitarbeitern (IT-Services, SW-Entwicklung, Spezialprojekte auf dem Gebiet der Informationstechnologie).

Verschiedene Vertriebs- und Marketing-Positionen bei Siemens, Nixdorf, PerkinElmer in Deutschland und Österreich. Eintritt bei IBM Deutschland 1968 als System-Ingenieur, später Vertriebsbeauftragter für Wissenschaft und Verwaltung und im Fachbereich Geld und Versicherung in NRW, Baden-Württemberg, Saarland.

Autor zahlreicher wirtschaftlicher, geopolitischer und kultureller Artikel.
Bücher:
„Wir werden schamlos irregeführt"
„Die Bildbeweise – 11. September"
„Die Benesch-Dekrete müssen weg",
„Die Türken kommen"
„Haider, Patriot im Zwielicht".
In Vorbereitung: „Kontinuum Europa" – über die ungebrochene europäische Kulturtradition bis ins Paläolithikum, wirtschaftspolitischer Beitrag "Deutschlands neue (Wirtschafts-)Ordnung".
Häufiger Referent bei internationalen Kongressen
und Sommer-Universitäten.

Privat: Hochsee-Segeln, Skilauf, Garten, Lesen und Schreiben.

**Brigadegeneral a.D.
Reinhard Uhle-Wettler**

Brigadegeneral a.D. Reinhard Uhle-Wettler ist 1932 in Kiel geboren. Er besuchte das humanistische Gymnasium in Jena, Marburg und Gießen, arbeitete zwischen 1949 und 1952 13 Monate im Bergbau vor Kohle und legte 1953 das Abitur ab.

Anschließend fuhr er 2 Jahre zur See bei der Handelsmarine auf in- und ausländischen Schiffen. 1955 trat er in den Bundesgrenzschutz ein, wechselte 1956 als Fahnenjunker zur Bundeswehr über.

Verwendung in der Truppe, in militärischen Stäben, an Bundeswehrschulen und im Verteidigungsministerium, Zugführer, Kompaniechef und Bataillonskommandeur in der Fallschirmtruppe, Kommandeur der Panzerbrigade 12 und stellvertretender Kommandeur der 1. Luftlandedivision mit über 200 Sprüngen.

Er erarbeitete eine Konzeption für die Luftlandetruppen und war als Mitarbeiter militärischer Fachzeitschriften sowie der US-Militärenzyklopädie tätig.

Seit 1995 ist er Vorsitzender der Staats- und Wirtschaftspolitischen Gesellschaft e.V. Hamburg. Er veröffentlichte zahlreiche Artikel zu Gegenwartsfragen in politischen Zeitschriften und ist Autor des Buches: „Die Überwindung der Canossa-Republik". An dem Buch „Armee im Kreuzfeuer" war er maßgeblich beteiligt.

Er ist seit 1964 verheiratet, praktizierender Christ evangelischlutherischer Konfession und lebt heute nahe Lübeck an der Ostsee.

Eberhard Hamer/Rainer Gebhardt
Humanwerte der Betriebstypen

Befragungsergebnisse einer Großuntersuchung über die Zufriedenheit, Motivation und Interessen der Mitarbeiter sowie deren Gründe.

Als Ergebnis zeigt sich, daß die drei Betriebstypen Personalunternehmen, Kapitalgesellschaften und öffentliche Unternehmen unterschiedliche Menschentypen anziehen, aber auch unterschiedliche Interessen befriedigen, die man kennen muß, um Mitarbeiter richtig führen zu können.

Eberhard Hamer
Rainer Gebhardt
**Humanwerte
der Betriebstypen**
148 Seiten, ISBN 3-9807644-9-4

Buchpreis
je **19,50** EUR

Eberhard Hamer
**Mittelstand
und Sozialpolitik**
260 Seiten, ISBN 3-89073-935-0

Buchpreis
je **25,00** EUR

Eberhard Hamer
Was ist ein Unternehmer?
350 Seiten, ISBN 3-7892-8054-2

Buchpreis
je **29,90** EUR

Eberhard und Eike Hamer
**Was passiert,
wenn der Crash kommt?**
294 Seiten, ISBN 3-7892-8096-8

Buchpreis
je **29,90** EUR

Bei uns entdecken Sie wirtschafts- und gesellschaftspolitische Bücher...

Klaus Hornung
Wege aus den Sackgassen
224 Seiten, ISBN 3-9807644-1-9

Buchprice
je **19,80** EUR

Wolfram Ellinghaus
Fundamente unserer Zukunft
96 Seiten, ISBN 3-9807644-8-6

Buchprice
je **14,80** EUR

Arnd Klein-Zirbes /
Stefan Winckler (Hrsg.)
Zukunftsmodell
272 Seiten, ISBN 3-9807644-4-3

Buchprice
je **15,50** EUR

...jetzt müssen Sie nur noch einen richtigen Platz zum Lesen finden.

Heiner Hofsommer
Die Pisa-Pleite 3 + 3 = 6̸ 5
74 Seiten, ISBN 3-9807644-7-8

Buchpreis

je **8,70** EUR

Heiner Hofsommer

Mißstände in Bildung, Erziehung und Politik
72 Seiten, ISBN 3-9807644-2-7

Buchpreis

je **6,50** EUR

Dr. Heiner Kappel
Hat unser Deutschland noch eine Chance
90 Seiten, ISBN 3-9804186-6-9

Buchpreis

je **4,80** EUR

Entdecken Sie die Vielfalt!
www.aton-verlag.de

Gerhard Lass
Ein neues Schöpfungsverständnis
Teil 1

56 Seiten, ISBN 3-9804186-5-0

Buchpreis

je **4,80** EUR

Dr. Heiner Kappel
Gebt unserem Deutschland
eine Chance
85 Seiten, 3-9804186-7-7

Buchpreis

je **4,80** EUR

Gerhard Lass
Ein neues Schöpfungsverständnis
Teil 2

48 Seiten, ISBN 3-9804186-9-3

Buchpreis

je **4,80** EUR

Gerhard Lass
Das Modell
116 Seiten, ISBN 3-9804186-4-2

Buchpreis

je **7,50** EUR

Bestellen Sie noch heute
Ihre Wunschlektüre!